dtv

Wir leben in einem neuen Zeitalter: Aus Freiheit wird Zwang; unbegrenzte Möglichkeiten schlagen um in das Ende der Liebe.

»Hillenkamp gurrt und schmeichelt, wo Andere dröhnen; tanzt, wo Andere trampeln. Ist eher mitleidig als empört, analytisch statt plakativ – und dabei überaus poetisch.«

Sybille Mulot, Spiegel Online

»Hillenkamp schreibt in seinem Buch immer wieder Sätze, die geradezu leuchten, die man sofort unterschreiben möchte.« *RBB Kulturradio*

Sven Hillenkamp, geboren 1971, lebt als freier Schriftsteller in Stockholm. Für ›Das Ende der Liebe‹ erhielt er den Clemens-Brentano-Preis für Literatur. Zeitgleich mit dem dtv-Taschenbuch erscheint bei Klett-Cotta sein neues Buch ›Fußabdrücke eines Fliegenden‹.

Sven Hillenkamp

Das Ende der Liebe

Gefühle im
Zeitalter
unendlicher Freiheit

Deutscher Taschenbuch Verlag

Ausführliche Informationen über
unsere Autoren und Bücher
finden Sie auf unserer Website
www.dtv.de

MIX
Papier aus verantwor-
tungsvollen Quellen
FSC® C019821

Vom Autor für die Taschenbuchausgabe durchgesehene
Ausgabe 2012
Deutscher Taschenbuch Verlag GmbH & Co. KG, München
© 2009 Klett-Cotta – J. G. Cotta'sche Buchhandlung
Nachfolger GmbH, gegr. 1659 Stuttgart
Das Werk ist urheberrechtlich geschützt.
Sämtliche, auch auszugsweise Verwertung bleiben vorbehalten.
Umschlagkonzept: Balk & Brumshagen
Umschlaggestaltung nach einem Entwurf
von sans serif unter Verwendung des Bildes ›Stadion 7/I‹ (2006)
von Ralph Fleck (VG Bild-Kunst, Bonn 2011)
Satz: Dörlemann Satz, Lemförde
Gesetzt aus der Greta Text
Druck und Bindung: Druckerei C. H. Beck, Nördlingen
Printed in Germany · ISBN 978-3-423-34693-1

Stets befürchte ich, dass ich nur die Wahrheit niedergeschrieben habe, wo ich Seufzer aufzuzeichnen wähnte.

INHALT

TEIL I
DIE FREIEN MENSCHEN UND DIE NICHTLIEBE

EINS
GESCHICHTEN UND VISIONEN

Das erste Kapitel: in dem die Unmöglichkeit der Liebe nur behauptet und von dieser nur erzählt wird, noch ohne Angabe von Gründen; in dem das Aussterben der Liebe angekündigt wird zu einer Zeit, da die Bedingungen der Liebe die besten aller Zeiten sind; in dem die Nichtliebe als eine Geisteskrankheit beschrieben wird, deren Träger sich nicht durch Irrsinn, sondern durch einen ausgeprägten Wirklichkeitssinn auszeichnen; in dem von einer Stadt erzählt wird, in der die Menschen aufeinander zu fallen, als liege die Stadt auf einer Senkrechten; in dem von Menschen erzählt wird, die trotz einer Partnerschaft weiter nach einem Partner suchen; die immer bis ans Ende ihrer Möglichkeiten gehen; in dem von einer Frau erzählt wird, die ihre »sexuelle Autobiografie« geschrieben hat, von einem jungen Mann, der bereits seine Kapazität erschöpft hat; und von einer nicht mehr ganz so jungen Frau, die ein Mann enttäuscht, weil er nicht weiß, wie der Regisseur Fassbinder mit Vornamen heißt

Man stelle sich vor!

Die Liebe stirbt aus. Sie verschwindet wie Absolutismus und Sowjetsozialismus, wie die Ohnmachtsanfälle der Frauen, die Hysterie der Massen, das Unbehagen in der Kultur. Mehr noch als andere Phänomene wird die Liebe sich als historisch erweisen. Als Besonderheit, die mit ihren Bedingungen kommt und geht.

Die Liebe wird wieder sein, was sie einst war. Ausnahme, Seltenheit. Die Liebenden werden wieder, wie Millionäre oder Rollstuhlfahrer, zu einer kleinen Minderheit. Die Mehrheit wird die Ekstasen und Tragödien der Liebe in Filmen und Romanen verfolgen wie die Mehrheit des Theaterpublikums einst, im sechzehnten und siebzehnten Jahrhundert, die Liebe auf der Bühne. Tief berührt, doch ahnungslos.

Ein Mann lebt seit drei Jahren mit einer Frau zusammen. Sie haben sich kennen gelernt über eine Internetseite, die der Partnersuche dient. Die Frau ist achtundzwanzig, der Mann vierunddreißig. Eines Tages fällt der Frau ein, dass ihr *Profil* noch im Internet steht: zwei Fotos und der Text, den sie über sich und ihre Erwartungen an eine Partnerschaft geschrieben hatte. Die Frau geht online. Als sie die Fotos sieht, aufgenommen während einer Reise durch Vietnam, hat sie das Gefühl, zwischen der Person auf den Fotos und ihr liege eine Ewigkeit. In diesen drei Jahren, denkt sie, sei sie erwachsen geworden.

Sie sucht nach seinem *Profil*, lacht, als sie die Fotos sieht. Er hat noch kein graues Haar, die Augen sind groß und traurig, wie die eines Kindes, das man in der Fußgängerzone hat stehen lassen. Dann sieht sie den kleinen Sendemast, der rechts oben auf der Seite blinkt.

Als er nach Hause kommt, hat sie alle Entscheidungen getroffen. Er sagt, es sei nur ein Spiel gewesen, ein Zeitvertreib.

Er habe sich nie mit jemandem verabredet. Er habe nur die Nachrichten gelesen, nicht einmal geantwortet. Doch sie weiß, dass er, während der drei Jahre, die sie ein Paar gewesen sind (sie haben über Kinder gesprochen, den Kauf einer Wohnung, den Umzug in eine andere Stadt), weiter gesucht hat. Sie sagt: »Du hast weiter gesucht.« Als sei auch ihre Beziehung, ihre Liebe das Ergebnis einer Suche gewesen.

Sie sagt: »Während ich mit dir geredet habe, während ich dich geküsst habe, warst du gar nicht da. Ich habe drei Jahre mit einem Hologramm geredet. Du warst die ganze Zeit über an einem anderen Ort, in einer anderen Zeit. Ich bin ein Versuch für dich gewesen, nicht einmal das, ein Provisorium. Du hast dich in meiner Liebe, in unserem Leben aufgehalten wie in einem Wartezimmer.« Er streitet es ab. Doch irgendwann sagt er in die Stille: »Da war eine Sehnsucht, nach einer Frau ... Ich weiß es auch nicht.«

Bemerkenswert an dieser Geschichte ist nicht, dass der Mann über das Internet gesucht hat. Das Internet macht die Suche eines Menschen, die sonst für andere unsichtbar bleibt, nur sichtbar. Wer eine Waffe benutzt, kann durch sie überführt werden. Die Meisten aber benutzen keine Waffe, gebrauchen kein Suchwerkzeug – nur ihren Körper, ihren Geist. Sie suchen endlos mit ihrem Körper, ihrem Geist, bewegen sich durch die Stadt, durch die Register ihrer Erinnerung und Hoffnung, und suchen nach einem, der ihren Vorstellungen entspricht.

Ein Roman handelt von einem jungen Menschen, der allein in einer großen Stadt lebt. Er sagt: »Wenn ich von zu Hause weggehe, rechne ich immer mit einem Ereignis, das mein Leben von Grund auf ändern wird. Ich erwarte es bis zum Moment meiner Rückkehr. Das ist der Grund, dass ich nie im Zimmer bleibe.«

Der Roman wurde im frühen zwanzigsten Jahrhundert geschrieben. Doch sein Held lebte, in der hier geschilderten Erfahrung, bereits in unserer Gegenwart, in einem Anfang unserer Gegenwart.

Die Menschen können ihre Hoffnung an das Netz der Computer knüpfen oder an das Netz der Straßen. Tatsächlich sind heute beide, das Netz der Computer und das Netz der Straßen, weltweite Netze, Netze unendlicher Hoffnung.

Es macht keinen Unterschied mehr, ob die Menschen drinnen oder draußen sind.

Nie zuvor in der Geschichte waren Liebeshoffnung und Liebeserwartung der Menschen so groß. Nie zuvor war das Glück, das sie ersehnten und suchten, so weitgehend deckungsgleich mit Liebesglück. Die Epoche der romantischen Liebe ist nicht Vergangenheit, sondern – gemessen an ihren Bedingungen – angelangt auf ihrem Höhepunkt.

Die Idee der Liebe wird durch keine andere Idee, keine Struktur mehr beschränkt. Sie ist absolut, unbegrenzt. Die Liebe verschwindet im Moment ihres historischen Triumphes.

Therapien scheitern. Psychologen sprechen von Traumata, Neurosen, Depressionen. Sie halten sich an die Turbulenz der Lebensgeschichten, nicht an die Turbulenz der Geschichte. Sie halten die neue Art nicht zu lieben für die alte: für eine Krankheit des Herzens, des Gemüts. Sie sehen nicht, dass die neue Nichtliebe auf einer allgemeinen Erfahrung beruht, einer gesellschaftlichen Erfahrung und Idee. Sie ist keine Gemüts-, sondern eine Geisteskrankheit – und der Wahnsinn der Menschen ist ihr *Wirklichkeitssinn*. Je mehr Wirklichkeit einer aufnimmt, je tiefer seine Verwurzelung in der Wirklichkeit, umso ärger die Symptome.

So ist es nur folgerichtig, dass die Menschen, von denen hier die Rede ist, keineswegs bloß junge Menschen sind; dass ihre Nichtliebe sich mit der Zeit, der Erfahrung nicht verliert. Im Gegenteil, sie wächst mit der Zeit, der Erfahrung. Je älter die Menschen sind, desto erfahrener, also unreifer werden sie.

Eine Frau ist sehr nervös. Wenn sie sich mit einem Freund in einem Café unterhält, blickt sie ständig nach links und rechts. Sie macht in einem fort neue Bekanntschaften und fällt kurz darauf in eine Art Depression. Sie kann immer Gründe anführen, warum der Mann, den sie gerade kennen gelernt hat, nicht der Richtige sei, ohne diesen Gründen selbst zu trauen. Sie fragt also einen Freund, was er davon halte. Ihre letzte Verliebtheit liegt nun fünf Jahre zurück. Die Frau ist neununddreißig Jahre alt. Sie sagt, die Männer, jedenfalls die klugen, hätten sich die Männlichkeit verboten. Einmal war sie beinah euphorisch, als sie einen Mann kennen gelernt hatte, der für eine Filmproduktionsfirma arbeitete und der, wie sie sagte, *erotisch* war. Zwei Wochen später war sie wieder enttäuscht. Er sage immerzu *Heiner* Werner Fassbinder und kenne vom Film nur die Logistik. Nach dem Kino beschwere er sich entweder, der Film habe zu wenig Handlung, oder, der Film habe zu wenig Dialog. (»Oder ist meine Irritation da übertrieben? Was denkst du?«) Beim Sex sei er komisch, jedenfalls anders, als sie sich das vorstelle; anders auch als der Mann, mit dem sie einst das Erwachen ihrer Sexualität erlebt habe und der noch immer »der Maßstab« sei. Schließlich sei sie einem Kollegen des Mannes begegnet, der sei umwerfend gewesen, schon rein äußerlich.

Die Frau denkt über ihre Gefühle nach und findet einiges an ihnen auszusetzen. Sie findet ihre Gefühle – ja, *irrational*. Unrealistisch, beleidigend billig. Den Einwand, dass die meisten Gefühle irrational seien, wischt sie vom Tisch. Sie fand auch die Männer, beide, irrational und unrealistisch. Sie sagt: »Es ist hoffnungslos. Ich projiziere alles Mögliche in einen Mann hinein, die Projektionen zerplatzen, und am Ende siegt, erneut, die Pornografie.«

Die Menschen trennen sich jetzt nicht mehr, weil die Liebe sich in Schweigen, in Krieg verwandelt hätte; sondern weil sie unzufrieden sind. Weil »etwas fehlt«. Sie hatten anderes erwartet. Die Menschen trennen sich nicht mehr *nach*, sondern *vor* der Liebe.

Im Jahr 1967 bringt der Engländer Engelbert Humperdinck die Single *Release Me (And Let Me Love Again)* auf den Markt. Bis dahin hatte es zwar unzählige Liebeslieder gegeben und unzählige Lieder, die von fehlender Liebe und Trennung handeln – doch immer aus der Sicht des Ungeliebten, des Verlassenen.

Release me ist der erste Song, der einen Trennungswunsch ausspricht, der Trennung und fehlende Liebe aus der Sicht des Trennungswilligen behandelt. Der Song klingt wie ein Liebeslied. Doch er handelt von Nichtliebe und – von der nächsten Liebe.

Please release me, let me go
For I don't love you anymore
To waste our lives would be a sin
Release me and let me love again

Der Song steht fünfundsechzig Wochen auf Platz eins der britischen Charts. Er erobert auch die Hitparaden in anderen Ländern. Es ist die Zeit, in der die Scheidungsraten, wie man sagt, explodieren. Noch gelten Trennung und Scheidung als verpönt. Der Song spricht aus, was viele denken –

und bald auch tun werden. Angeblich hatte der Songschreiber Eddie Miller die Idee zu dem Song, als er in einer Bar einer Frau zuhörte, die ihrem Mann erklärte, dass sie sich trennen wolle. Nach dem Erfolg des Songs kommt auch ein Parfüm *Release Me* für Frauen auf den Markt.

Eine Frau bleibt plötzlich auf der Straße stehen. Sie schüttelt den Kopf und sagt zu ihrem Mann: »Ich hatte auf einmal die Erleuchtung, dass du von mir weggehst; dass du mich allein lässt. Ja, das ist es. Geh weg, Bruno. Lass mich allein.«

Eine Frau, die sich von ihrem Mann scheiden lassen will, sagt: »Ich bilde mir ein, dass Möglichkeiten zur Liebe in mir liegen, aber das alles liegt sozusagen in einem verschlossenen Raum. Das Traurige ist nur, dass das Leben, das ich bisher geführt habe, meine Möglichkeiten mehr und mehr eingekapselt hat. Dagegen muss ich endlich etwas unternehmen. Der erste Schritt dazu muss also sein, dass ich die Scheidung einreiche. Ich glaube, dass mein Mann und ich einander auf eine – tödliche Weise im Wege stehen.«

In diesem Buch wird von Männern wie von Frauen erzählt. Ja, die Tatsache, dass die Frauen jetzt wie die Männer ihre Freiheit nutzen, dass sie selber Liebe und Sex suchen, lässt diese Art nicht zu lieben überhaupt erst entstehen, sich verbreiten. Es ist ihre wichtigste Eigenschaft, dass sie die Grenzen der Geschlechter und Generationen, Schichten und Regionen überschreitet. Sie greift über – von den Männern auf die Frauen, von den Städten auf das Land, von den Reichen auf die Armen, von den Jungen auf die Alten. Sie schwappt zurück – von den Frauen zu den Männern, vom Land in die Städte, von den Armen zu den Reichen, von den Alten zu den Jungen. Sie verschlingt ihr Gegenteil und macht es sich gleich. Der Einzelne ist nur deshalb von dieser Art nicht zu lieben betroffen, weil *alle* betroffen sind. Es ist das Besondere an ihr, dass sie allgemeingültig wird. Wollte man sie eingrenzen auf ein Merkmal, so müsste man sagen: Alles an ihr geht über Grenzen hinaus, bis ans Ende seiner Möglichkeiten.

Ein Psychologe sagt: »Der Mensch hat ein Interaktions-Selbst. Das heißt: Er ist mit *einem* Partner anders als mit einem *anderen* Partner. Sein Selbst wird bestimmt und begrenzt durch die Interaktion mit dem Anderen. Wenn der Mensch sich trennt und eine neue Partnerschaft beginnt, kann er ganz neue Seiten an sich entdecken. Im Prinzip ist das Selbst unendlich.«

Man stelle sich vor!

Alles sähe so übertrieben aus, wie es tatsächlich ist: Eine typische große Stadt. Millionen Menschen. Massen auf den Straßen, in den U-Bahnen und Hochbahnen, in den Hör- und Lesesälen, in den Büros und Cafés, Restaurants und Geschäften.

Was ist eine Masse?

Früher bildete sich eine Masse nur, wenn Viele einen Einzelnen anschauen wollten. In der Masse von heute dagegen schaut jeder Einzelne die Vielen an. Seit die Stadt groß ist, waren die Menschen aneinander vorbeigegangen, ohne Kenntnis voneinander zu nehmen. Doch jetzt plötzlich sehen sie sich an. Sie sehen sich, wie man sagt, tief in die Augen. Sie bleiben stehen und berühren einander. Sie halten sich in den Armen und küssen sich lang mit gesenkten, flatternden Lidern. Sie beißen einander in die langen, bloßen Hälse. Sie verlieben sich auf den ersten Blick – und sind enttäuscht auf den zweiten. Sie begegnen der großen Liebe auf der Straße, in einem Geschäft, und haben es Minuten später vergessen. Sie haben keine Zeit mehr für die Liebe, weil sie dauernd lieben müssen.

Von Weitem sieht man einen Menschen auf den anderen zu fallen, als befänden sich beide auf einer Senkrechten, keiner Waagerechten. Überall sieht man die Menschen fallen, einer auf den anderen zu. Die Erde steht lotrecht, es gibt kein Halten mehr. In Ecken und Sackgassen bilden sich Menschenhaufen.

Die Menschen sehen nicht mehr geradeaus, sondern gehen mit verdrehten Köpfen durch die Straßen. Viele wachen bereits auf mit verdrehten Köpfen.

Auf den großen Plätzen erzählen Fremde einander ihr Leben in Reimform. Sie können es auswendig. Sie fallen sich in die Arme wie alte Bekannte. Sie sagen »Du« zueinander und »Ich« zu sich selbst. Sie halten auf dem Weg zur Arbeit inne, gehen auf einen ihnen vollkommen fremden Menschen zu, sagen Ich und Du, und der Andere sagt Du und Ich, und die beiden ändern ihre Routen und gehen Hand in Hand davon. Andere, die Hand in Hand dahergekommen sind, bleiben stehen, an einer Ampel, vor einem Schaufenster, und sagen einander unvermittelt Lebewohl.

Menschen, die unterschiedliche Sprachen sprechen, sind in lebhaftem Gespräch. In den Zügen und Bussen tun die Menschen, als seien sie auf einem Fest, in einer Disko. Sie tanzen, sie lassen die Hüften kreisen. Sie werfen die Arme in die Luft. Einander Unbekannte steigen irgendwo zusammen aus. Überall ist Musik.

Viele Menschen gehen nackt durch die Straßen. Jahrhundertelang liefen die Menschen eingekleidet durch die Städte wie isolierte Drähte in einem Kabelmantel. Es war ein gedrängtes, doch reaktionsloses Nebeneinander. Jetzt haben die Menschen ihre Isolierungen abgestreift. Es fließt Strom. Oder die Isolierungen sind so dünn geworden, dass die Spannung dauernd durchschlägt. Überall schlägt es Funken, gibt es Kurzschlüsse, riecht es verbrannt. Auch in den Büros sind die Menschen nackt. Auch in den Konferenzen stehen die Menschen auf und sagen in Reimform ihr Leben auf.

Auf der Straße halten die Menschen plötzlich inne, weil ihnen ein anderes Leben eingefallen ist. Auch wenn sie ein Gefühl haben, bleiben sie stehen – und schreien. Andere laufen hinzu und nehmen sie in den Arm.

Die Menschen haben ihre Möbel auf die Straße gestellt, sie schlafen und arbeiten, weinen und befriedigen sich selbst auf dem Bürgersteig.

Oder ist es umgekehrt? Die Straßen gehen durch die Häuser hindurch, Tausende Menschen auf dem Weg zur Arbeit strömen jeden Morgen an zerwühlten Betten vorbei, strömen abends zurück, den ganzen Tag herrscht in den Wohnungen das Gewimmel von Einkaufsstraßen. Die Menschen wissen nicht mehr, was Wohnung, was Straße ist, ob sie zu Hause oder draußen sind. Es macht auch keinen Unterschied. Die Häuser sind eng zusammengerückt, auch die alten Boulevards und Heerstraßen sind jetzt Gassen, durch die der Menschenstrom wie zähe Lava fließt.

Überall sieht man Menschen, die auf andere Menschen klettern. Sie bitten nicht mehr um Feuer oder um die Uhrzeit (sie wissen, dass sie zu spät sind), sondern um eine Räuberleiter, einen Ritt. Sie tragen einander Huckepack bis zur nächsten Ecke, zur nächsten Kreuzung. Dann steigen sie ab und um. Sie bitten den Nächsten. Sie suchen nicht mehr den Seelen-, sondern den Etappenmenschen. Sie haben Etappenseelen.

Sie hauen sich selbst und andere in Stücke; ich ein Stück Weg, du ein Stück Weg. Vor allem die Großen, Starken, Schnellen werden bestürmt. Sie können sich vor Räuberleiter- und Huckepack-Bitten nicht retten. Die Kleineren, Schwächeren,

Langsameren lassen sich von ihnen auf Simse und in Bäume heben, reiten auf ihnen zur Arbeit oder nur zur nächsten Bushaltestelle. Es ist ein Gewusel und Gekletter wie auf einem Kinderspielplatz. Viele gehen aber umher und finden keinen, der groß genug ist für ihr Sims, stark genug, sie zu heben, schnell genug, die Verspätung, die sie haben, doch noch aufzuholen. Sie klettern an Menschen hoch und springen enttäuscht wieder ab. Sie wiegen so viel, dass die Träger stöhnend in die Knie gehen. Die große Stadt ist nicht mehr wiederzuerkennen, so maßlos übertrieben ist alles, was dort geschieht.

Eine Frau schreibt ihre »sexuelle Autobiografie«. Sie ist nicht alt, aber schon alt genug. In dem Kapitel »Die Zahl« schreibt sie: »Zahlen und Mengen haben mich als Kind sehr beschäftigt. (...) Eine Frage drehte sich darum, mehrere Ehemänner zu haben; nicht, ob es möglich sei – denn das war es wohl –, sondern unter welchen Bedingungen. Konnte eine Frau mehrere Männer gleichzeitig haben oder immer nur einen nach dem anderen? (...) Und wie viele Männer waren ›angemessen‹? Ein paar, fünf oder sechs? Oder sehr viel mehr, unzählige gar? Wie würde ich damit umgehen, wenn ich groß wäre?«

Das Kind ist groß geworden, zur Frau. Die Frau schreibt: »Bei den größten Sexpartys, an denen ich in den folgenden Jahren teilnahm, machten bis zu 150 Personen mit (nicht alle vögelten, manche sahen auch nur zu); ein Viertel oder Fünftel von ihnen nahm ich, wie es kam – mit den Händen, mit dem Mund, mit der Möse, mit dem Arsch. Ich habe auch mit Frauen gevögelt oder sie gestreichelt, allerdings nicht so häufig. In den Clubs schwankten die Zahlen natürlich je nach Teilnehmern, aber auch je nach Raumnutzung; darauf komme ich noch zu sprechen. Die Zahl der Männer, mit denen ich abends im Bois de Bologne zugange war, ist noch schwieriger zu schätzen. Müsste ich auch jene hinzuzählen, denen ich mit dem Kopf am Lenkrad einen blies oder bei denen ich mich in der Kabine eines Lastwagens auszog? Und müsste ich all die Körper ohne Kopf vernachlässigen, die sich hinter der Wagentür abwechselten und ihre unterschiedlich steifen Pimmel mit wilder Hand wichsten, während die andere aus dem offenen Fenster langte und meine Brust knetete? Neunundvierzig Männern, mit denen ich geschlafen habe, kann ich einen Namen zuordnen und in manchen Fällen auch eine Identität. Jene aber, die sich in der Anonymität verlieren, kann ich nicht zählen. Auch wenn auf den Partys Leute waren, die ich kannte oder wiedererkannte, konnte ich im Durcheinander der Berührungen und bei den schnell aufeinander folgenden Ficks vielleicht die Körper erkennen, oder besser gesagt, deren charakteristische Merkmale, aber nicht immer die Gesichter. Und selbst wenn ich mich an diese Besonderheiten erinnere, muss ich zugeben, dass ich nicht alle kannte; der Kontakt war manchmal sehr flüchtig, es konnte sein, dass ich mit geschlossenen Augen eine Frau an ihren weichen Lippen erkannte, aber nicht notgedrungen an ihren kräftigen Berührungen. Es kam vor, dass ich erst nach dem Fick gemerkt habe, dass es ein Transvestit war. Ich war einer Hydra ausgeliefert.«

Das Buch wird zum Erfolg – nicht weil es den Lesern und Leserinnen etwas Unbekanntes, Überraschendes offenbart, sondern, im Gegenteil, weil es ein Bild des Gewöhnlichen, des Alltags gibt. Die Menschen erkennen sich wieder, wie sie sich vielleicht noch nie wiedererkannt haben. Denn die meisten Bücher sind nicht so übertrieben, also wirklichkeitsgetreu.

Auch die Leser und Leserinnen sind der Hydra ausgeliefert. Nicht nur der Sex-Hydra, auch der Liebes-Hydra. Auch sie leben in einer Welt der Zahlen, des Plurals, der Körper ohne Kopf, der charakteristischen Merkmale.

Auch ihre Wege führen durch einen *Bois de Bologne*. Auch sie haben Probleme, sich an alle zu erinnern, ihnen Namen und Identitäten zuzuordnen; wenn schon nicht bei allen, die sie besessen, so doch bei allen, die sie einmal begehrt haben. Auch die Partys, auf die sie gehen, sind Sexpartys, führen zum Sex, sind Sexmöglichkeiten. Auch ihre Kontakte sind häufig sehr flüchtig.

Die Menschen fragen sich also: »Kann ich mehrere Partner gleichzeitig haben? Oder nur einen nach dem anderen? Wie viele Partner sind angemessen? Ein paar, fünf oder sechs? Oder sehr viel mehr, unzählige? Was würde ich tun, wenn ich mehr Mut hätte?«

Eine Frau von fünfundvierzig Jahren ist in Südafrika auf Dienstreise. Die Frau hat einen internationalen Beruf (der mehr eine Leidenschaft ist als ein Dienst, weshalb ihre Reise besser eine Leidenschaftsreise heißen sollte, was auch aus einem anderen Grund zutreffender ist, wie sich zeigen wird).

Die Frau sitzt mit zwei anderen Frauen im Café und sagt: »Mit dem Einen kannst du toll reden, der Andere ist toll im Bett, der Dritte ist wirklich zuverlässig. Aber das alles findest du nie in einer Person. Nie!«

Die Frau hat drei Liebhaber. Sie sagt *Lover*. Sie ist Amerikanerin, lebt in New York. Doch auch wenn sie Deutsche wäre, würde sie das Wort Lover verwenden. Es gibt das Serielle, Flüchtige ihrer Erfahrung wieder.

Der Mann, der toll im Bett ist, lebt in Kapstadt. Die Frau wird ihn in Kürze besuchen. Der Mann, mit dem die Frau reden kann, lebt in Marseille. Und der Mann, der zuverlässig ist, ist aus Zürich. Die Frau reist also nicht nur aus beruflichen Gründen. Die Männer wissen voneinander, zwar nicht von ihrer Funktion, ihrem exklusiven Vorzug, doch von der Existenz ihrer Konkurrenten – richtiger: *Komplementäre*.

Die Frau erzählt im Café von einem Traum. Die drei Männer sind einer geworden. Der Mann hat das Aussehen von keinem der drei, doch die Frau weiß, er *ist* alle drei. »Ich weiß nicht warum«, sagt sie, »aber es war kein schöner Traum. Ich fühlte mich beim Aufwachen, als hätte mich jemand tagelang in einen Wandschrank gesperrt. Eine furchtbare Enge. Eigentlich war das mein Traummann. Doch mir kam es vor, als sei ein gigantisches Universum implodiert und zusammengeschnurrt zum Schwarzen Loch.«

Ein Psychoanalytiker berichtet: »Ein 36-jähriger Patient – im Kunstgewerbe als Kaufmann bereits sehr erfolgreich tätig – hatte von zahlreichen Freundinnen kleinere Gegenstände ›archiviert‹ und in einer Kiste, seiner ›Schatzkiste‹ versteckt. Hierin befanden sich also Fotos, Postkarten, Ringe, Spangen, Haarlocken, Tücher, Lippenstifte, und diverse delikate Dinge. Er hatte die Beziehungen zu seinen Freundinnen immer abgebrochen. Seine Vorstellung war, später aus diesen Gegenständen eine große Collage anzufertigen – seine ›unsterbliche Geliebte‹.«

Auch die Menschen, die nicht in der Wirklichkeit mehrere Partner gleichzeitig haben, haben *im Bewusstsein* mehrere Partner gleichzeitig.

Ein Mann ist noch so jung, dass man ihn kaum einen Mann nennen würde. Er hat neulich mit einer Frau geschlafen, die ihn an eine Marokkanerin erinnert hat, mit der er geschlafen hat, als er siebzehn war.

Davor hat er mit einer Frau geschlafen, die ihn an seine erste große Liebe erinnert hat. Damals war er neunzehn. Er sagt: »Schon seit einigen Jahren erinnert mich jede Frau, der ich begegne, an eine andere Frau, der ich früher begegnet bin. Ich scheine sogar nach Frauen zu suchen, die mich an andere erinnern, die mir früher begegnet sind. Wenigstens fallen mir offensichtlich nur solche Frauen auf. Mittlerweile frage ich mich bei jeder Frau, die ich anziehend finde: Was ist das Vorbild? Was ist das Urbild?«

Der Mann ist erst fünfundzwanzig Jahre alt, aber er ist es gewohnt, die Dinge zu durchdenken und Wörter wie »Urbild« zu benutzen. Er sagt: »Ich habe mit dreißig oder vierzig Frauen geschlafen. Doch tatsächlich gibt es nur fünf oder sechs Urbilder, fünf oder sechs Frauen, an die mich alle anderen erinnern, die ich treffe. Wenn mich eine Frau nicht interessiert, so wahrscheinlich deshalb, weil sie mich an niemanden erinnert. Wenn mich dagegen eine Frau interessiert, vermisse ich in ihr jene, an die sie mich erinnert, die sie aber nicht ist. Ich bin erst fünfundzwanzig Jahre alt. Doch tatsächlich bin ich schon alt. Ich habe meine Kapazität erschöpft.«

Die Menschen, von denen in diesem Buch erzählt wird, haben viele Erinnerungen. Sie haben schon früh eine sexuelle und eine Liebesbiografie. Sie sind in jungen Jahren Greise.

In einem Buch mit dem Titel »Millionen Frauen warten auf Dich« erzählt ein Mann, wie seine Partnersuche im Internet beginnt. »Ich werde es mit der Agentur Udate.com versuchen, schlicht wegen ihrer angeblichen Größe (4,5 Millionen Abonnenten!), und mit DatingDirect, weil sie verspricht, die größte Auswahl von Singles in Großbritannien zu haben.

Der Zugang ist offenbar einfach. Nach wenigen Klicks bin ich eingeloggt. Ich kann schon unter einigen der Frauen ›stöbern‹ (oh, die ist hübsch!) ...«

»Eine Menge wohnt anscheinend in meiner Nähe, mitten

in London. Ich werde schon ganz aufgeregt, wenn ich nur an sie denke. Das heißt doch, ich brauchte nur um die Ecke zu biegen und könnte mich verlieben, einfach so!

In den nächsten Stunden verschicke ich etwa ein Dutzend E-Mails an eine Auswahl dieser regionalen Schönheiten, diesen Mädels in meinem Städtchen. Innerhalb weniger Minuten sehe ich die erste, die *allererste* Anzeige oben auf meinem Schirm blinken. *Lyonshall*, steht da, *du hast eine Mail bekommen.*«

»Nach drei Gläsern Kneipenwein erzählt sie doch echt einen schmutzigen Witz ...«

»Wir verstehen uns fabelhaft. Und zwar so fabelhaft, dass ich mich fast selbst beglückwünsche, als ich auf dem Klo in den Spiegel schaue. Ich kann es mir gerade noch verkneifen. Dennoch, ich fühle mich saugut. Ich weiß nicht genau, ob das am Wein oder am Abend oder daran liegt, dass ich ein hoffnungsloser Optimist bin, wenn es um Liebe und Leidenschaft geht, aber diese Frau ist anrührend und sexy zugleich. Außerdem hat sie etwas liebenswert Schüchternes an sich ... eine gewisse Zurückhaltung, die zu dem Grübchen an ihrem Kinn passt.

Als ich an unseren Tisch zurückgehe, habe ich einen Entschluss gefasst. Es ist zwar unser erstes Date, doch ich mag sie und glaube, sie mag mich auch, und ich werde versuchen, sie zu küssen.«

Die Menschen glauben, Entschlüsse zu fassen. Sie glauben, Möglichkeiten wahrzunehmen. Tatsächlich aber fallen sie auf ihre Möglichkeiten zu wie Steine zu Boden.

Die Freiheit, jemanden zu küssen, ist tatsächlich der Zwang, jemanden zu küssen. Die Menschen, die ihre Freiheit nutzen, *müssen* sie nutzen. Sie müssen trinken und müssen küssen. Die Geschwindigkeit der Menschen in der Freiheit ist die Geschwindigkeit des freien Falls. Die Menschen tun alles beim ersten Mal. Wie auch der Stein beim ersten Mal zu Boden fällt. Auch er kann nicht warten in der Luft.

Eine Frau und ein Mann haben sich häufiger in der U-Bahn gesehen. Eines Abends begegnen sie sich im Theater. Sie trinken Wein, erzählen sich (wie man so sagt) ihr Leben und beschließen, (wie man so sagt) die Nacht gemeinsam zu verbringen.

Die Frau sagt: »Wir wollen uns nicht einreden, dass wir es auch bleiben lassen könnten. Tatsächlich haben wir keine andere Wahl. Alles, was wir uns sagen können, müssen wir uns jetzt sagen. Was getan werden kann, muss sofort getan werden. Alles, was eine Möglichkeit ist, ist in Wahrheit ein Zwang, ein gesellschaftliches Gesetz – der Wein, das Gespräch, die gemeinsame Nacht. Lass uns gehen.«

Der Mann sagt: »Du hast Recht, gehen wir. Wir können uns ja vom Zwang befreien, indem wir nach der Nacht den Kontakt abbrechen.«

Die Frau sagt: »So wird es sein. Wir werden uns alles geben, sogar die Hoffnung. Dann werden wir uns aus dem Weg gehen. Denn auch das ist ein Zwang, gesellschaftliches Gesetz.«

Austria ...

ZWEI

DAS ZEITALTER DER UNENDLICHEN FREIHEIT

Das zweite Kapitel: in dem das Buch wechselt von der Nahaufnahme zur Vogelperspektive; in dem die Epoche geschildert wird, in der die Liebe verschwindet, die Epoche unendlicher Freiheit, unbegrenzter Möglichkeiten; in dem die Hauptfiguren des Buches vorgestellt werden, die freien Menschen; in dem die Freiheit als absolut bezeichnet wird, weil ihr nichts mehr entgegensteht, kein Zwang, keine Regel, keine Gewohnheit; in dem die Geschichte gedeutet wird als Entwicklung von der Einzahl zur Mehrzahl, von der Mehrzahl zur Unendlichkeit – und die Liebe als im Widerspruch zur Zeit; in dem der ewige Dreischritt der freien Menschen erklärt wird: Verlangen, Blockade, endlose Suche; in dem berichtet wird, dass die freien Menschen keine Gesellschaft mehr kennen, nur noch sich selbst; dass sie nicht mehr mit anderen kämpfen, nur noch mit sich selbst; dass sie, wenn sie etwas analysieren, also sich selbst analysieren; in dem von einer Revolution berichtet wird, die infolgedessen kein Mensch bemerkt hat; einer Revolution, die das Lieben unmöglich gemacht hat; die keine Tatsachen geschaffen hat, nur Möglichkeiten; die keine neue Welt geschaffen hat, sondern die Welt hat verschwinden lassen

Zwei Feinde kennt die Liebe. Der eine hat die gesamte Geschichte hindurch die größte Beachtung gefunden; Dramen, Romane, Filme handeln von ihm. Es ist der Zwang – der Zwang der Familien, der Kirchenoberhäupter, der weltlichen Herrscher, der Gesellschaft. Die Liebe wurde behindert durch höhere Gewalten, Interessen und Abhängigkeiten.

Der andere Feind ist kaum je wahrgenommen worden. Er war kein Feind der Liebe von Anfang an, im Gegenteil, er gilt als ihr Begründer und lenkender Geist. Zum Feind wurde er erst mit der Zeit. Es ist die Freiheit. Die Liebe kann nicht nur an ihren Unmöglichkeiten scheitern, sondern auch an ihren Möglichkeiten, nicht nur an fremden Interessen, auch an den Interessen der Liebeswilligen, an *den Liebesinteressen*, nicht nur an höheren Gewalten, auch an der Gewalt eines sich als frei und originell verstehenden Bewusstseins.

Die Liebe wird unmöglich in einer Epoche, die bisher noch keinen Namen hat. Es ist eine Epoche unendlicher Freiheit, unbegrenzter Möglichkeiten. Das Ende der Liebe ist nur das Symptom einer Umwälzung, die nichts lässt, wie es ist. Es ist eine Epoche, in der die Menschen nicht mehr ausbrechen aus einer Ordnung, sich nicht mehr behaupten müssen gegen Mächte, die ihnen sagen, wie sie zu leben haben, sondern in der sie *von Beginn an* in der Freiheit sind – eine Epoche, in der die Freiheit absolut geworden ist.

Natürlich existieren noch Mächte in dieser Welt. Doch keine nimmt den Menschen mehr die Verantwortung für ihr Leben ab. Keine trifft Entscheidungen für sie. Es sind Mächte, die den Menschen begegnen wie die wilden Tiere der Urzeit – sie können furchtbar sein, Raubtiere, die die Menschen zerfleischen. Aber wenn sie ihnen auch das Leben nehmen, lassen sie ihnen doch die Freiheit. Auch der Mensch, der gerade gefressen wird, denkt noch über Alternativen nach.

Es ist die größte Revolution seit Entstehung von Kapitalismus und Demokratie. Doch sie ist unbemerkt geblieben. Sie folgte keinem Umsturz, keinem Wechsel der Regierung, nicht der Erfindung einer neuen Technik. Dennoch sind die Folgen für das Leben der Menschen handfest, für manche sind sie tödlich.

Die Gesellschaft hat sich ebenso verändert wie einst im Übergang vom Mittelalter zur Moderne. Im Mittelalter hatte der Mensch einen festen Platz in einer gesellschaftlichen und göttlichen Ordnung. In der Moderne stand der Mensch *im Konflikt* mit der gesellschaftlichen und göttlichen Ordnung. Er behauptete sich gegen sie, wälzte sie um, wuchs über sie hinaus. Wenn er von Freiheit sprach, meinte er eine Freiheit, die sich *gegen* eine Ordnung behaupten musste.

Beide, Mittelalter und Moderne, sind Zeiten eines Miteinanders gewesen, eines Bezogenseins auf andere, in Liebe oder in Feindschaft und Kampf. Im Mittelalter lebte der Mensch weitgehend in Harmonie mit den Anderen, seinen Herren und Untertanen, seinem Gott. In der Moderne kämpfte er mit den Anderen – seinen rebellischen Untertanen, seinen tyrannischen Herren, einem paradoxen, irrsinnigen Gott.

Jetzt ist der Mensch allein. Das heißt: Die Ordnung hat sich so gewandelt, dass es im *Bewusstsein* des Menschen jetzt ausschließlich auf ihn selbst ankommt. Der Mensch scheint frei, sich selbst zu wählen, die Anderen zu wählen, die *eigene* Ordnung zu bestimmen. Er scheint unbegrenzte Möglichkeiten zu haben. Doch jeder Mensch versagt vor seinen unbegrenzten Möglichkeiten. Keiner erreicht, was er erreichen könnte.

Noch vor nicht langer Zeit befand der Mensch sich im Kampf mit der Ordnung. Heute befindet der Mensch sich vornehmlich im Kampf *mit sich selbst*. Auch wenn er mit anderen lebt, ist er einsam, einsam in diesem Kampf. Während Religiosität und Tradition notwendig das Bewusstsein einer Gemeinschaft darstellen, ist Vernunft immer nur die eigene Vernunft, Denken immer nur das eigene Denken. Während Gebote und Verbote notwendig Gebote und Verbote anderer sind, sind Möglichkeiten immer nur die eigenen Möglichkeiten.

Gesellschaft war einst gleichbedeutend mit Grenzen: Klassengrenzen, Geschlechtergrenzen, Grenzen zwischen Milieus, Stilen und Berufen, moralischen Grenzen, Verboten und Geboten, Grenzen der Macht. Die Gesellschaft war ein *Hindernis*. Wer heute die Gesellschaft als Hindernis für sich bezeichnet, gerät in den Verdacht, sich herausreden zu wollen. Er schämt sich. Er denkt: Eigentlich liegt es an mir. Die Gesellschaft als Hindernis scheint verschwunden. Jetzt ist sie Gelegenheit, Möglichkeit.

Die Menschen haben den Glauben an alle Soziologie verloren, an die Gesellschaft als Hindernis, an alles Feste. Sie sagen: »Gesellschaft? So etwas gibt es nicht!« Jetzt glauben sie an die Macht der Psychologie, an die Gesellschaft als Möglichkeit. Sie leben in einer flüssigen Welt. Sie glauben an die Bewegungsfreiheit: Jeder Mensch komme überall hin, hinein und nach oben.

Die Erfolglosen und die Arbeitslosen glauben nicht mehr an die Hindernisse eines »Systems«, an Klassengrenzen. Sie fürchten, es liege an ihnen selbst.

Die Frauen glauben nicht mehr an die Frauenfeindlichkeit, an Geschlechtergrenzen. Sie fürchten, es liege an ihnen selbst.

Die Konsumenten wollen die Welt verändern. Sie glauben, dass sie es könnten, es müssten. Sie tragen die Verantwortung.

Die Kranken glauben, sie hätten sich selbst krank gemacht: zu viel Stress, schlechte Ernährung, unterdrückte Gefühle. Sie glauben, sie könnten sich selbst heilen, durch die richtige Einstellung, die richtige Methode, Konzentration und Selbstdisziplin. Sie *visualisieren* den Tumor und *zerschießen* ihn in Gedanken.

Jeder glaubt, er könne es schaffen. Ruhm, Reichtum, Gesundheit, Kreativität.

Die Liebessuchenden glauben, sie könnten die Liebe finden – wenn sie nur gründlich genug suchten und hart an sich selbst arbeiteten.

Die Welt ist verschwunden. Was war die Welt? Alles Fremde, Nichtselbstgemachte, jeder Widerstand, das Absurde.

Die Einsicht ist verschwunden, dass es ein Schicksal gibt, für das der Mensch nicht verantwortlich ist, für das er sich nicht schämen muss; dafür, dass er keinen Erfolg hat, dass andere Menschen ihm mit Ablehnung begegnen, dass er nicht die Liebe findet, dass er krank wird und vor der Zeit stirbt.

Tatsächlich gehört schon der Körper des Menschen nicht mehr zu seinem Selbst, sondern ist ein Fremdes, Nichtselbstgemachtes – wie die Berge am Horizont. Der Körper macht, was er will, nicht, was der Mensch will. Auch die Gedanken gehören großteils schon nicht mehr zum Selbst, sondern sind ein Fremdes, Nichtselbstgemachtes – wie die Wolken am Himmel. Die Gedanken machen meist, was sie wollen, nicht, was der Mensch will. Sie bewegen sich hierhin und dorthin, sie werden hell und dunkel, und der Mensch sieht dabei zu.

Der Großteil des Geistes, der Körper, die Gesellschaft, die Natur – das war die Welt, die Grenzen der menschlichen Möglichkeiten. Doch jetzt scheint alles formbar, alles durchlässig, alles möglich.

Alle äußeren Gegenstände erscheinen als innere. Wo Welt war, ist jetzt *meine Wahl*. Wo Schicksal war, ist *meine Kraft*, es zu überwinden.

Auch die Freiheit wird als etwas Inneres verstanden, als ein offener, leerer Raum, den die Menschen nach Belieben betreten und ausfüllen können. So sagt man: »Der Mensch *ist* frei.« Als sei die Freiheit eine Eigenschaft des Menschen, ein Inneres, während allein der Zwang, beispielsweise in Gestalt einer Mauer oder eines Wächters, ein Äußeres sei, so dass man sagt: »Der Mensch wird gezwungen *von etwas*.«

Tatsächlich ist Freiheit aber keine Eigenschaft des Menschen, sondern ebenso ein Äußeres, eine höhere Gewalt, wie die Unfreiheit. Sie stellt Menschen, anstatt vor Mauern, vor Möglichkeiten.

Das Zwangssystem der Freiheit ist zwar allen Zwangssystemen der Unfreiheit vorzuziehen. Doch es taugt ebenfalls dazu, Menschen ins Unglück zu treiben.

Möglichkeiten können unterschiedlich mächtig sein. In der unbegrenzten Freiheit sind alle Möglichkeiten absolut, das heißt, es gibt nichts mehr, was die Menschen daran hindert, sie wahrzunehmen. Und sie sind unendlich, das heißt, von unbegrenzter Zahl. Die unendlichen Möglichkeiten sind unendlich mächtig. Sie *sind* Mauern und Wächter. Sie beherrschen die Menschen.

Die Menschen kämpfen nun mit den eigenen Interessen, wie sie zuvor mit fremden gekämpft haben. Sie kämpfen mit den eigenen Abhängigkeiten. Dabei treten ihnen die eigenen Interessen und Abhängigkeiten als fremde Mächte entgegen. Die Menschen sagen: »Ich muss meine Ansprüche zurücknehmen. Ich muss meinen inneren Schweinehund überwinden. Ich muss meine Sucht bekämpfen.«

Die Menschen behandeln ihr Eigenes, Inneres wie ein Fremdes, Äußeres – und übersehen zugleich, dass sie es tatsächlich mit einem Äußeren zu tun haben, mit den Zwängen der Freiheit.

Selbst eine äußere Macht, unter der die Menschen leiden, ist für sie immer eine, der sie sich freiwillig unterworfen haben. Da es heute für jeden Menschen viele mögliche Mächte gibt, viele mögliche Arbeitgeber, viele mögliche Vorgesetzte, müssen sie eine Macht wählen, sich also freiwillig einer unterwerfen. Oder sie sind gezwungen, sich einer bestimmten Macht zu unterwerfen, weil sie es nicht geschafft haben, zu einer besseren vorzudringen, der sie sich unterwerfen könnten.

Aus dem Arbeitgeber, der die Menschen schlecht behandelt, wird so der miese Job, den die Menschen, weil sie scheinbar für einen besseren Job nicht geeignet sind, tun müssen, mit allen Konsequenzen. Wer gekündigt wird, hat das falsche Unternehmen, den falschen Beruf gewählt. Er ist, bereits am ersten Tag der Arbeitslosigkeit, selbst verantwortlich für dieselbe, es ist nun *seine* Arbeitslosigkeit geworden, denn er hat ja noch nichts Neues gefunden, mit seiner *Qualifikation*, seiner *Persönlichkeit*. So erscheint auch der äußere Zwang noch als innerer, die Schuld der Anderen als die eigene.

Herkömmlicher Zwang ist Herrschaft, Besitz, Gewalt. Das Fremde bezwingt das Eigene: der Eigentümer den Nutzer seines Eigentums, der Chef den Angestellten, die Mutter das Kind, der Lehrer den Schüler, der Ehemann die Ehefrau.

Wenn dagegen die Freiheit zum Zwang wird, verlagert sich der Zwang vermeintlich in die Menschen hinein. Das Eigene, so scheint es, wird bezwungen durch das Eigene. Die Menschen sprechen von Gefühlen und fehlenden Gefühlen, von Blockaden und Störungen, von Fehlentscheidungen und Entscheidungsunfähigkeit.

Sie sagen: »Ich fühle mich so komisch.«

»Ich fühle mich gelähmt. Ich habe keine Ideen. Keine Energie. Keine Inspiration.«

»Ich fühle nichts. Obwohl ich etwas fühlen sollte.«

Die Welt als Widerstand, als Nichtselbstgemachtes scheint also zu verschwinden.

Wenn die Welt dagegen die Gesamtheit der tatsächlichen und ebenso der *möglichen* Sachverhalte wäre, nicht nur alles, was in einem beliebigen Augenblick der Fall ist, sondern ebenso alles, was der Fall sein *könnte* (ich habe einen Beruf, aber ich könnte auch einen anderen haben, ich habe einen Partner, könnte aber auch viele unterschiedliche, viele hintereinander haben), dann dehnt sich die Welt, wie das Universum, aus.

Es mag in der Welt zwar immer gleich viele tatsächliche Sachverhalte gegeben haben, zu jeder Zeit und Epoche. Doch mit der Zeit sind daneben immer mehr *mögliche* entstanden. Neben jedem Ding, jeder Situation sind Alternativen erschienen, neben jedem Haus, in dem der Mensch wohnt, andere, mögliche Häuser, in denen er wohnen könnte, neben jeder Stadt andere, mögliche Städte, neben jedem Partner andere mögliche Partner.

Die Menschen beginnen, doppelt, dreifach, zigfach zu sehen. Neben allem, was sie wahrnehmen, scheinen unendlich viele Alternativen auf.

Die Welt ist jetzt tatsächlich mehr eine mögliche denn eine tatsächliche Welt. Sie ist zu einer Möglichkeitswelt geworden. Die tatsächlichen Sachverhalte sind kaum mehr ernst zu nehmen.

Es ist also nur die tatsächliche Welt, die im Bewusstsein der Menschen verschwindet, während (und weil) die mögliche Welt sich ausdehnt.

In Worten der Grammatik: Der Konjunktiv, die Möglichkeitsform, überstimmt den Indikativ, die Wirklichkeitsform. Jedes Sein wird überschattet durch ein zigfaches Könnte-Sein.

Man hüte sich, hier wiederum nur die falsche Einstellung des Einzelnen zu sehen, Irrtümer und Illusionen, Überheblichkeiten und Neurosen.

In Wahrheit *ist* so vieles möglich, dass *alles* möglich scheint. Die Unendlichkeit ist ein Irrtum, der auf Tatsachen beruht. Der Neurotiker hat Sinn für die Realität. Die freien Menschen mögen als unreif erscheinen, neurotisch, maßlos. Solche moralischen und psychologischen Begriffe deuten auf Altbekanntes. Doch die Ursache ist nicht länger eine fehlende Moral, eine neurotische Psyche. Die Menschen haben sich nur angepasst an eine Gesellschaft, die sich verändert hat, die jetzt Unendlichkeit erzeugt.

Früher nannte man alle Möglichkeitsmenschen, wie die freien Menschen es sind, Träumer und Spinner. Die Wirklichkeitsmenschen dagegen, die sich in allem ans Gewesene und Gegebene hielten, galten als Realisten, als vernünftig.

Heute ist es umgekehrt. Die Möglichkeitsmenschen sind nun die Realisten. Sie leben nicht mehr in einem Gespinst von Einbildungen, sondern versuchen nur, ihre – nicht selten wirklichen – Chancen zu verwirklichen. Wo die Grenze liegt – die Klassen- oder Geschlechtergrenze, die Talent- oder Glücksgrenze –, das können die Menschen nicht mehr mit Sicherheit sagen. Weder vorher noch nachher, wenn man gescheitert ist. Liegt es an der Welt? Oder an mir? Die Möglichkeiten *sind* jetzt die Wirklichkeit. Aus Menschen ohne Eigenschaften ist eine Welt ohne Eigenschaften geworden.

Die Welt der unbegrenzten Möglichkeiten ist also keine Welt, in der jeder alles erreichen kann. Sie ist vielmehr eine, in der jeder denken *muss*, dass er noch mehr erreichen *könnte*. Die ganze Last des Schicksals liegt auf den Schultern des Einzelnen, weil er nicht mehr weiß, *nicht mehr wissen kann*, wo die

Grenze verläuft zwischen den Möglichkeiten, sein Leben (und Sterben) zu beeinflussen, und der Unmöglichkeit, dies zu tun.

Nur im Rückblick, am Tag ihres Todes, könnten die freien Menschen mit Gewissheit sagen, wo in ihrem persönlichen Fall die Grenze verlaufen ist. Bis dahin aber stehen sie einer Gesellschaft gegenüber, die dem Einzelnen nichts mehr eindeutig unmöglich macht. Selbst wenn nicht alle Künstler werden können, gelingt es doch vielen; selbst wenn die meisten ihrer sozialen Schicht verhaftet bleiben, gelingt doch nicht wenigen der Aufstieg; selbst wenn viele Frauen durch Männer an einer Karriere gehindert werden, haben doch nicht wenige Erfolg. Also müssen sich *alle Menschen*, wenn sie scheitern, sagen: »Vielleicht – wahrscheinlich – liegt es an mir.«

Die Freiheit, die ursprünglich nur darin bestand, gegenüber einer Ordnung, einem Befehl Nein sagen zu können, und sei es mit Todesfolge, ist heute also mit so vielen Mitteln und Möglichkeiten ausgestattet, dass sie, womöglich, zu allem reicht. Die Freiheit ist reich geworden. Sie verfügt über Geld und Wissen, über das Internet und die Techniken der Psychotherapie. Ein Mensch kann Regierungschef werden oder ein Flugzeug kapern. Jeder muss annehmen, er könne womöglich berühmt werden, in die Geschichte eingehen. Die Freiheit ist frei geworden. Die Gesellschaft hat sich verflüssigt. Die Menschen haben nun vermeintlich die Freiheit, alles zu tun und zu sein, alles zu erreichen: jeden Beruf und jedes Amt, jeden Erfolg und jedes Vermögen, jede Stadt und jedes Land der Welt, jeden Partner.

Die Menschen wissen, dass sie in jeder Hinsicht *den größten Effekt* erzielen können – mittels des Geldes, des Erfolges, der weltweiten Medien, der Kunst, der Gewalt.

Die freien Menschen treten selbst nicht unbedingt für die Freiheit ein. Viele kämpfen für die Unfreiheit. Doch das ändert nichts an ihrer Freiheit. Auch der Terrorist ist gelöst aus allen Zwängen von Familie und Tradition, auch er lebt als Einzelner in einer freien Welt, auch – und besonders – er hat unbegrenzte Möglichkeiten.

Selbst die Zeit verschwindet als Grenze. Den freien Menschen ist das Meiste *sofort* möglich: Erfolg, Gewalt und Berühmtheit; intime Bekenntnisse, Sex, Heirat, Trennung.

Was jahrtausendelang in einbruchssichere Vitrinen gesperrt und für fast alle Menschen unerreichbar war – die Weltberühmtheit, die Weltvernichtung, Glamour und Inferno, die Frau und der Mann von nebenan, der eigene Körper und der eigene Charakter – all das liegt jetzt offen. Es kann besessen und verändert werden. Die Welt gleicht keinem Museum mehr, sondern einem Buffet. Es herrscht Selbstbedienung, und es ist das Selbst, das sich bedient.

Die Unendlichkeit, lange eine Sache von Religion und Mathematik, ist etwas Alltägliches geworden. Die Menschen begegnen ihr auf der Straße, im Supermarkt, zu Hause auf dem Sofa. Die Unendlichkeit sitzt in jedem Kopf. Kaum einer, der nicht, wenn auch heimlich, an sie glaubt.

Die Menschen, die an die Unendlichkeit glauben, sollen hier die *freien Menschen* heißen.

Sie leiden, weil sie hinter den unendlichen Möglichkeiten zurückbleiben. Sie leiden, weil sie diesen Rückstand allein sich selbst anlasten. Sie glauben, schuld zu sein an ihrer Endlichkeit. Sie leben im Zustand permanenter Sehnsucht und permanenter Scham.

Die freien Menschen lieben ihre Arbeit nicht. Sie sind von ihrer Arbeit enttäuscht. Sie wollen eine andere Arbeit tun. Also wechseln sie – Beruf, Richtung, Abteilung, Firma. Sie haben die andere Arbeit schon immer tun wollen, nun ist es Zeit. Doch sobald sie die andere Arbeit tun, stellen sie fest: Sie lieben auch die andere Arbeit nicht.

Die Menschen lieben auch ihre Heimat nicht. Sie haben die Heimat schon in jungen Jahren verlassen. Sie sind von ihrer Heimat enttäuscht. Doch auch die Stadt, in die sie gezogen – geflohen – sind, lieben die Menschen nicht. Die Großstadt, die Weltstadt. Sie sind auch von dieser Stadt enttäuscht. Wo die Weltstadt sich noch nicht vollendet hat, nennen die Menschen sie *provinziell*; wo sie sich aber vollendet hat, nennen sie sie *kommerziell*. Sie sagen: »Es ist in Ordnung, einige Jahre in der Stadt zu leben, mehr nicht«.

Die Menschen lieben auch ihre Eltern nicht. Sie sind von ihren Eltern enttäuscht. Sie sagen: »Was meine Eltern im Namen der Liebe begonnen und ein ganzes Leben lang gelebt haben, ist in Wahrheit eine furchtbare Nichtliebe gewesen, ein Egoismus.«

Die Menschen lieben Gott nicht. Sie sind von Gott enttäuscht. Bevor sie sich von Gott ganz abgewandt haben, haben sie ihn herabgestuft zu einem »höheren Wesen«. Sie sagten: »Ich habe so ein Gefühl, dass da etwas ist: ein höheres Wesen.« Doch sie waren nicht mehr bereit, es als vollkommen und allmächtig zu verehren. Die Menschen wurden in allem, was das höhere Wesen anging, sehr kritisch. Sie hätten ihm nicht ihr Kind geopfert. Sie sagten: »Das höhere Wesen tut mir gut. Es soll mir gut tun.« Die Menschen liebten das höhere Wesen nicht, sondern standen mit ihm in einem *kritischen Dialog*. Als sie merkten, dass das höhere Wesen ihnen nicht mehr gut tat, brachen sie den Dialog ab.

Die Menschen lieben auch die Politiker nicht. Nichts liegt ihnen ferner als die Führer-Liebe von einst. Die Menschen sind von den Politikern enttäuscht. Sie wissen: Alle Führer und alle gewählten Repräsentanten sind Enttäuschungen gewesen.

Die Menschen lieben auch ihren Namen nicht. Sie sind von ihrem Namen enttäuscht. Sie kürzen ihn ab, sprechen ihn anders aus, leihen ihm den Klang fremder Sprachen. Notfalls ändern sie ihren Namen.

Die Menschen lieben auch ihren Körper nicht. Sie verändern ihren Körper. Sie lieben sich selbst nicht. Sie sind von sich selbst enttäuscht. Sie verändern sich selbst.

Warum also sollten die Menschen, die nichts und niemanden mehr lieben, ausgerechnet einen Anderen lieben, an den sie nichts bindet als – die Liebe? Warum sollten sie *die Liebe* lieben? Warum sollten sie dieses Gefühl nicht überwinden, wie sie Gott und das höhere Wesen überwunden haben? Warum sollten sie den Anderen nicht verlassen wie die Heimat, ihn nicht verabscheuen wie die Arbeit, ihn nicht kritisieren wie die Eltern, ihn nicht verändern wollen wie ihren Körper, nicht abwählen wollen wie die Politiker, warum sollten die Menschen in ihrer ununterbrochenen Bewegung ausgerechnet haltmachen vor jenem Menschen, diesem Zufallsmenschen, mit dem sie *das Leben* teilen? Warum sollten sie dessen schrecklichen Stillstand, dessen geistige, emotionale und lebenspraktische Blockade, zu ihrer eigenen Blockade machen? Warum sollten die Menschen einem Anderen durchgehen lassen, was sie sich selbst nie durchgehen lassen würden? Warum sollten sie nicht einen anderen Anderen wählen, wie sie eine andere Stadt, eine andere Arbeit gewählt haben?

Die freien Menschen haben etwas Romanhaftes. Sie folgen der Logik ihres Lebens, wie Romanfiguren, unerbittlich, bis zur letzten Konsequenz.

In Zeiten, da man seine Gefühle unterdrückte, man aus Gründen der Moral und Ehre am Alten festhielt, man nicht tat und tun konnte, was man wünschte und wollte, da hatte der Roman die Aufgabe, die Gefühle und den Willen der Menschen sichtbar zu machen, indem er von Menschen erzählte, die sie auslebten. Heute aber werden alle Romane von der Realität übertroffen. Die freien Menschen folgen ihren Gefühlen bis zum Schluss. Sie leben als Äußerstes ihres Innersten. Sie gehen bis an ihre Grenzen – und zeigen damit allen, wo ihre Grenzen sind. Sie machen Medienkarrieren. Sie leben in Ladenlokalen. Sie stellen ihre Stühle auf die Straße. Sie stellen ihr Innerstes aus.

Sie wollen romanhaft lieben, doch romanhaft lieben sie nicht. Sie würden ihr Leben umwälzen für die Liebe. Sie sagen immer, was sie fühlen, sie schreien es heraus. Sie werden Mitglied in Liebesgruppen, Liebessekten. Sie nehmen an Orgien teil. Sie sind Mitglied in Orgienvereinen. Sie weigern sich, länger als eine Woche unglücklich zu sein – und trennen sich also. Sie weigern sich, länger als zwei Stunden ihre Sehnsucht auszuhalten – und haben Sex mit Unbekannten. Sie sitzen onanierend vor dem Computer.

Die freien Menschen leben romanhaft und sterben romanhaft. Sie betreten in Armeekleidung eine Schule und schießen drauf los, sie steuern Passagierflugzeuge in die Hochhäuser einer Großstadt. Wären Romane denkbar, die eine größere Konsequenz entfalteten, deren Logik unerbittlicher wäre?

Die Motive des Romans und die Motive der freien Menschen sind tatsächlich die gleichen: alle Fantasien zu realisieren, alle Möglichkeiten auszuschöpfen. Die freien Menschen sind Fantasienrealisierer. Sie haben permanent Fantasien. Doch der entscheidende Unterschied zu ihren Vorfahren ist weniger diese rege Fantasietätigkeit als die systematische Aufhebung des Unterschieds zwischen Fantasie und Wirklichkeit, die selbstverständliche Erwartung, die eigenen Fantasien sämtlich und restlos zu realisieren.

In der unbegrenzten Freiheit fallen Roman und Leben in

eins. Die freien Menschen sind übertriebene literarische Figuren – die in der Wirklichkeit haufenweise vorkommen.

Die freien Menschen brauchen keine revolutionäre Bewegung mehr, keinen Staat, um ihre Möglichkeiten zu verwirklichen. Sie haben alles Totalitäre überwunden durch Hoffnung. Sie rufen nicht mehr nach der Gesellschaft, sondern appellieren an *sich selbst*, die eigene Geduld, Disziplin, Kreativität. Sie brauchen weder das Volk, noch die Menschheit. Die Menschen glauben an das eigene Glück. An das eigene Unglück.

Sie sagen: »Ich habe es geschafft.«

Sie sagen: »Es ist allein mein Fehler gewesen.«

Die Menschen denken sich das Glück nicht mehr als eine gesellschaftliche Utopie, sondern als persönlichen Erfolg und als erotische Liebe. Sie denken sich das Unglück als Erfolglosigkeit, als das Verfehlen von Liebe. Als ein doppeltes Scheitern.

Die freien Menschen haben von der Revolution, die ihr Leben und Lieben unmöglich gemacht hat, keine Kenntnis genommen als die Kenntnis des Leidens, des Schmerzes. Wenn sie etwas analysieren, dann sich selbst. Die absolute Freiheit der Menschen bedeutet: Die Menschen erfahren die Gesellschaft nur noch vermittelt – durch ein *Massenmedium namens Psyche*, namens Selbst oder Ich.

Sie sagen: »Ich habe ein Motivationsproblem.«

Sie sagen: »Ich kann mich nicht für eine Frau, einen Mann entscheiden. Ich bin entscheidungsunfähig.«

Sie sagen: »Ich bin unfähig, den Richtigen zu finden. Ich bewege mich nicht genug.«

Sie sagen: »Ich kann nicht lieben.«

Die Menschen sind frei, nicht weil das ihrem Charakter oder ihrer Generation entspräche, sondern weil es der Welt entspricht, in der sie leben. Sie können die Freiheit, die ihnen aufgezwungen ist, ablehnen – und doch bleiben sie frei. Was sie charakterisiert, liegt außerhalb ihrer selbst, ihrer Psychologie. Die freien Menschen sind frei auch gegen ihre Überzeugung, wider ihren Willen. Sie sind *als Menschen* nicht zu begreifen. Man muss die Welt begreifen, in der sie leben.

Diese Revolution ist auch deshalb so viel schwerer wahrzunehmen als alle Revolutionen vor ihr, weil sie nur etwas beseitigt hat, nichts an dessen Stelle getreten ist; weil die neue Wirklichkeit, die sie geschaffen hat, *die Möglichkeit von Wirklichkeiten* ist. Andere Revolutionen haben Tatsachen geschaffen. Diese Revolution schafft Möglichkeiten. Da ist nur eine Weite, ein Nichts, das alles zu verheißen scheint.

Aus Strukturen der Begrenzung sind Strukturen der Ermöglichung geworden. Die Strukturen verweisen den Menschen nicht mehr auf einen – gesellschaftlichen, kulturellen oder geschlechtlichen – Platz, sondern nur auf seine Möglichkeiten. Freiheit ist nicht mehr zu denken als die Abwesenheit von Institutionen (wie in naiven Utopien), als die Abwesenheit von Eltern, Schule, Polizei, Industrie, Kapital – sondern als die Durchlässigkeit der Strukturen, die »sich öffnen«, »Angebote machen«, die »fördern« und »heilen«, die »möglich machen«. Die Strukturen sagen nicht mehr: »Trage die Uniform der Macht und folge der Doktrin!« Sondern: »Sei du selbst!« Sie äußern die paradoxe Erwartung, dass der Mensch sich an Erwartungen nicht halte. Sie befehlen den Widerstand. Sie prüfen (als Fernseh-Jury), ob der Mensch der Erwartung entspricht, alle Erwartungen zu ignorieren. Ob er ganz er selbst sei.

Jede Struktur ist selbst nur eine Möglichkeit unter vielen. Die Menschen müssen sich zwischen Eltern entscheiden (bei welchem Elternteil sie wohnen wollen, auf welchen Elternteil sie hören wollen), sie müssen sich zwischen Schulen, Industrien und Staaten entscheiden. Sie könnten immer woanders hingehen – jedenfalls scheint es ihnen so. Es gibt nicht nur ein Schloss, das über dem Land thront und es beherrscht, sondern es gibt unendlich viele Schlösser; zu jedem Schloss gibt es ein Gegenschloss, eine Alternative, eine Gegenkultur, eine mögliche, erlaubte Verweigerung.

Und auch das Möglichmachen der Strukturen ist nur eine Möglichkeit – um die die Menschen sich selbst bemühen müssen. Die Förderung und Heilung müssen die Menschen selbst in die Wege leiten, selbst suchen und wählen. Das bedeutet: Es gibt *doch* eine Abwesenheit der Strukturen. Wenn die Menschen im Bett bleiben, passiert nichts. Kein Aufseher platzt in den Schlafsaal, brüllt und reißt den Müden die Decke weg. Die Strukturen greifen nicht mehr aus, sondern setzen voraus, dass die Menschen zu ihnen kommen. Sie stehen herum als reine Möglichkeiten. Die Türen sind offen, wie die Türen eines Wahllokals. Keiner holt die Menschen ab. Keiner hält sie an, ihre Wahl zu treffen.

Die Menschen stehen also zwischen den unendlichen Möglichkeiten – der Entwicklung, des Erfolgs, der Liebe – und der Möglichkeit, dass *nichts* passiert, der Möglichkeit des Nichts. Sie müssen sich entscheiden, jeden Tag: aufstehen und aufsteigen? Oder liegen bleiben? Es gibt jederzeit die Möglichkeit der Arbeitslosigkeit, eines arbeitslosen Tages, einer arbeitslosen Woche, eines Tages im Bett, einer Woche allein, einer Phase des Nichtstuns und des Nichtkontaktes, der Einsamkeit und Depression. Die Menschen wissen davon, wie sie von ihren unendlichen Möglichkeiten wissen.

Tatsächlich gehört die Möglichkeit, nichts zu tun, zu den unendlichen Möglichkeiten. Alles Getane und Erreichte ist darum so *erstaunlich,* hat einen solchen Glanz, weil es auch die Möglichkeit gab, nichts zu tun, weil das Getane die Überwindung der Möglichkeit ist, nichts zu tun. Jede Liebe wird bewundert als überwundene Einsamkeit, jede Arbeit als überwundene Depression. Die Menschen sagen: »Das ist aber erstaunlich! Er hat *nicht nichts* getan. Er hat sein Nichtstun endlich überwunden. Er hat, anstatt weiter nichts zu wählen, anstatt *das Nichts* zu wählen, *etwas* gewählt.«

Freiheit ist also die Möglichkeit des Nichts, die permanente Drohung des Nichts, der leer verlaufenden Zeit. Vielmehr: Freiheit ist das Nichts, das fortlaufend überwunden werden muss.

Die Menschen sind in einem leeren Raum (ja, es gibt nicht einmal den Raum) und denken über eine Schöpfung nach, einen Anfang. Es gibt nicht einmal die Zeit, nur Dunkelheit. Wenn die Menschen den Tag nicht beginnen, gibt es keinen Tag. Wenn sie keine Woche der Schöpfung beginnen, gibt es keine Schöpfung, keine Woche. Wenn die Menschen keine Telefonnummer wählen und keine Email schreiben, gibt es keine Menschen. Wenn sie nicht motiviert sind, gibt es keine Gesellschaft, keine Strukturen.

Die Strukturen üben Zwang aus durch Abwesenheit. Sie versetzen die Menschen in permanente Verschlafensangst, Arbeitslosigkeitsangst, Einsamkeitsangst, Depressionsangst, eine permanente Angst vor dem Nichts. Die Strukturen lassen die Menschen allein und zwingen ihnen so die Freiheit auf: die Möglichkeit des Größten und Besten und die furchtbare Möglichkeit des Nichts.

Jede Möglichkeit hat eine eigene Anziehungskraft. Sie ist Verlockung, Versuchung. Wenn der Mensch sie sieht, reift sie unter seinen Augen schon zur Notwendigkeit. Sie ist in der Fantasie schon Wirklichkeit, nur in der Wirklichkeit noch nicht. In einem Zwangssystem, unter einer diktatorischen Herrschaft, existieren keine Möglichkeiten. Vielmehr: ihre Anziehungskraft wird aufgehoben durch die zurückhaltende Kraft der Zwänge. Die Gesellschaft ist wie Beton um die Menschen. Die Zwänge halten die Menschen von jeder Möglichkeit zurück: von der Möglichkeit, eine Regierung zu wählen, sich selbst zu verändern, mit einem verheirateten Mann, einer verheirateten Frau zu schlafen. Die Menschen können nur gegen den Widerstand größter Angst der Anziehung einer Möglichkeit folgen, der Angst vor Ausschluss aus der Gesellschaft, Folter, Tod. Möglichkeiten zu verwirklichen, bedeutet: Kriminalität oder Revolution. So hoch ist die Schwelle.

In einer demokratischen, doch noch traditionsbewussten Gesellschaft beginnen die Möglichkeiten langsam, ihre Anziehungskraft zu entfalten. Die Gesellschaft ist jetzt wie Schlamm um die Menschen. Die Menschen können sich frei bewegen, doch immer noch gegen einen Widerstand, den Widerstand der Regeln und Gewohnheiten. Die Menschen befinden sich im ständigen Zwiespalt: Möglichkeiten ziehen sie an, Regeln und Gewohnheiten halten sie zurück. Die Menschen unterdrücken ihre Gelüste oder sie geben ihnen zögernd nach, mit Schuldgefühlen. Sie leben zwischen Entsagung und Sünde.

Unter den Bedingungen einer absoluten Freiheit schließlich ist die Gesellschaft wie Luft. Die Gesellschaft setzt der Bewegung der Menschen keinen Widerstand mehr entgegen. Die Anziehungskraft der Möglichkeiten ist absolut. Alle Zurückhaltung durch Zwänge, Regeln und Gewohnheiten ist aufgehoben. Die Menschen sind nicht mehr hin- und hergerissen, sondern nur noch hingerissen. Jetzt werden die Möglichkeiten selbst zur Gewohnheit, zur Regel sowie – in der unwiderstehlichen Versuchung und Sucht – zum Zwang.

Die Erfolgsmöglichkeit wird zur unwiderstehlichen Erfolgsversuchung, zu Gewohnheit und Regel, Sucht und Zwang. Die

Sexmöglichkeit wird zum Sexzwang. Aus der Partnersuche wird eine Partnersuchsucht. An die Stelle absoluter Herrschaft treten jetzt die absoluten, durch nichts mehr beschränkten Möglichkeiten als Zwänge.

Es war einmal ein Mensch, der tat etwas Ungeheueres. Die Anderen, die es mitangesehen hatten, wussten, dass es ihm eine ungeheuere Befriedigung bereitet hatte. Trotzdem fragten sie nach den *tieferen Ursachen* seiner Handlung. Sie dachten, der Mensch müsse andere Gründe gehabt haben als seine Befriedigung (auch wenn diese ungeheuer gewesen war). Sie fragten nach einer Bedeutung, einem Sinn. Sie sagten: »Was hat ihn bloß dazu bewegt, das Ungeheuere zu tun?«

Dabei war die Antwort einfach: Es hatte den Menschen bloß nichts davon zurückgehalten. Kein Zwang, keine Regel, die er mit anderen teilte, keine Gewohnheit oder Tradition. Eines Tages war er auf die ungeheuere Möglichkeit gestoßen, sie war technisch und ökonomisch möglich gewesen, und da war nichts, was ihrer Anziehung entgegengestanden hätte. Also hatte er sie Wirklichkeit werden lassen.

Die Antwort auf die Frage, warum der Mensch das Ungeheuere getan habe, lag also in der Befriedigung und vor allem in der Gegenfrage: »Warum nicht?«

So ist es mit vielen Ungeheuerlichkeiten, denen der Gewalt, des Ruhms, der Liebe oder Nichtliebe. Die Menschen werden Beute ihrer unbegrenzten Möglichkeiten. Die Momente ihrer ungeheueren Aktivität sind in Wahrheit Momente einer ungeheueren Passivität. Die Menschen sind frei Fallende – sie sausen durch die Luft, der schweren Masse einer Möglichkeit entgegen.

Der Terrorist fällt auf seine unbegrenzten Terrormöglichkeiten zu, der Erfolgreiche auf die unbegrenzten Erfolgsmöglichkeiten, der Nichtstuende auf die unbegrenzten Möglichkeiten, nichts zu tun, der endlos Partnersuchende auf die absoluten und unendlichen Partnermöglichkeiten.

Vielmehr: Einer Möglichkeit kann doch etwas entgegenstehen, es kann ein Gegenwicht geben, das sie aufzuheben in der Lage ist. Es ist: *eine andere Möglichkeit*. Nicht mehr Zwänge, Regeln und Gewohnheiten halten die Menschen von ihren Möglichkeiten zurück, sondern andere Möglichkeiten. Die Menschen sind nicht mehr hin- und hergerissen zwischen Bestehendem und Möglichem, sondern zwischen Möglichkeit und Möglichkeit.

Die unbegrenzten Möglichkeiten haben also drei Dimensionen. Die Menschen sehen sich jeder einzelnen Möglichkeit gegenüber als absoluter Möglichkeit, sie sehen sich anderen Möglichkeiten gegenüber als Alternativen und sie sehen sich allen Möglichkeiten als Summe gegenüber. Dabei sehen sie die Summe als *weitere Möglichkeit* – schon weil sie, wenn sie eine Möglichkeit realisieren würden, nicht nur auf *eine* verzichten müssten, sondern auf alle, die Unendlichkeit. Wer sich für einen Partner entscheidet, muss nicht nur auf einen anderen verzichten (auch wenn der Konflikt sich an der Oberfläche so darstellen mag), sondern auf alle anderen, auf die Unendlichkeit. In der Negation des Verzichts entsteht die Unendlichkeit als Möglichkeit. Folgerichtig wird sie für die Menschen auch eine positive, reale Möglichkeit. Diese Möglichkeit ist es – die Möglichkeit der Unendlichkeit der Möglichkeiten – der tatsächlich nichts mehr entgegensteht.

Die Menschen bilden entweder lange Reihen, nehmen also unendlich viele Möglichkeiten wahr (sie ziehen von einer Stadt in die nächste; sie wechseln die Berufe und in den Berufen die Spezialisierungen, sie werden vom Maler zum

Videokünstler und vom Videokünstler zum Bildhauer; sie wechseln die Partner). Oder sie suchen nach dem einen unendlichen Objekt, nach der Gesamtkunst, die alle Künste in sich birgt, nach der ungeheueren Tat, die alle Taten ist, der einen Stadt, die alle Städte ist, dem Partner, der alle Partner ist.

Sie suchen nach einem Objekt, das keinen Verzicht auf die Unendlichkeit bedeutet, nicht bloß Perfektion, sondern die Summe alles Perfekten. Vielmehr: *das Gegenteil* des Perfekten – denn Perfektion ist ja Vollendung, also endlich. Die Menschen suchen eine Unendlichkeit von Vollendungen.

Tatsächlich machen sie beides: Sie bilden unendliche Reihen von endlichen Objekten *und* sie suchen nach dem unendlichen Objekt. Sie versuchen, sich der Unendlichkeit von zwei Seiten zu nähern, sie als Weg und Ziel zu realisieren.

Die Menschen verlieren zwar *jede* Möglichkeit an die nächste Möglichkeit und an die Möglichkeit der Unendlichkeit der Möglichkeiten. Doch zugleich behaupten sie ihren aufrechten Gang, ihr freies Bewusstsein, gegen den freien Fall. Sie fallen auf einen Menschen, eine Versuchung zu, wollen aber keine Gefallenen sein. Sie rebellieren gegen die Schwerkraft ihrer Möglichkeiten. Was sie anzieht, stößt sie ab.

Sie behaupten ihre Freiheit also im Widerstand gegen ihre Freiheit. Sie lehnen ab, was sie wollen. Sie nehmen die *je nächste* Möglichkeit wahr, um sich von *je dieser* zu befreien. Ihre Freiheit besteht nur darin, den Planeten, auf den sie zufallen, zu wechseln; darin, zu wählen, ob sie auf einen oder auf alle zu fallen wollen.

Die Menschen fallen buchstäblich von einer Beziehung in die Nächste: Sie trennen sich von Einem, entweder um mit einem Anderen eine Beziehung einzugehen oder um – erneut – mit der Unendlichkeit der Anderen eine Beziehung (namens Sehnsucht) einzugehen, eine Zeitlang mit der Unendlichkeit zusammen zu leben. Die Menschen sind nie allein. Sie haben entweder eine Beziehung mit einem oder eine Beziehung mit allen.

Die freien Menschen kennen dementsprechend drei Zustände. Den absoluten Möglichkeiten, denen die Menschen nichts mehr entgegenzusetzen haben, entspricht das *absolute Verlangen*, also eine schmerzhafte Sehnsucht, die Erfüllung in der Fantasie, der Konsum, der Rausch, die Sucht und die Scham über die eigenen »Schwächen«.

Den Möglichkeiten, die sich gegenseitig ausschließen, entspricht die *Blockade*, also der Zweifel und das Zögern, das Nichtstun und Abwarten.

Der Möglichkeit der Unendlichkeit der Möglichkeiten schließlich (die die Blockade in gewisser Weise aufhebt), entspricht die *endlose Suche*, also ein Immer-in-Bewegung-Bleiben, das wiederum mit einer schmerzhaften, jedoch ausschließlich in der Fantasie zu erfüllenden Sehnsucht verbunden ist, sowie mit der Schuld, die erwächst aus der Treulosigkeit gegenüber allen Menschen, Dingen, Tätigkeiten.

Tatsächlich bewegt sich das Bewusstsein der Menschen immerzu in diesem Dreischritt: Es entsteht ein absolutes Verlangen (angesichts eines möglichen Partners, Erfolges oder Produktes); augenblicklich wird das Verlangen aufgehoben durch die Blockade (angesichts anderer möglicher Partner, Erfolge, Produkte); und schließlich wird die Blockade aufgehoben durch die endlose Suche (angesichts der Unendlichkeit der möglichen Partner, Erfolge, Produkte).

Die endlose Suche kann wiederum übergehen in das absolute Verlangen, wenn eine einzelne Möglichkeit – vorübergehend – die Unendlichkeit der Möglichkeiten symbolisiert, zum Unendlichkeitsfetisch wird. Sobald das Symbol erlischt, der Fetisch zerfällt, bleibt ein gewöhnliches absolutes Verlangen übrig, das wiederum übergeht in die Blockade.

Früher galt als gelungenes Leben, wenn die Menschen sich in die Ordnung der Dinge gefügt hatten: wenn sie sich den Überlegenen untergeordnet, den Unterlegenen übergeordnet hatten, wenn sie einen Gatten und Kinder hatten, wenn sie ihre Beziehungen zu Gleichen pflegten. Der Mensch hatte ein gelungenes Leben, der sich zu Anderen ins – richtige – Verhältnis gesetzt hatte. Das gelungene Leben war ein relationales, relatives, begrenztes.

Heute gilt als gelungenes Leben, wenn der Mensch *intensiv* lebt, das Leben genießt, sich *verwirklicht*. Intensität, Genuss und Selbstverwirklichung aber sind Unendlichkeiten. Sie haben keine natürliche oder gesellschaftliche Grenze. Alles könnte intensiver sein, jeder Genuss könnte größer sein, jede Selbstverwirklichung bleibt steigerbar, ja, sie muss gesteigert werden, um Selbstverwirklichung zu bleiben. Man kann seinen Platz in einer Ordnung einnehmen, nicht aber im Genuss, im Erfolg, in der Intensität. Das Selbst bleibt immer ein Ziel.

Die Menschen sagen: »Ich müsste mehr lesen. Ich müsste mehr Klavier üben. Ich müsste mehr Sport machen.« Es gibt keinen Punkt, an dem es genug wäre. Dadurch entsteht ein neues Unbehagen. Die Menschen sind zwangsläufig unzufrieden, weil sie sich nicht mehr ins Verhältnis zu Anderen setzen, sondern sich dem Unendlichen öffnen sollen. Sie sollen *Erfahrungen machen*. Sie sollen sich entwickeln. Sie sollen möglichst viel fühlen. Nicht erst der Konflikt zwischen Genuss und moralischem Gebot – wo noch vorhanden – erzeugt Unglück, sondern bereits der Genuss selbst, der unbegrenzt ist und darum in seiner Verwirklichung immer als begrenzt und ungenügend erfahren werden muss.

Die Anderen, zu denen die Menschen sich früher ins Verhältnis setzten, seien es Götter oder andere Menschen, verschwinden im Übrigen nicht. Sie werden vielmehr selbst zu Objekten unendlichen Genusses, unendlicher Selbstverwirklichung.

Es geht nicht mehr darum, sich Gott zu unterwerfen, sondern Gott möglichst intensiv zu erleben, Gott zu genießen – und ihn hinter sich zu lassen, wenn er kein Genuss mehr ist.

Es geht nicht mehr darum, sich an einen Partner zu binden, mit ihm zusammen sich in die Ordnung des Lebens zu fügen, sondern darum, den Partner möglichst intensiv zu erleben, sich in ihm selbst zu verwirklichen – und über ihn hinaus.

Kinder, Freunde, Chefs und Subalterne – sie bilden keine Ordnung mehr, sondern werden Objekte der Unendlichkeit. Der Andere muss entweder gefördert oder überwunden werden.

An die Stelle von Treue tritt Entwicklung. Jede Ordnung, in die der Mensch sich fügt, ist vorübergehend, Objekt von Entwicklung und Überwindung, in Richtung auf größeren Genuss, noch mehr Selbst.

Wer zu Notwendigkeiten im Verhältnis steht, kann ein gelungenes Leben führen. Wer dagegen zu Möglichkeiten im Verhältnis steht, bleibt unerfüllt. Möglichkeiten müssen das Gegebene definitionsgemäß überschreiten. Sie sind stets das, was die Menschen noch nicht sind, nicht haben. Sie sind Unendlichkeit.

Es werden also nicht nur die Anderen, die möglichen Partner, zu absoluten und unendlichen Möglichkeiten, sondern auch das Verhältnis, das die Menschen zu jedem Einzelnen von ihnen einnehmen, wird zu einem Verhältnis mit dem Absoluten, mit dem Unendlichen. Gerade die einstige *feste*

Bindung zwischen den Menschen wird zu etwas Flüssigem und Unbegrenztem. Die freien Menschen können nur hoffen, eine Zeitlang in dieselbe Richtung zu treiben.

Gibt es denn überhaupt keine Psychologie derer, die nicht mehr lieben können?

Doch, es gibt sie. Es mag den Verlust geben, die Verletzungen und Neurosen, aus denen sich ewige Sehnsucht speist. Sie mögen Anstoß gewesen, stete Verstärker sein.

Doch die Freiheit der Menschen wird selbst zur Ursache, wie die Droge selbst zur Ursache der Sucht wird, sobald sie genommen ist. Was auch der Anstoß war, eine Verletzung, Langeweile, Gelegenheit – der Weg mündet in den kausalen Zirkel der Sucht, den Teufelskreis der Selbstbegründung. Die Freiheit schafft sich ihre eigenen Zwänge.

Es geht also nicht um eine unendliche Sehnsucht (die es immer gegeben hat), sondern um die unendlichen *Sehnsuchtsmöglichkeiten*. Es geht nicht um eine unendliche Erregung, sondern um die unendlichen *Erregungsmöglichkeiten*. Es geht darum, dass das Psychische sich jetzt unbegrenzt ins Gesellschaftliche übersetzt, weil die Gesellschaft der Psyche unbegrenzte Möglichkeiten bietet. Es geht darum, dass das Gesellschaftliche sich derart ins Psychische übersetzt, dass die Freiheit und Unbegrenztheit der Gesellschaft auch die Psyche über jede Grenze treibt. Der Aufklärung bedarf hier also nicht zuerst die Seele, sondern die Gesellschaft, die der Seele Grund und Spielraum ist. Die Gesellschaft hat die Seele aus ihrer Flasche befreit – und sie ist die Luft, in die sie entweicht.

Und selbst wenn ein Verlust den Anstoß gegeben hat – Verlust der Eltern, Verlust des Geliebten –, so wiederholen sich hier nur die gesellschaftlichen Ursachen.

Denn die freien Menschen haben die Eltern weder im Krieg

verloren noch im Kindbett. Die Eltern waren selber freie Menschen. Sie haben ihre Kinder verlassen, um ihre Liebes- und Sexmöglichkeiten zu nutzen. Und auch die Geliebten, von denen die freien Menschen verlassen wurden, waren selber freie Menschen. Auch die Geliebten wollten ihre Liebes- und ihre Sexmöglichkeiten nutzen.

Wenn die Menschen also *offen für Neues* sind, wie man sagt, so sind sie es wie ein Haus, aus dem vor langer Zeit alle Menschen ausgezogen sind, das seit langer Zeit leer steht, das nicht einmal mehr Fenster und Türen hat, nur leere Laibungen, hinter denen leere Flure, leere Räume liegen. Die freien Menschen sind auf eine furchtbare, totale Weise offen für Neues, offen für jeden, weil sie leer sind, weil jeder, der ihr Inneres einst bewohnt hat, seine Freiheit genutzt hat, also *gegangen* ist.

Die freien Menschen können nicht einen Geliebten den Platz der Eltern einnehmen lassen, denn der Platz der Eltern ist leer, zugig und feucht, durch Regen und Frost unbewohnbar gemacht. Sie können nicht einen neuen Ort den Platz ihrer Heimat einnehmen lassen, denn der Platz ihrer Heimat ist leer, unbewohnbar. Sie können keine alte Fülle durch eine neue ersetzen. Weil in ihnen nichts und keiner mehr ist, sind sie offen für alle, die vorüberziehen. Sie stellen sich mit jedem ein Leben vor – und leben mit keinem.

Und nicht nur die Ursachen, auch die Symptome sind von dieser Welt. Der Sehnsüchtige richtete einst die Sehnsucht auf den Einen, der vergeben, verboten war. Die Minnesänger wählten eine Dame, eine Unerreichbare, und beteten sie ihr Leben lang an. Allen Schmerz, alle Sehnsucht richteten sie auf diesen einen unerreichbaren Menschen, den sie häufig nicht einmal zu Gesicht bekamen.

Die freien Menschen dagegen richten ihre Sehnsucht auf

alle – erreichbaren, sichtbaren, berührbaren – Menschen. Aus Liebeswahn wird erotische Wahllosigkeit. Aus Minnesang wird Sexsucht.

Aber gibt es nicht immer noch die alten Gründe, warum die Liebe scheitert? Dass zwei sich nicht verstehen, nicht zueinander passen, dass aus Liebe Krieg wird, dass es die Art des Einen ist, die den Anderen terrorisiert, und dass es die Art des Anderen ist, sich vom Einen terrorisiert zu fühlen?

Natürlich gibt es diese Gründe weiterhin. Aber sie werden wahrgenommen vor dem Hintergrund dessen, was möglich scheint. Warum mit einem leben, dem es an Verständnis fehlt, wenn es möglich scheint, jemanden mit totalem Verständnis zu finden? Warum mit einem leben, der anders ist, wenn es möglich scheint, einen zu finden, der gleich ist, der in allem zu einem passt? Warum sich terrorisieren lassen, wenn es Unzählige zu geben scheint, die einen nicht terrorisieren würden? Warum Krieg führen, wenn man meint, desertieren zu können?

Es geht also um die Gründe, die jenseits der Psychologie des Einzelnen liegen, jenseits der Dynamik des Paares. Es geht um die Gründe, die der Psychologie des Einzelnen und der Dynamik des Paares plötzlich ein *viel größeres Gewicht* geben, weil die Menschen jetzt immerzu vergleichen können, vergleichen müssen.

Was geschieht also, wenn die Wahlfreiheit, die die Denker *gegen die herrschenden gesellschaftlichen Strukturen* gefordert haben, selbst zur gesellschaftlichen Struktur wird? Was geschieht, wenn die Gesellschaft die Menschen nicht mehr in ihre Schranken, sondern auf ihre Freiheit verweist, wenn die Strukturen nicht mehr Macht organisieren und inszenieren, sondern Möglichkeiten?

DREI
GEFÜHLE, GEDANKEN DER NICHTLIEBE

Das dritte Kapitel: in dem von den Gefühlen der freien Menschen erzählt wird, aus denen die Unmöglichkeit der Liebe besteht; in dem von einer Hoffnung die Rede ist, die nie endet; von Nostalgie bereits in jungen Jahren; von Reue, Enttäuschung und Unzufriedenheit; vom Schmerz, der die freien Menschen zu zerstreuten Menschen macht, vom Gefühl, alles sei Zufall, kein Schicksal, keine Notwendigkeit; von der Überempfindlichkeit gegen eben das, was den Anderen ausmacht, ihn zum Besonderen macht; von einer Allergie aller Sinne, der Wahrnehmung, des Humors; von der Erregung, mit der die freien Menschen die Liebe suchen; von der Liebe, die jedoch die Liebe zu einer Hydra ist, eine Liebe zu Passanten; davon, dass die freien Menschen ihre Gefühle verstehen – als neurotisch und pornografisch; von der Liebe als Krankheit und dem Willen zur Gesundheit; davon, dass die freien Menschen denken, sie könnten viele Gefühle haben, immer wieder neue; tatsächlich jedoch sind die Gefühle, die sie hatten, in sie eingraviert wie Schrift in eine Tafel; von Fantasien, die steril sind, und einer wilden Wirklichkeit

Was ist ein Gefühl? Ein Gefühl ist ein Gedanke, der sich im Körper ausbreitet und, zurückkehrend aus dem Körper, wieder zum Gedanken wird. So ist es mit dem Hass, der Angst, der Freude, einer Traurigkeit, dem Neid, der Hoffnung. Sie sind Gedanken, glückliches oder unglückliches Wissen. Sie breiten sich im Körper aus, dann kehren sie zurück, angereichert um die Körperempfindung, bestätigt durch die Körperwirklichkeit, und werden wieder Gedanke.

Auch das Gehirn ist Körper. Es kann Lust und Schmerz empfinden wie jedes andere Organ, jeder andere Teil des Körpers. Dunkel, wortlos. Als Drücken und Ziehen, Zusammenziehen und Auseinanderfliegen, als Taubheit und Messerstich. Aber das Gehirn empfindet auch in Gedanken. Gedanken sind die ureigenen Empfindungen des Gehirns, seine ganz besonderen Sensationen. Wo die Haut einen Druck spürt, spürt das Gehirn ein Wort. Das Gehirn reagiert auf Reize mit Worten und reizt mit Worten zur Reaktion. Aus heiß wird »heiß«, aus »heiß« wird heiß. Jedes Wort, jeder Gedanke, setzt sich fort in Arme, Beine, Rücken, Magen, Mund und Geschlecht.

Liebe wie Nichtliebe sind durch den Körper zirkulierende Gedanken. Wenn einer meint, er liebe, obwohl seine Gedanken gegen die Liebe seien, sein vernünftiges Denken oder moralisches Denken, so sind tatsächlich nur *einige* seiner Gedanken gegen die Liebe, andere aber dafür. Vielmehr: Der Mensch glaubt, gegen seine Liebe denken *zu müssen*, tatsächlich denkt er zu ihren Gunsten. Die Gedanken, die gegen die Liebe sprechen, sind oberflächliche, die Gedanken, die dafür sprechen, aber tiefe – es sind die eigentlichen Gedanken. Umgekehrt: Wenn die eigentlichen Gedanken gegen die Liebe sprechen, kann der Mensch nicht lieben, ist das Gefühl der Liebe, da es doch aus Gedanken besteht, nicht möglich. Zum Beispiel:

Kein Mensch kann lieben und zugleich denken, wahrhaftig denken, er habe eine schlechte Wahl getroffen.

Wer von Gefühlen spricht, muss also auch von Gedanken sprechen. Ein furchtbarer Gefühlszustand ist ein furchtbarer Denkzustand.

Die freien Menschen fallen auf durch ihre Hoffnung. Sie sind ruhelos, ständig in Bewegung. Wenn sie kein Ziel haben, blicken sie umher. Wenn sie keinen Weg haben, träumen sie. Sie sitzen im Zug und lesen in einer Zeitschrift. Doch keiner, der den Wagen durchquert, entgeht ihrem Blick. Wenn sie Schritte hören oder das Zischen der Abteiltür, schauen sie auf.

Es könnte der Erhoffte sein.

Sie erblicken den Erhofften immer, auch wenn dieser gar nicht erscheint. Besonders dann. Wie ein Vater, der sein Kind sucht, das Bild seines Kindes beim Suchen ständig vor Augen hat, so haben die Menschen den Erhofften ständig vor Augen. Ihr Blick ist eine Hohlform, eine Leere der Erwartung.

An anderen Orten, wo der Strom der Menschen dicht und chaotisch ist, in Cafés, Parks und Einkaufsstraßen, schweift ihr Blick ununterbrochen umher. Ihr Blick heftet sich bald auf diesen, bald auf jenen, erforscht Gesichter, registriert Haare und Kleider. Jede Einzelheit ist ein Zeichen, ein mögliches Indiz.

Ihre Augen schmerzen. Die Menschen bestehen nur noch aus Augen, glasigen, zitternden Magneten in einem wirbelnden Feld.

Sie sind krank vor Hoffnung. Sie leiden an einem furchtbaren Optimismus. Würden sie verzweifeln – »Ich werde nie einen finden!« –, es wäre das erste Zeichen von Genesung. Doch sie verzweifeln nicht. Sie halten das Erscheinen des Erhofften, auf ihren Wegen durch die Welt, jederzeit für möglich. Eines Tages wird es geschehen. Vielleicht morgen, vielleicht gleich.

Der Begegnung mit einem Unbekannten sehen die Menschen in größter Erregung entgegen. Die Menschen kontrollieren in Autospiegeln und Schaufenstern ihre Haare. Sie haben Parfüm aufgelegt. Ihre Hände sind feucht. Die Person, die sie nie getroffen, nie gesehen haben, stellen sie sich als die schönste, feinfühligste, begehrenswerteste vor. Als den Erhofften.

Die Menschen gehen mit ihrer Hoffnung aus dem Haus, ohne es zu merken. Erst wenn die Hoffnung ihnen sauer wird am Ende des Tages, spüren sie sie als Schmerz. Die Hoffnung wird schwer wie eine Eisenkugel. Manchmal spüren sie das Gewicht der Hoffnung schon an der ersten Straßenecke.

Sie schämen sich ihrer Angst, die sie ihre *Eitelkeit* nennen. Der Blicke in alle Spiegel, aus allen Spiegeln heraus. Der geschürzten Lippen, gewölbten Brust, entblößten Haut. Doch was, wenn der Erhoffte eben jetzt erschiene? Wenn er sie nicht erkennte? Wenn er vorüberginge? Die Menschen lassen die Brille im Etui. Sie suchen einen Spiegel. Sie kontrollieren ihr Gesicht. Es ist ein kontrolliertes Gesicht. Ihre Hoffnung nimmt ihnen die Würde.

In früheren Zeiten konnten Menschen nicht lieben, weil sie sich gegen die Liebe verschlossen hatten. Die freien Menschen aber können nicht lieben, weil sie sich der Liebe *zu sehr öffnen*, das heißt: der Liebeshoffnung, der Liebeserwartung. Sie resignieren nicht, sondern sie leiden unter zuviel Hoffnung.

Sie haben einmal in einem Buch gelesen: »Es kommt darauf an, das Hoffen zu lernen.« Sie haben es gelernt, gründlich sogar. Die Welt ist ihr Lehrer gewesen. Doch wie verlernt man das Hoffen wieder? Wie wird man die Hoffnung wieder los?

Sie ist gewachsen mit der Zeit. In jungen Jahren konnten die Menschen mit jemandem zusammen sein, den sie nicht liebten, ohne jeden Augenblick auf einen Anderen zu hoffen. Sie nahmen ihre Nichtliebe hin. Sie litten nicht, sie langweilten sich nur. Sie ließen sich von jemandem wählen und revoltierten nicht. Sie waren für die Hoffnung noch zu jung. Denn die Hoffnung erfordert Erfahrung und ein Bewusstsein der Zeit. Jetzt hoffen die Menschen jeden Tag auf den nächsten, jede Stunde auf die nächste, Augenblick um Augenblick.

Die Menschen haben ihre besonderen Hoffnungsorte. Wie die Jäger ihre guten Plätze. Dort erwarten sie den Erhofften mehr als irgendwo sonst. Dort geben sie jedem Blickfang unbegrenzt Kredit. Es sind auch die Orte ihrer anderen Hoffnungen, ihrer Arbeitshoffnung, ihrer Entwicklungshoffnung. Orte, an denen sich viele Menschen mit den gleichen Hoffnungen begegnen.

Überhaupt hoffen die Menschen am meisten auf die Liebe in der Öffentlichkeit, nicht mehr im Privaten. Sie liegen nicht in Kissen vergraben, wenn die Hoffnung sie trifft, sondern laufen über einen Platz, überqueren eine Brücke.

Ganze Städte werden den Menschen zu Hoffnungsorten. Großstädte, Weltstädte, Städte der Welt. Die freien Menschen sind Reisende. Im Namen der Städte hören sie schon den Namen des Erhofften. Krank vor Hoffnung steigen sie aus dem Flugzeug. Wie im Fieber gehen sie durch die Straßen. Werden sie den Erhofften finden? Hier? Jetzt?

Oder sie haben bereits von ihm gehört. Haben ihn erkannt vom Hörensagen. Ein Freund hat von ein paar Eigenheiten des Anderen berichtet, eine Anekdote erzählt, ein Lob ausgesprochen. Es hat gereicht. Die Augen der Menschen leuchten. Die Sonne passt auf einen Taschenspiegel.

Vielleicht lebt der Unbekannte auch in einem anderen Land, auf einem anderen Kontinent. Den Menschen ist kein Weg zu weit. Sie sind sich sicher. Sie kaufen ein Ticket, machen sich auf die Reise. Doch die Menschen kommen nie an. Ihre Hoffnung ist zu groß. Sie geht über jeden anderen Menschen hinaus.

Die Menschen wüten gegen jeden, der das Ende ihrer Hoffnung sein soll. Sie sagen: »Nein, der ist es nicht!«, und hoffen wieder.

Die freien Menschen zeichnen sich aus durch Nostalgie. Sie denken jeden Tag an die, die sie einst besessen haben. An die Momente des Glücks, das schmerzliche Ende. Von jeder Liebe bewahren sie ein solches Doppelbild aus Glück und Schmerz, hell und dunkel. Das macht es ihnen leicht, sich zu erinnern.

Sie sehen alte Fotos an, lesen alte Briefe.

Die Liebe, die die Menschen sich erhoffen, soll die Liebe sein, die sie in der Vergangenheit empfunden haben. Ihr Begehren soll das vergangene Begehren sein. Der Erhoffte soll etwas von allen Menschen haben, die die Menschen begehrt und besessen haben. Es sind nicht wenige gewesen. Wie viele? Die Menschen drehen die Augen zur Decke. Sie zählen.

Die Menschen hören nicht auf, die, die sie einmal geküsst haben, zu küssen. Sie hören nicht auf, die, die sie einmal berührt haben, zu berühren. Sie schlafen mit denen, mit denen sie einmal geschlafen haben, immer wieder. Sie haben mit dem Anderen vielleicht nur eine Nacht verbracht, ein paar Tage. Doch jetzt sind es schon Jahre, die die Menschen diese Tage wiederholen, einen Kuss, eine Berührung, eine Nacht. Momente reichen für Jahrzehnte. Die Menschen schenken denen, die sie einmal geliebt, einmal begehrt haben, das ewige Leben, ewige Liebe. Sie vergessen sie nicht.

Jede Nacht durchwandern die Menschen den Harem ihrer Vergangenheit. Sie ersetzen Abschied durch Fantasie, Trauer durch Masturbation. Jede Nacht sammeln sie die Gewesenen zur Geisterstunde. Auch die, die sie nie geliebt haben – jetzt lieben sie sie. *Jetzt in der Erinnerung.* Da die anderen Menschen verloren sind. Tote. Nie waren sie so lebendig.

Darum sind die freien Menschen alt, ab Mitte zwanzig Greise. Gebeugt und lebensmüde. Überlebende, Überlebte. Sie haben zu viel verloren und gelitten, sind zu oft gescheitert, um noch einmal zu beginnen. Sie hatten zu viel Glück, um ein Neues wert zu schätzen, zu viele Höhepunkte, um noch höher zu gelangen.

Ihre Geschichte ist lang. Schwer wie ein Mantel aus Blei. Sie sahen sich als Maler, die die Leinwand ihres Lebens immer wieder übermalten. Doch es stellte sich heraus, dass das Leben eine Steinplatte war, ihr Pinsel ein Meißel. Was als Skizze gedacht war, erster Entwurf, reine Fingerübung, ist tief eingegraben. Auf der Platte ist kaum noch Platz.

Keine Liebe kann die erste überdecken. Die Menschen blicken in ein Gewirr sich überschneidender Formen.

Ja, die Menschen haben geliebt. Sie waren, wie man sagt, fähig zu lieben. Sie hatten ihre schicksalhaften Begegnungen. Ohne Willkür, ohne Zweifel. Das große Finden, Wiederfinden.

»Wir waren noch zu jung«, sagen die Menschen. »Wir konnten die Liebe nicht bewahren.« Die Menschen haben einander »aus den Augen verloren«. – »Der Kontakt riss irgendwie ab.« In jeder Beziehung dachte einer, dass noch viele Lieben kämen; dass man sich das Leiden sparen könne. Einer sagte: »Die Entfernung ist zu groß.« Oder: »Ich kann nicht solange warten.« Oder: »Das muss ich mir nicht bieten lassen.«

Die Geliebten waren ehrlich: »Du hast verloren, was ich an dir geliebt habe. Ich habe mich in dir getäuscht. Ich liebe einen Anderen.« Die Geliebten waren selber freie Menschen.

Die Menschen sagten: »Man muss nach vorne sehen. Man muss Erfahrungen machen. Es ist ein Lernprozess. Das Leben liegt noch vor mir.« Sie sagten: »Normale und gesunde Menschen verarbeiten ihre Verluste.« Doch die Menschen verarbeiteten nichts. Sie sahen nach vorn, aber immer auch zurück. Jeder Blick in die Zukunft wendete sich zum Rückblick. Eine Erfahrung war schon eine zuviel. Die freien Menschen lieben nicht mehr, weil sie nicht aufhören können zu lieben. Sie sind erstaunt über ihre Endlichkeit, ihre fehlende Kapazität und Flexibilität. Schon die Zahl Zwei war ihnen zu groß.

Erste Liebe? Letzte Liebe.

In einem leuchtend roten Buch lesen die freien Menschen: »Menschen – ob jung oder alt –, die einen geliebten Partner verlieren, haben oft ein distanziertes Verhältnis zur Liebe, weil sich ihrer Meinung nach niemand mit dem Verstorbenen messen kann. Bei einem neuen Partner sehen sie nur dessen Fehler, denn alles, was anders an ihm ist, erinnert sie an das, was sie verloren haben, und ärgert sie. Sobald sie aber bereit sind, ihr Herz zu öffnen, erkennen sie oft, dass ihr gegenwärtiger Partner im Grunde viel besser ist als der frühere.«

Ja, die freien Menschen versuchen, ihr Herz zu öffnen. Aber sie wissen nicht, wie man das macht: *ein Herz öffnen.* Sie wissen schon, dass ihr gegenwärtiger Partner besser ist als der frühere. Aber sie empfinden es nicht. Die Verstorbenen lassen ihnen keine Ruhe. Jeder Tod, jedes Ende, jeder Abschied war selbst verschuldet. Die freien Menschen waren nicht für den Plural geschaffen. Darum sind sie jetzt zum Plural verdammt.

Die freien Menschen fragen sich, ob sie nicht mit einem von denen, denen sie begegnet sind, hätten glücklich werden können. Ob sie nicht mit einem von ihnen hätten zufrieden sein müssen. Ob sie nicht einen, den sie liebten, hätten begehren, nicht einen, den sie begehrten, hätten lieben können. Die freien Menschen fragen sich, ob das, was sie getan, ob die Entscheidungen, die sie getroffen haben, nicht falsch gewesen sind.

Die freien Menschen haben keine Vergangenheit. Alles ist ihnen gegenwärtig. Jeder Mensch, den sie einmal geliebt haben, jeder, den sie einmal »versucht haben zu lieben«, bleibt eine Möglichkeit. Die Hoffnung der freien Menschen ist so groß, dass sie auch der Vergangenheit gilt, auch aus ihr eine Möglichkeit macht.

Die freien Menschen machen die Vergangenheit zur Gegenwart und Zukunft. Sie treffen die, die sie »nicht lieben konnten«, wieder, um zu prüfen, ob sie sie nicht doch noch lieben können. Auch jene, die ihrerseits die freien Menschen »nicht lieben konnten«, treffen die freien Menschen wieder, um zu prüfen, ob sie von ihnen nicht doch geliebt werden können.

Die freien Menschen sagen nicht: »Ich habe X einfach nicht geliebt«, sondern: »Warum habe ich so empfunden und nicht anders? Ich habe vielleicht einen Fehler gemacht, eine einmalige Chance verpasst.«

Die freien Menschen fühlen sich verantwortlich für ihre Gefühle. Sie wollen sie ändern, als seien sie Handlungen. Sie wollen ihr Herz öffnen. Doch das können sie nicht. Indem sie ihre Gefühle zu Handlungen, die Vergangenheit zur Gegenwart machen, bleiben alle Möglichkeiten möglich. Jede Möglichkeit bleibt ein Vergleich. Die Reue der freien Menschen ist grenzenlos.

Die freien Menschen kennen und fürchten ihre Reue. Sie nehmen sie vorweg. Sie sagen: »Ich werde mich für diesen Menschen nicht entscheiden. Das würde ich in Zukunft wahrscheinlich bereuen.«

Wenn die freien Menschen mit einem zusammen sind, denken sie, es sei Zufall, dass es eben dieser sei. Der Andere habe wohl sie gewählt, sie aber nicht den Anderen. Warum ausgerechnet er?

Die Menschen wissen es nicht. Sie sind so vielen Menschen begegnet, sie begegnen ständig neuen. Es hätte genauso ein anderer sein können, mit dem sie das Leben verbringen.

Die Menschen denken, die Tatsache, dass sie mit diesem Einen, diesem Zufallsmenschen zusammen sind, verdanke sich ausschließlich ihrer Schwäche. In einem zufälligen Moment ihrer furchtbaren Schwäche sei der Andere zur Stelle gewesen (an einer zufälligen Stelle). »So kamen wir zusammen.«

Die Menschen laufen durch die Straßen, sehen die Menge der Menschen und denken: »Was für ein Zufall! Was für ein furchtbarer Zufall!«

Sie nehmen einen aus der Menge in den Blick und denken: Der könnte es sein. Plötzlich sind sie sich sicher. Dann geht der Angeblickte vorüber, verschwindet in der Menge, auf Nimmerwiedersehen.

Die Menschen wollen den Anderen, den sie lieben wollen, in einem Moment der Stärke wählen. Die Liebe soll eine bewusste, souveräne Wahl sein. Doch jeder Moment, in dem sie einen Anderen wählen, stellt sich im Nachhinein als Moment der Schwäche heraus: der Angst, der Einsamkeit, der Krise, der Verlorenheit. Die Wahl in einem Moment der Schwäche ist aber keine Wahl, sondern ein, wie man sagt, *Greifen nach dem Strohhalm*, sie ist nichts als ein Zufall.

Schicksal? Lächerlich. Woran sollte das zu erkennen sein? Wie im Märchen an der Schönheit? Die Menschen haben Schönere gesehen. Am Verständnis? Viele haben sie verstanden. Am Sex? Die Menschen haben besseren Sex gehabt. An der Verwandtschaft der Seelen? Ist das nicht nur die Nähe der Neurosen?

Die Menschen sagen: »Vor dem Schicksal soll man sich hüten, dem Ineinandergreifen der Seelen, dem Retten und Gerettetwerden.«

Zufall ist gesünder. Aber Liebe ist das nicht.

Und als sie dem Schönsten begegneten, sagten die freien Menschen: »Es ist keine Liebe, es ist nur die Schönheit.« Und als sie dem Verständnisvollsten begegneten, sagten sie: »Es ist keine Liebe, es ist nur das Verständnis.« Und als sie geliebt wurden wie noch nie, sagten sie: »Es ist *seine, ihre* Liebe.« Und als sie den besten Sex hatten: »Es ist nur der Sex.« Und als sie ihr Ebenbild trafen: »Es sind nur die Ähnlichkeiten; dass alles so gut passt.«

Die freien Menschen sagen: »Ich habe den Richtigen bisher bloß übersehen. Als ich ihn traf, habe ich ihn nicht erkannt, war ich nicht bereit. Wenn ich ihn treffen werde, dann will ich frei für ihn sein.«

Sie versuchen, dem Zufall zu entkommen. Sie trennen sich von ihrem Zufallsmenschen. Sie gehen wieder auf die Suche.

Die freien Menschen stehen vor einem Rätsel. Sie denken über ihre Nichtliebe nach, immer wieder. Sie fragen sich nach den Gründen.

Sie schämen sich für ihre Nichtliebe. Sie wollen lieben. Wenn sie sich vor jemandem ekeln, ekeln sie sich vor sich selbst. Nicht zu lieben erscheint ihnen als ein Verbrechen.

Solange sie mit einem zusammen sind, ist ihre Suche nach einem Besseren eine heimliche, verheimlichte Suche. Die Hoffnung auf einen Besseren ist ängstigende Hoffnung; die Angst, zu betrügen, zu verlassen, die Beziehung aufgeben zu müssen, die Familie zu zerstören. Hoffnung ist schuldige Hoffnung.

Die Nichtliebe ist nicht nur die Abwesenheit von Liebe, das Verschwinden von Liebe. Sie ist eine Leidenschaft wie die Liebe selbst.

Die Liebe erscheint früh und ist vollkommen im Moment ihres Erscheinens. Je unfertiger die Menschen sind, umso größer die Liebe. Die Nichtliebe dagegen wächst mit den Menschen, mit ihren Möglichkeiten. Sie kennt Ziele und Ideale. Sie ist ein Wahnsinn, eine Krankheit. Die Nichtliebe *ist* Liebe. Liebe zu einem *Anderen*. Sie ist Liebe zu einem, der immer abwesend ist, der sich auf vielen Gebieten auszeichnet, der die Menschen mit den Kräften der Leidenschaft, den Genüssen des Lebens, mit allen Mysterien vertraut machen würde.

Sobald die freien Menschen mit einem zusammen sind, entwickeln sie ein Enttäuschungsthema. Sie kennen die Verhaltensenttäuschung, die Schönheitsenttäuschung, die Sexualitäts- und Erotikenttäuschung, die Intellektualitätsenttäuschung, die Verständnisenttäuschung, die Interessenenttäuschung, die Wohnungsenttäuschung, die Wohnortsenttäuschung, die Freundeskreisenttäuschung; und so weiter. Sobald das Enttäuschungsthema feststeht, konzentrieren die Menschen sich auf dieses Thema. Sie sammeln Belege.

Eine Frau, fünfunddreißig, die sich nach fünfzehn Jahren Ehe getrennt hat, sagt: »Jetzt sehe ich endlich klar. Mir hat von Anfang an die Zärtlichkeit gefehlt. Er ist nicht auf meine Bedürfnisse eingegangen und konnte nicht über seine Gefühle sprechen. Er hat mich in meiner Entwicklung gehemmt.«

Ein Mann, dreiundzwanzig, der sich nach sechs Monaten trennt, sagt: »Ich bin enttäuscht. Mir hat die Zärtlichkeit gefehlt. Sie ist nicht auf meine Bedürfnisse eingegangen und konnte nicht über ihre Gefühle sprechen. Sie hat mich in meiner Entwicklung gehemmt.«

Eine Frau, neununddreißig, die eine Frau, mit der sie geschlafen hat, nicht wiedersehen will, sagt: »Das war nichts. Sie hätte mich in meiner Entwicklung gehemmt. Mir hätte die Zärtlichkeit gefehlt. Sie ist nicht auf meine Bedürfnisse eingegangen und konnte nicht über ihre Gefühle sprechen.«

Was sich verändert hat, sind nicht die Trennungsgründe. Die freien Menschen haben die gleichen Gründe, sie haben sie nur *nach kürzerer Zeit*. Sie trennen sich, noch bevor sie lieben können. Es geht um eine Beschleunigung der Enttäuschung.

Die Menschen trennen sich nicht mehr nach einer Beziehung, sondern vor einer Beziehung. Die Trennung hat sich vom Ende an den Anfang der Liebe verlagert, vor den Anfang.

Die freien Menschen verlassen nicht, weil sie begonnen haben zu hassen. Sie verlassen, weil sie *unzufrieden* sind. Sie sagen: »Es gibt andere, mit denen ginge es mir besser. Da bin ich sicher.«

Die Menschen sagen: »Ich will mehr Zärtlichkeit. Ich will weniger Stress.«

Sie wissen, dass sie im Recht sind. Sie haben nicht viele überzogene Ansprüche, sondern viele legitime. Sie halten sich für bescheiden.

Sie sagen: »Es ist ja wohl nicht zuviel verlangt, dass mein Partner einigermaßen gut aussieht, klug ist, Humor hat und nicht total neurotisch ist, dass er sein Leben auf die Reihe kriegt und für mich da ist, wenn ich ihn brauche, dass er mich nicht ständig stresst und in der Lage ist, zu reden, und dass der Sex etwas ist, das Spaß macht und nicht total verkrampft ist und ...«

Die Menschen wissen, dass nichts, was sie wollen, unmöglich ist. Dagegen wissen sie nicht, ob sie den Anderen noch lieben. Vielleicht. Irgendwie. Aber darum geht es nicht. Sie sind unzufrieden. Darum geht es.

Die freien Menschen denken, dass es möglich sei, einen zu finden, den man eine Schönheit nennen würde; den man besonders erotisch nennen würde; dass es möglich sei, einen zu finden, der besonders kreativ ist und klug; der Freunde hat, die kreativ sind und klug; der eine Tür sei zu der Welt, in der die Menschen leben wollen; dass es möglich sei, einen zu finden, der eine reife Persönlichkeit ist; der eine schöne Wohnung hat, einen guten Musik- und Filmgeschmack; der ehrgeizig ist und fürsorglich, der Kinder liebt; der zu ihnen passt. Sie denken, dass das alles zu finden, alles in einem zu finden, möglich sei; es nicht zu finden, persönliches Versagen.

Die Menschen haben tatsächlich einmal einen Partner gehabt, der eine Schönheit war. Auch einmal einen, der besonders klug war. Einmal einen, der über seine Gefühle sprach. Einmal einen, der eine Tür war zu einer neuen Welt. Einmal einen, der ihnen ähnlich war. Sie haben mit Menschen geschlafen, die besonders erotisch waren. Es ist kein Wunder, dass sie Optimisten sind und Nostalgiker; dass sie Suchende sind und bleiben. Sie kennen ihre Möglichkeiten.

Im Kopf der Menschen sind die Möglichkeiten verwachsen zu einer Hydra mit zahllosen Häuptern. Einem ersehnten Vielwesen. Der Gesuchte ist nicht ein Mann, eine Frau. Es sind unzählige Männer, unzählige Frauen – in einer Person. Alle vergangenen Partner und alle möglichen künftigen sind verwachsen zu der Hydra. Die Hydra hat alle Haarfarben, alle Eigenschaften. Sie ist die Unendlichkeit, die Göttin, die die Menschen anbeten, ihre eigentliche große Liebe. Mit der Hydra leben die freien Menschen im Bund der Ehe.

Vorübergehend mögen sie einen Anderen für die Hydra halten. Doch schnell klärt ihr Irrtum sich auf. Wenn sie sich auf einen einlassen, wissen die Menschen nicht, »was sie fühlen«. Sie wissen nur, »dass etwas fehlt«. Es ist nicht das, was sie sich »erhofft haben«. Es ist nicht, »wie es früher gewesen ist«.

Die Menschen sind tatsächlich hoffnungsvoll *und* ängst-
lich. Sie suchen nach Merkmalen des Gesuchten so sehr wie
nach Merkmalen des Nicht-Gesuchten. Sie bemühen sich sogar noch mehr, als das Gesuchte zu finden, das Nicht-Ge-
suchte nicht zu finden, es auszuschließen, schon von Ferne,
in der »Anfangsphase«. Die freien Menschen sind Meister der
prä-amourösen Diagnostik, des frühzeitigen Leidenschafts-
abbruchs.

Die freien Menschen leiden an Überempfindlichkeiten. An
einer vielfältigen, multiplen Idiosynkrasie. Sie entwickeln
die Überempfindlichkeiten nicht erst am Ende der Liebe, sondern am Anfang – vor dem Anfang. Die Gesten und Gesichts-
ausdrücke des Anderen, die Art, wie er geht, die Art, wie er
isst, die Wörter, die er benutzt, die Filme und Musik, die er
schätzt, die Kleidung, die er trägt, die Witze, die er macht, ein
Leberfleck, die Form der Schulter, einer Brust, eines Zehs,
sein Geruch, sein Ton, seine Interessen – alles kann die freien
Menschen rasend machen, das Meiste macht sie rasend.

Die freien Menschen sind Allergiker der Sinne: des Sehens, des Hörens, des Riechens und Schmeckens, des guten
Geschmacks, des Sinns für Humor. Sie sind Ästheten, frei
von Zwecken. Sie haben sich, durch Wiederholung, ein Urteil
gebildet. Sie haben Maßstäbe entwickelt. Sie sind einiges –
Schönes – gewohnt.

Sie rufen: »Ach! So schön! Das, was ich gesehen habe, hat
mich glücklich gemacht.«

Sie sagen: »Ich kann keine Terrakotta-Schwammoptik
mehr ertragen.« Sie sagen: »Ich hasse Männer, die Hunde halten und weiße T-Shirts tragen.«

Die freien Menschen könnten aufschreiben, was sie nicht
mögen, sie könnten Abneigungslisten anfertigen. Die »Was
ich nicht mag«-Liste ist wichtiger als die »Was ich mag«-

Liste. Die freien Menschen suchen nach einem Menschen, der keine ihrer Überempfindlichkeiten auslöst. Sie suchen verzweifelt nach dem, der sie nicht rasend macht.

Es gibt ihn nicht.

Schönheit ist das Einzige an einem Menschen, das man wahrnehmen kann, ohne den Angesehenen als Individuum, als begrenzte Existenz wahrzunehmen. Der Schöne bleibt, solange die Menschen nur seine Schönheit sehen, ein Bild der Masse. Er ist die Masse. Die Masse wird sichtbar und ersehnbar in der Schönheit. Die Menschen betrachten die Schönheit schluchzend, voller Scham. So stellen sie sich die Liebe vor: einer Schönheit ins Gesicht weinen. »Du! So schön, so schön!«

Die Menschen lieben die Schönen auf den Fotos, in den Zeitungen und Filmen, auf Plakaten. Sie machen keinen Unterschied mehr zwischen Menschen, denen sie begegnen, und Menschen, die sie auf Bildern sehen. Die Menschen sind Bilderliebende, Bilderverehrende. Wenn sie ins Kino gehen, verlieben sie sich immer. Sie denken: Das ist der Erhoffte!

Vielmehr, er wäre es.

Menschen auf Bildern und Passanten haben dies gemeinsam: Sie sind kurz anwesend, dann abwesend. Sie sind kurz nah, dann wieder fern. Sie sind anwesend und abwesend, nah und fern zugleich. Menschen auf Bildern sind Passanten.

Wie oft müssen die freien Menschen erkennen, dass der Schöne im Film, auf Fotos längst nicht mehr schön ist, sondern – tatsächlich – alt und hässlich, tot und begraben. Die Menschen haben ihn verpasst, verfehlt, sind am falschen Ort, zur falschen Zeit geboren. Die Flut der Bilder ist ihr Fluch. Überall geistern sie herum, die Schönen ferner Orte, ferner Zeiten. Die Sehnsucht der Menschen reist um die

Welt, durch Jahrzehnte und Jahrhunderte. Ihre Liebe ist Leichenliebe.

So stellen die Menschen sich auch die Jungen schon als Alte vor, die Lebenden als Tote. Das Rinnsal der Zeit hat sich zum schäumenden Strom verwandelt. Der Strom reißt alles mit. Gesichter und Körper der anderen verfallen vor den Augen der Menschen. Sie sehen, wie sie den, den sie halten, schon verlieren an die Zeit. Die Haut zeigt Risse, das Fleisch hängt von den Knochen. Die Haare werden dünn. Der Rücken krümmt sich. Der andere ist ein Passant. Ein Vorübergehender.

Ein Schritt bis zum Alter.

Ein Schritt bis zum Tod.

Immer entfernt der Andere sich schon von den freien Menschen. Immer entfernen die freien Menschen sich schon vom Anderen.

Sie lieben nicht einen, sondern einen anderen. Sie finden nicht einen schön, sondern einen anderen. Immer einen anderen.

Wer ist der Schönste im ganzen Land?

Ein anderer ist es.

Der Nächste ist es.

In einer Welt, in der der Mensch dem Menschen meist als Passant oder Bild begegnet, verlieben die Menschen sich pausenlos. Sie sind ständig umgeben von anwesend Abwesenden, unmöglichen Möglichkeiten, greifbar nahen Unerreichbarkeiten.

Die Menschen existieren pausenlos im Erregungszustand der Liebe. Doch es ist eine Liebe, der der Geliebte fehlt. Der Geliebte fehlt, wird also umso mehr geliebt. Die freien Menschen, die Nichtliebende sind, lieben mehr als jeder Liebende.

Die freien Menschen fragen sich jeden Tag, ob sie ihre Beziehung – so sie eine haben – nicht *abbrechen* sollten. Sie fragen sich jeden Tag, ob sie ihre Freundschaften nicht *abbrechen* sollten.

Sie fragen sich auch, ob nicht ihr Partner, ihre Freunde sich nicht gerade fragen, ob sie die Beziehung, die Freundschaft abbrechen sollten.

Sie fragen sich, ob eine andere Beziehung, andere Freundschaften sie nicht mehr erfüllen würden. Sie wissen, dass es so ist.

Ihre Beziehung und ihre Freundschaften sind provisorisch. Sie halten Plätze frei, sind nur ein Anfang. Es sind nicht die Beziehung und die Freundschaften, die die Menschen *später* haben werden. Die Menschen haben ein Bild von der Beziehung, den Freundschaften der Zukunft. Sie kennen diese Menschen tatsächlich besser als die provisorischen der Gegenwart. Sie vermissen sie. Die Begegnung mit ihnen wird ein Wiedersehen sein. Man wird sich in den Armen liegen nach all den Jahren.

Der Abbruch trifft auch: Eltern, Beschäftigungsverhältnisse, Berufe, Wohnorte, Projekte, Leidenschaften, Sportarten, Gewohnheiten, Enthaltsamkeiten. Der Abbruchsgedanke ist universell. Er ist alltäglich, allgegenwärtig. Dabei ist er stets zwiespältig.

Jede Abbruchshoffnung ist begleitet von furchtbarer Abbruchsangst.

Die freien Menschen erhoffen für sich selbst das Höchste. Der Geliebte, den sie sich erhoffen, soll auf der Höhe ihrer Entwicklung sein, ihre Entwicklung fördern. Eine Hoffnung ist das Vehikel der anderen Hoffnung. Die Menschen wollen die Liebe durch Entwicklung, die Entwicklung durch Liebe erreichen.

Sie sagen: »Menschen, die zusammenleben, müssen *gut getimt* sein.«

Aus dem Wortschatz der freien Menschen:
    Abbruch (einer Tätigkeit, eines Kontaktes), aktiv,
        arbeiten;
    beenden, Bewegung;
    checken (der Emails, der Möglichkeiten);
    depressiv (im Gegensatz zu handlungsfähig), Disziplin;
    Entscheidung, Entwicklung, Erfahrung;
    Freiheit;
    Gelegenheit, getimt;
    Herausforderung (in der Arbeit, der Liebe);
    Konsequenz, Kündigung, Kunst;
    lernen;
    Möglichkeit, motiviert, Mut;
    müde (im Gegensatz zu motiviert);
    Neuanfang, Notwendigkeit (nur die innere, nicht die
        äußere Notwendigkeit);
    narzisstisch (im Gegensatz zu: »Don't cry, work!«);
    Passen (zu mir; zueinander), Projekt, Projektion;
    realisieren, Risiko;
    scheitern (lernen), Selbst, spannend, Strategie, Stress,
        Subjekt, suchen;
    Therapie, Trennung, tun;
    üben, sich überwinden, Überschreitung, Umzug,
        Update;
    Verantwortung (übernehmen), Vergleich, versuchen;
    wagen, wählen, Wechsel, Weg, (das Unmögliche)
        wollen;
    Ziel.

Symptome einer manischen Störung sind: Unruhe. Rastlose Aktivität. Dem Betroffenen gehen ständig neue Ideen durch den Kopf. Alles ändern wollen. Größenwahn. Konzentrationsprobleme. Schwierigkeit, sich länger nur mit einem zu befassen. Gesteigertes sexuelles Verlangen. Wahllose sexuelle Kontakte, Fantasien. Vernachlässigung von Nahrungsaufnahme (stattdessen: Kaffee, Zigaretten). Massenhaftes Tätigen von Käufen (in Geschäften; im Internet).

Viele freie Menschen leiden unter Symptomen von Manie. Gleichzeitig leiden sie häufig unter Symptomen von Depression. Die freien Menschen sind Kranke. Sie sind der Freiheit ungeschützt ausgeliefert. Ihre Nerven liegen offen in der Unendlichkeit.

Über das Wichtigste dieser Art nicht zu lieben, lässt sich am wenigsten sagen. Es ist der Schmerz. Die freien Menschen haben furchtbare Schmerzen. Der Schmerz ist kein Symptom dieser Art nicht zu lieben, sondern diese Art nicht zu lieben ist ein Symptom dieses Schmerzes. Der Schmerz ist die dunkle Mitte, die alles nur umkreist, nur umschreibt. Dunkle Mitte? Lachhaftes Wort. Denn was sagt der Schmerz? Nichts. Er erzählt keine Geschichte. Er malt keine Bilder. Er macht keinen Sinn. Er kennt keine Ursache, er kennt keinen Schuldigen. Er ist nur – der Schmerz. Jede Metapher für den Schmerz ist Schwulst. Jede Erklärung ist eine Erklärung und nicht der Schmerz. Jedes Wort für den Schmerz führt fort vom Schmerz. Man kann nur sagen, was die Menschen erleben, und sich denken, dass sie es, wie man sagt, unter Schmerzen erleben. Man denke sich den Schmerz dazu.

Dieser gesamte Versuch, trotzdem zu erzählen, zu erklären, ist also ein Verlassen des Gegenstandes mit der Absicht – aber nicht der Möglichkeit – zur Rückkehr. Es ist ein Reden um den heißen Brei herum, Konzentration als dauernde Abschweifung.

Es ist eine Irrfahrt durch die sogenannten *gesellschaftlichen Ursachen*. Aber der Umweg führt doch, ebenso paradox, zurück zu den Menschen. Denn die, die alles unter Schmerzen wahrnehmen und erleben, sind im Schmerz nie bei sich, sondern immer woanders: in Gedanken und Grübeleien, auf Umwegen, bei den sogenannten gesellschaftlichen Ursachen. Im Schmerz kann man nicht sein. Die freien Menschen sind keine konzentrierten, sondern zerstreute Menschen, zerstreut aus Schmerz. Sie leben in Gedanken, weil sie in ihrem Schmerz nicht leben können.

Je weiter dieses Buch also wegführt vom Schmerz und sich in Gedanken über den Schmerz, dessen Bedingungen, Funktionen und Konsequenzen verliert, umso näher ist es zugleich den Menschen, da diese selbst gedankenverloren sind.

Das Wort, das der Schmerz im Gehirn sich bilden lässt, lautet: Warum? Die Menschen, durch deren Körper die Schmerzgedanken der Nichtliebe zirkulieren, schicken einen anderen Gedanken auf den Körperweg, eine Frage: »Warum?«

Warum ist ein Schmerzmittel. Solange noch ein Warum im Körper zirkuliert, ist der Schmerz, wenn auch nur um ein Gran, geringer.

Doch das Schmerzmittel kann den Schmerz auch vergrößern, wenn das Warum zu den Worten führt: »Es liegt an mir.« Und darum sind die Menschen ja freie Menschen, weil sie auf jedes Warum antworten: »Es liegt an mir.« So vergrößert sich ihr Schmerz noch um die Schuld, um die Scham, die eigene Verantwortung und eigene Lächerlichkeit.

Ja, der Schmerz der Freiheit ist lächerlich. Die Einzigen, die die freien Menschen foltern, sind ja sie selbst, so scheint es. Kein Vergleich zum Schmerz der echten Gefängnisse, der Lager, der äußeren, sichtbaren Unfreiheit. Dennoch reicht der Schmerz der Freiheit, Menschen in die Verzweifelung, in den Tod zu treiben. Es handelt sich tatsächlich um Selbst-Mord. *Das Selbst wird ermordet.* Der sogenannte Freitod ist frei nur in rechtlicher, moralischer Hinsicht. Denn welche Freiheit hat der Mensch, der sich hassen muss. Welche Freiheit hat der, der hoffen muss, über jeden Tag, jeden Menschen hinaus, dessen Nervensystem dem Unbegrenzten ausgeliefert ist – der absoluten Freiheit, der Unendlichkeit.

TEIL II
DIE UNENDLICHKEIT MÖGLICHER PARTNER

VIER

WIE UNENDLICHKEIT ENTSTEHT

Das vierte Kapitel: in dem erzählt wird, wie die Unendlichkeit
möglicher Partner entsteht; in dem die Geschichte der Liebe als
eine Geschichte der Wahlfreiheit erzählt wird; in dem erläutert
wird, wie die kritische Masse der Liebe zustande kommt, in der
alle Menschen so schnell aufeinander reagieren, dass keine Verbindung mehr von Dauer ist; in dem das Sehen als der Sinn vorgestellt wird, der die Unendlichkeit möglicher Partner erfasst; in
dem erzählt wird, dass die Menschen keinen Unterschied mehr
machen zwischen dem, was sie auf Bildern, und dem, was sie in
Wirklichkeit sehen; dass die Medien die Natur von heute sind; in
dem von der unendlichen Stadt berichtet wird, deren Wesen nicht
mehr die Anonymität ist, sondern die allgegenwärtige Möglichkeit der Intimität; die überall durchströmt wird von der ganzen
Welt; wo die Menschen also, wenn sie auf einer Wiese sitzen, um
die Welt reisen; in dem von einem Mann berichtet wird, der am
Gepäckband eines Flughafens einer Frau begegnet und der das
Vertrauen in die Wirklichkeit verliert, weil die Wirklichkeit überall vom Möglichkeitsdruck auseinander getrieben wird; in dem
vom Wunder des Passanten berichtet wird; davon, dass der Passant aus der Masse hervorgeht wie die Gischt aus dem Meer; in
dem erzählt wird, wie das gesamte sogenannte Liebesleben der
Menschen erstmals in der Geschichte industrialisiert wird; in
dem also von den Industriegebieten der Liebe berichtet wird; vom
Nachtleben, das zum Alltag wird; von der Suche im Internet; von
Prostitution und Pornografie; in dem erklärt wird, warum heute
bereits eine U-Bahn-Fahrt Pornografiekonsum ist

Alle Entwicklungen der neueren Geschichte gehen von der Einzahl zur Vielzahl. An die Stelle eines Herrschers – des Königs, des Diktators – tritt die Herrschaft der Vielen, die Möglichkeit vieler Amtsinhaber. An die Stelle des Monopols, der exklusiven Lizenz, tritt die Konkurrenz der Produzenten und Händler. An die Stelle des einen Produkts tritt die Vielzahl ähnlicher Produkte. An die Stelle der einen Wahrheit tritt die Vielzahl der Wahrheiten.

Nur die Liebe soll sich noch auf Einen beschränken. Es ist, so heißt es, ihr Wesen, das zu tun. Die Liebe ist Königtum in Zeiten der Demokratie, Monopol in der Marktwirtschaft, Produkt ohne Vergleich, Wahrheit ohne Alternative. Vielmehr: Sie soll es sein.

Kann sie es noch?

Die Liebe unterscheidet sich von der Produktwahl, der moralischen und politischen Wahl durch ein zentrales Moment: Sie kennt nicht den Ausweg der Resignation. Ins Gewebe der Liebe ist gestickt: Resignation ausgeschlossen. Ein Mensch, der lange ein Produkt, die richtige Moral, die richtige Partei gesucht hat, kann resignieren. Er kann sagen: »Jetzt ist es mir egal!« Er wählt etwas, ohne von seiner Wahl überzeugt zu sein. Dieser Weg, der Weg der *produktiven Resignation*, ist in der Liebe ausgeschlossen. Die Liebe ist ja die Liebe, ihr Wesen ist uneingeschränkte Bejahung. Sie ist tyrannisch, totalitär, denn sie verlangt nicht nur Unterwerfung, sondern Überzeugung. Es reicht nicht, die Liebe zu wählen, sich der Liebe zu ergeben. Der Mensch muss jubeln, lachen, die Arme in die Luft werfen. Das heißt: Eine Rettung ins Egale ist unmöglich. Die Liebe kann sich der Mehrzahl und Überzahl durch Kapitulation nicht entziehen. Sie muss die Mehrzahl überwinden. Es gilt auf Sieg oder Tod.

Dabei war der Schritt von der Einzahl zur Mehrzahl nur der erste Schritt. Es war nur der Schritt über die Schwelle des elterlichen Hauses, der alten Ordnung. Schon der nächste Schritt führte von der Mehrzahl zur Unendlichkeit. Nun existieren unendlich viele – unüberschaubar viele – ähnliche Produkte und Wahrheiten, mögliche Sexual- und Lebenspartner. In der Politik besteht das Problem darin, dass es trotz unüberschaubar vieler Sachverhalte, die der Einzelne je verschieden bewertet, nur eine Handvoll Parteien gibt, also keine Partei mehr alle Standpunkte und Schwerpunkte eines Einzelnen vertreten kann. Die Parteien sind ein Versuch, die Unendlichkeit zu ignorieren, auf sie mit einer, wie man sagt, *Paketlösung* zu antworten. Doch die Zahl der Stammwähler sinkt. Und immer mehr bleiben Stammwähler nur aus Treue und Tradition, nicht aus Überzeugung und Leidenschaft. Auch die Zahl der *Stammwähler eines Menschen* sinkt. Immer mehr werden Wechselwähler: Sie überprüfen permanent, ob ihre Wahl noch die richtige ist, und wechseln den Partner, wenn sie unzufrieden sind. Oder sie bleiben in der Partnerschaft, doch nur aus Treue und Tradition, nicht aus Überzeugung und Leidenschaft.

Keine Erscheinung, um die es hier geht, ist ganz und gar neu in der Geschichte. Bereits das alte Rom war eine Stadt, in der die Auswahl das Wählen erschweren konnte. Auf den Straßen und in den Arenen zeigte sich eine Fülle an Frauen für die Männer, an Männern für die Frauen. Die Vielen wurden sichtbar, konnten kontaktiert werden. Amor war von Anfang an geflügelt. Seit jeher sind Liebe und Erregung flatterhaft und flüchtig.

Eben darum aber sind sie anfällig für alles, was sie in dem bestärkt, was sie ohnehin *sind*; was sie noch flatterhafter, noch flüchtiger macht. Liebe und Erregung können nur dauern, wenn ihre Bedingungen *nicht* die besten sind – wenn die Hastigkeit des Wählens nicht auf eine Üppigkeit der Auswahl trifft, das Begehren nicht überall und immer auf Bereitschaft.

Worum es also geht, ist eine Steigerung. Quantität schlägt um in Qualität, aus immer mehr Masse und immer mehr Möglichkeiten wird schließlich Unmöglichkeit. Aus besonderen Erscheinungen in der Geschichte wird nun das Typische einer Epoche.

Manchmal entdeckt jemand auf alten, verblichenen Fotos einen Menschen, der später Geschichte gemacht hat, zum Zeitpunkt der Fotografie aber noch ein Niemand war – er war damals schon ganz jene Person, die später Geschichte machen würde, doch noch unbedeutend, anonymes Partikel in der Masse.

So ist es auch mit der Unendlichkeit möglicher Partner. Man stößt auf sie in alten Büchern, in allen Epochen; sie ist bereits ganz diejenige, die später Geschichte machen wird. Doch sie ist noch völlig unbedeutend für die Mehrheit der Menschen.

Heute bringen die Menschen systematisch Unendlichkeit hervor. Sie glauben nicht nur an die Unendlichkeit (Gottes), sie denken sie nicht nur (mathematisch), sie schaffen sie – durch ihre Zusammenballungen und beschleunigten Bewegungen, mittels ihrer Medien und Techniken, ihrer Möglichkeiten der Selbsterschaffung und Selbstzerstörung, mittels aller Freiheiten, die in Kontakt zueinander bringen, was einst getrennt voneinander war. Sie verbinden die Parzellen, in denen die Geschlechter, die Familien, Klassen, Kulturen und Kontinente lange voneinander geschieden waren; ein Gatter nach dem anderen wird hochgezogen. Die Menschen produzieren unüberschaubar große Zahlen. Immer mehr Häufungen und Ansammlungen entstehen, die keine sichtbare Grenze mehr haben. Während Tiere das tierische Maß nie überschreiten, kein Ameisenhaufen zu groß für Ameisen ist, überschreiten die Menschen ständig das menschliche Maß, und zwar – in der Liebe – schon durch *sich selbst*. Es werden dem Menschen zu viele Menschen.

Unendlichkeit ist nicht unbedingt wirkliche Unendlichkeit, in jedem Fall aber *erfahrene*. Die Menschen nehmen wahr, dass es unendlich viele mögliche Partner gibt. Das heißt: Sie nehmen mehr mögliche Partner wahr, als sie physisch wahrnehmen können. Sie nehmen so viele wahr, dass sie annehmen, es müsse unendlich viele geben. Man könnte die tatsächliche Unendlichkeit die große, die nur erfahrene die kleine Unendlichkeit nennen. Die kleine Unendlichkeit ist nichts anderes als der Verlust des Überblicks.

Die Unendlichkeit entsteht daraus, dass die Menschen Einen wahrnehmen, einen Anderen wahrnehmen, dann wieder einen Anderen und wieder einen Anderen. Jeder Andere aber ist eine Endlichkeit, ein begrenzter Mensch, mit begrenzten Fähigkeiten, einer begrenzten Schönheit, einer begrenzten Persönlichkeit. Die Unendlichkeit entsteht also aus der Aneinanderreihung unendlich vieler Endlichkeiten.

Unendlichkeit ist gestapelte Begrenzung. Das ist ihr Paradox. So groß sie auch ist, ihre Teile sind klein. Das Paradies ist aus Backstein. Die Menschen können aber nicht unendlich viele Backsteine wahrnehmen, sie müssen das Paradies wahrnehmen, das ihr Bewusstsein aus den Backsteinen baut.

Das Bewusstsein setzt alles zusammen, was sich zusammensetzen lässt. Nur darum sehen Menschen Häuser, kein Chaos von Steinen. Darum sehen sie Städte, kein Chaos von Häusern. Darum nehmen sie andere Menschen wahr, kein

Chaos aus Bewegungen, Tönen und Organen. Nur darum sehen die Menschen die Unendlichkeit möglicher Partner.

Die Möglichkeit der Unendlichkeit der Möglichkeiten entsteht auf zwei Weisen. Sie entsteht zunächst *indirekt* dadurch, dass Zwänge, Regeln und Gewohnheiten wegfallen, also für den Menschen immer mehr Menschen möglich werden, diesen Möglichkeiten immer weniger entgegensteht. Moralische Bindungen und Ortsbindungen lösen sich auf, die Menschen lösen sich aus Moral, Klasse und Raum und kommen in Bewegung – als *absolute* Möglichkeiten für andere. Erst die Addition der Bewegungen erzeugt die Masse, die Möglichkeit der Unendlichkeit der Möglichkeiten.

In der zweiten Phase erzeugen die Menschen direkt, mit Absicht, die unendliche Masse. Dies geschieht in einem organisierten, industrialisierten Nacht- und Freizeitleben, in Genussgemeinschaften, Prostitution und Pornografie sowie in der Partnervermittlung über das Internet. Es entsteht ein neuer industrieller Komplex – eine Industrie der Lebens- und Sexualpartnerproduktion. Sie erzeugt unendliche Massen möglicher Partner. Zugleich löst sie die Menschen noch umfassender von ihren Moralen, Klassen, Orten, beseitigt restlos alles Zurückhaltende, macht die Menschen »noch möglicher«.

Je mehr die Einzelnen zur Möglichkeit für andere werden, *umso mehr* Einzelne sollen für den Suchenden möglich werden. Denn: die absolute Verfügbarkeit eines Einzelnen besteht ja erst dann, wenn *viele* Einzelne verfügbar sind. Nur dann bedeutet der Einzelne für andere eine freie Wahl. Eine Tanzfläche, auf der nur ein Mensch tanzt, so ledig und willig dieser auch sei, ein Bordell, in dem nur eine Prostituierte sich anbietet, so »aufgeschlossen für jeden und alles« sie sich zeigte –

die Möglichkeit würde von ihrer Alternativlosigkeit in Zwang verwandelt, in Ausschließlichkeit.

Also muss eine Industrie, die absolute Möglichkeiten schaffen will, unendlich viele schaffen. Die Freiheit zu einem beruht auf der Freiheit zu allen – der großen Zahl, der Unendlichkeit.

Umgekehrt zieht die Freiheit zu jedem die Freiheit zu allen nach sich; so entsteht das Dilemma der Wahlfreiheit. Die Tür öffnet sich nie nur vor einer – der erwünschten – Möglichkeit, sondern immer vor der gesamten Masse.

Die Geschichte der Liebe ist die Geschichte eines langen Triumphzugs. Die Liebenden haben sich vom Diktat der Familien befreit und von den Abhängigkeiten, die sie auch zum Selbstzwang zwangen. Die Romantiker hatten ja vor allem kritisiert, dass Menschen *freiwillig* einen nahmen, den sie nicht liebten, der bloß eine gute Partie war. Schließlich haben die Liebenden sich auch von ihrem Versprechen befreit, einander ewig zu lieben, von der Ehe, die die Freiheit nur einmal zuließ, als Freiheit zur Unfreiheit, als paradoxen Schwur, der die Liebe zur Herzenssache *bis jetzt* und *ab jetzt* nicht mehr zur Herzenssache erklärte, sondern zur heiligen Pflicht.

Scheidung wurde möglich, dann üblich. Auch Kinder sind heute kein zwingender Grund mehr, zusammenzubleiben. Der Liebe steht nichts mehr im Weg. Die Menschen können ein Leben lang ihren Gefühlen folgen, sie sollen es sogar. Jeder Sieg der Liebe war ein Sieg der Wahlfreiheit. Nicht nur der Freiheit *von etwas*, sondern auch der Freiheit *zu etwas*. Im gleichen Maße, in dem die Zwänge schwanden, wuchsen auch die Möglichkeiten, die Auswahl an möglichen Partnern.

Während die Umwälzungen auf dem Gebiet der Freiheit *von Zwängen* sich in der ausgedehnten Zeit zwischen Romantik und den sechziger Jahren des zwanzigsten Jahrhunderts vollzogen, ereignete sich die Revolution auf dem Gebiet der *Möglichkeiten* gedrängt innerhalb der vergangenen fünfzig Jahre. Zur langsamen Durchsetzung der Liebesheirat kommt plötzlich die Unendlichkeit möglicher Partner.

Männer mussten nun nicht mehr *Zugang* haben zu einem Haus, um eingeladen zu werden, *vorsprechen* zu dürfen. Die Kontaktkreise beschränkten sich nicht mehr auf einige *gute Familien* einer Gegend. Die Frauen traten aus den Häusern in die Öffentlichkeit. Immer mehr Freizeit war, anders als früher Jagen oder Kaffeeklatsch, geteilte Freizeit. Junge Frauen durften sich ohne *Anstandsdame* mit Männern treffen. Gemischte, sich der gesellschaftlichen Kontrolle entziehende Jugendgemeinschaften entstanden, ein gemischtes Freizeitleben, eine gemeinsame Arbeitswelt. Die Zusammenballung der Menschen in großen Städten, großen Universitäten, großen Unternehmen, in großen Sälen und Hallen, die Lockerung der Sitten, das Wachsen einer gewerblichen, nicht gesellschaftlich kontrollierten Sphäre der Begegnung, der Kinos, Tanzsäle und Jazzkeller war dabei nur Vorbereitung. Es war vor allem eine Folge der Einwanderung der Frauen in die Gesellschaft, dass die Menschen nun im doppelten Sinne frei wurden, zu wählen: im Sinne der Freiheit von Zwängen und im Sinne einer gigantischen, geschichtlich nie da gewesenen Auswahl möglicher Partner.

Die Trennwand, die Männer und Frauen so lange voneinander fern gehalten hatte, wurde plötzlich weggezogen. Mit einem Mal standen sie sich gegenüber, Auge in Auge, ein Überfluss an Frauen für die Männer, ein Überfluss an Männern für die Frauen, aufgefordert, ihre Wahl zu treffen. Bald darauf trafen auch die Schwulen und Lesben zusammen, wurden zur Masse: Überfluss an Männern für die Männer, Überfluss an Frauen für die Frauen.

Jede Masse ist gekennzeichnet durch die Anzahl ihrer Teilchen und deren Bereitschaft aufeinander zu reagieren, miteinander neue Verbindungen einzugehen.

In der *Liebesmasse* hat die Auflösung der alten Moral nicht nur die Reaktionsbereitschaft erhöht, sondern auch die Anzahl der Teilchen: Die Frauen traten in die Öffentlichkeit, Menschen verließen ihre Familien, Städte und Länder, und wurden beweglich.

Die Beweglichkeit erhöhte nicht nur die Anzahl, sondern auch die Reaktionsbereitschaft: Menschen, die in Bewegung sind, reagieren schneller und leichter auf Fremde als solche, die nicht in Bewegung sind – sondern gebunden in den örtlichen Netzen von Familie und Freundschaft.

Endlich erhöhen Anzahl und Bereitschaft auch einander. Je mehr Partnermöglichkeiten und -alternativen existieren, umso mehr Menschen wollen ihre Suche niemals einstellen. Und wer sucht, kann auch gefunden werden; ist selbst eine Möglichkeit. So entsteht die unendliche Masse, die kritische Masse der Liebe.

Frauen und Männer standen früher nur höchstens ein paar Jahre zur Wahl, die Frauen sobald sie einen *Frauenkörper* hatten, die Männer, sobald sie sich eine *Existenz* geschaffen hatten.

Heute liegen, bei Männern wie Frauen, zwischen Beginn des sogenannten Liebeslebens und Gründung einer Familie nicht selten zwanzig Jahre. Eine Ewigkeit der Verfügbarkeit. Ein halbes Leben, das der Mensch verbringt mit Begegnungen und Alleinsein, mit der Suche, immer wieder, nach einem Partner, mit Affären und Beziehungen, die kaum mehr zusammenhält als die Liebe, meist weniger noch, ein Einvernehmen, ein Sommer, eine Reise, deren Dauer zwischen einigen Tagen und ein paar Jahren schwankt. Ein halbes Leben, in dem der Mensch – gleichgültig, wie er selbst empfindet – *für die Anderen* eine Möglichkeit bleibt. Nicht unwiderruflich gebunden, von keinem Tabu belegt. Auch wer kein *Single* ist, wird wie einer wahrgenommen.

Davon bleibt die andere Hälfte des Lebens naturgemäß nicht unberührt. Die Menschen sind für immer unfähig, in einem Anderen keine Möglichkeit zu sehen.

Die Wahrnehmung fremder Menschen hat sich grundlegend verändert. Vergleichbar ist das mit der Veränderung zu Beginn der Zivilisation, als nicht mehr alle Fremden vorsichtshalber für Feinde und Räuber gehalten wurden, sondern für Mitbürger und Mitmenschen. Jetzt ist die Distanz weiter geschrumpft. Aus Mitbürgerschaft wurde ein universaler Erotismus – der Andere von einer Unmöglichkeit, die sich als Möglichkeit erst erweisen musste, zu einer Möglichkeit, die sich erst als Unmöglichkeit erweisen muss.

Einst bedurfte es der Blicke, Bitten, Bekenntnisse und Anträge, um aus einer gedachten Unmöglichkeit eine Möglichkeit zu machen. Heute bedarf es des *Verbittens*, um aus einer gedachten Möglichkeit eine Unmöglichkeit zu machen.

Kollegen und Kunden, Chefs und Geschäftspartner werden zu Vertrauten. Die freien Menschen können *kommunizieren*, wie man sagt. Sie wollen zu jedem persönlich sein, niemals *oberflächlich*. Sie suchen das Gespräch. Kollegen, Kunden, Chefs und Geschäftspartner werden so zu Möglichkeiten. Die freien Menschen kommen allen Menschen nahe – und in der Nähe wird das Nächste zur Notwendigkeit. Die öffentlichen Massen werden privatisiert. Ein gemeinsames Essen reicht, eine gut gelaunte Konferenz, schon ist der Fremde ein Vertrauter, im Handumdrehen offenbart wie die Karte beim Kartenspiel. Die Menschen zeigen Haut und Gefühle, Vergangenheit und Zukunft. Sie schauen einander tief ins Dekolleté ihrer Träume.

Nichts scheint die Menschen mehr zwingend zu trennen. Keine Völker- oder Familienfeindschaft, keine Entfernung zwischen Orten, kein Gebundensein, kein Altersunterschied oder sogenannter kultureller Hintergrund (tatsächlich: die Kultur, einst unüberschreitbar, tritt vom Vordergrund in den Hintergrund der Welt).

Im Gegenteil, gerade im Anderen, Entfernten leuchten die unbegrenzten Möglichkeiten. Die Menschen weigern sich, anzuerkennen, was einst als Tatsache galt – und heben es damit als Tatsache auf. Die Welt hat den Glauben der Menschen an sie nötig. Wenn die Menschen den Glauben an sie verlieren, löst die Welt sich auf. Das Unüberbrückbare, das überbrückbar scheint und damit überbrückt wird, verschwindet.

Es entstehen immer mehr Orte, die keine gesellschaftlichen Orte sind, also Orte, wo sich Angehörige einer bestimmten Schicht, einer exklusiven Gruppe sammeln, sondern ungesellschaftliche Orte, Orte sozialer Blindheit. Die Menschen an solchen Orten scheinen keiner Klasse anzugehören, keiner Kultur, sie scheinen kein Alter zu haben, von nichts bestimmt zu sein, mit nichts verbunden, zu nichts verpflichtet.

Diese Orte mögen Straßen, Cafés, Kulturzentren und Urlaubsorte, Orte des Nachtlebens sein. Sie bilden einen Großteil der öffentlichen Sphäre, doch auch private Orte gehören dazu: Küchen, Schlafzimmer. Beim Besuch der Oper sahen die Menschen einst nur wenige mögliche Partner – doch alle, die sie sahen, waren tatsächlich *gesellschaftlich geeignet*. Die freien Menschen sehen in der Großstadt und im Internet unendliche Massen möglicher Partner, und *alle* scheinen geeignet, sind jedenfalls nicht ausgeschlossen aufgrund von Alter,

Kultur, Klasse. Die Kultur der Gleichheit stellt dem sehnsüchtigen, erregten Blick alle Menschen als Möglichkeiten dar, keinen mehr als Unmöglichkeit. Das demokratisch legitimierte Begehren kennt kein zu-jung oder zu-alt, keine Fremdheit, keine Klassenschranke.

Während die Gesellschaft eine Zeitlang in immer kleinere Teile zerfiel, die immer besonderer wurden, hat sich die Entwicklung seit einiger Zeit verkehrt. Tatsächlich waren schon die kleinen Teile, die Gruppen und Stämme (des Punk, der Sadomasochisten), zum heimlichen Hort eines neuen Universalen geworden. Sie hatten alle Klassen, alle Kulturen, alle Alter und Geschlechter in sich aufgenommen, also unsichtbar gemacht. Die Teile waren zu Behältern eines neuen Ganzen geworden. Das Besondere an ihnen war nicht mehr ihr Partikularismus, sondern, im Gegenteil, ihr Universalismus.

Schließlich verstand sich *Techno* ausdrücklich nicht mehr als exklusiv, sondern als offen für alle. Dabei war *Techno* nicht nur offen für alle, sondern *angewiesen* auf alle. Der Einschluss war Bedingung wie zuvor der Ausschluss. Es ging um die Erzeugung möglichst großer Mengen Tanzender, möglicher Sexual- und Lebenspartner, der unendlichen Masse.

In den kleinen Teilen entstand eine neue Universalkultur. Doch sie wurde nicht mehr beherrscht von einer Elite, einer Moral, einem Gesetz, sondern sie bestand aus reiner Masse. Ihr Universalismus war Blindheit. Wie beim Blinde-Kuh-Spiel müssen die Menschen die Anderen berühren, um sie zu erfahren. Sie haben sofort Sex, auch weil sie nicht mehr sehen können, wer der Andere ist. Erst nach einigen Tagen oder Jahren können sie das Alter des Anderen ertasten, dessen Klasse und Kultur. Die freien Menschen sind Blinde. Vielmehr: Sie sehen mehr (mögliche Partner) als alle in der Geschichte zuvor, weil sie für das Unmögliche blind geworden sind.

Es besteht ein enger Zusammenhang zwischen der Unendlichkeit und dem *Sehen*. Das Gehör, der Tastsinn, Riechen und Schmecken konzentrieren sich stets auf einen Gegenstand. Jede Vielfalt wird ihnen zum Mischmasch: zum Stimmengewirr, zum Krempel, in dem die Hand nichts mehr findet. Das Chaos der Düfte verschmilzt zum Parfüm, zu einem Kaufhausgeruch, einem Stadtgeruch, die Vielzahl der Aromen zu einem Geschmack.

Nur im Sehen bleibt die Vielfalt erhalten, ist Unendlichkeit erfahrbar. Wer sieht, sieht vieles gleichzeitig und kurz hintereinander. Der Sehsinn ist der offenste aller Sinne, doch die Stärke seiner Offenheit ist zugleich sein größter Mangel, seine größte Verletzlichkeit: angeborene Konzentrationsschwäche, Schutzlosigkeit.

Die Menschen, die ein Opfer der Unendlichkeit werden, werden Opfer ihres Sehens. Sie hören die Unendlichkeit der möglichen Partner nicht, sie tasten und riechen sie nicht. Sie sehen sie.

Durch die Jahrtausende hindurch hatten die Menschen die größte Angst vor dem Sehen. Sie fürchteten Augenlust und Augensucht, die Begierde, die geweckt wird durch den Blick. Sie wussten: Wer sich umdreht, um zu Sehen, bleibt erstarrt vor dem Bild. Die Unschuld, deren Wesen das Unwissen ist, ist für immer verloren. Kein Bild hört im Herzen auf zu sein. Die Vergangenheitsform des Verbes sehen – »Ich sah« – ist sinnlos. Was einer gesehen hat, das sieht er, wird er sein Leben lang vor Augen haben. Ein Mensch, der eine Erfahrung gemacht hat, wird sein Leben lang erfahren bleiben. Die Unendlichkeit der möglichen Partner ist eine irreversible Erfahrung, ein unvergesslicher Anblick.

Lange wandten die Frauen den Blick ab – vom Peinlichen, Schrecklichen, Erregenden. Es war zugleich die Stärke und die Schwäche der Männer, *immer hinzusehen*. Heute sehen auch die Frauen hin.

Die Angst vor dem Sehen ist verschwunden. Die freien Menschen betreten Räume, schlagen Zeitungen auf, schalten Apparate ein, klicken auf Symbole und sehen hin, ohne Furcht. Sie sagen: »Ich will nur einmal schauen.« Alles wollen sie *wenigstens einmal gesehen* haben. Als sei das Sehen der Sinn, der das, was er erreicht, am wenigsten ins Innere des Menschen lässt, weniger als Riechen oder Schmecken.

Jeder Schleier gilt den Menschen als prüde. Der sogenannte Sichtschutz ist nur noch bekannt als Schutz vor dem Gesehenwerden, nicht mehr als Schutz vor dem Sehen. Die Kleidung soll alles zeigen, sichtbar machen. Das Internet ist eine Technik, die den Menschen dazu dient, alles zu sehen.

Das Abwenden des Blickes dagegen ist außer Gebrauch gekommen. Keiner hält sich mehr die Augen zu, geht weiter, ohne hinzusehen. Alle wollen sehen. Sie können nicht mehr anders. Die Menschen bewegen sich mit großer Geschwindigkeit durch Städte, Fernsehkanäle, das Internet. Doch in Wahrheit stehen sie still wie Lots Weib, Salzsäulen hinter Sodom. Sie sind gezwungen, ihre erotischen Möglichkeiten – im doppelten Sinn des Wortes – wahrzunehmen.

Bilder – egal welcher Art – treffen fast nie auf Widerstand. Die Menschen führen alles zum Auge, wie das Kleinkind alles zum Mund. Sie nehmen jedes Bild gierig in sich auf. Erst danach kämpfen sie damit, beginnt das Würgen, der vergebliche Versuch, was sie aufgenommen haben, wieder abzustoßen.

Jedes Bild ist ein Trojanisches Pferd. Es scheint als harmlose Gabe, ohne einen anderen Zweck als den, gesehen zu werden, nur als belangloser Teil – und doch birgt es den ganzen Feind. Das ist das Paradox der Möglichkeit: Sie existiert als reine Möglichkeit nur so lange, wie der Mensch sie *nicht gesehen* hat, er sie nicht kennt. Die gesehene Möglichkeit aber ist schon die halbe Notwendigkeit, auf dem Weg zum Zwang. Die Wahrnehmung einer Möglichkeit ist immer Erkennen und Verwirklichen in einem. Die Möglichkeit wird zur Versuchung, wächst zum Wunsch, dient dem Vergleich. Sie ist in das Innerste des Menschen gedrungen. Geheime Kräfte entschlüpfen jetzt der Möglichkeit, erschlagen die Wachen, öffnen die Tore. Zwischen den Mauern wimmelt jetzt der Feind.

Man lobt die *offenen Menschen*, nicht die verschlossenen. Dabei hätten nur Letztere in der Freiheit eine Chance. Die freien Menschen aber wollen immer alles wissen, wollen für alles *offen sein.*

Tatsächlich existieren überhaupt keine verschlossenen Menschen. Kein Sinn verfügt über ein Muschelgehäuse. Bewusstsein und Gedächtnis liegen offen wie Augen und Haut. Die Menschen sind Nackttiere, jede Sekunde erdrückt von der Welt.

Die Freiheit der Information gilt für die freien Menschen nicht mehr. Denn Informationsfreiheit ohne die Freiheit, nicht informiert zu werden, ist Informationszwang. Die Menschen müssten sich Augen und Ohren zuhalten, wenn sie aus der Haustür treten. Sie müssten vergessen können, was sie gesehen haben. Sie müssten ausziehen aus der Welt und aus ihren Köpfen. Denn: wenn die Welt sie gerade nicht informiert, informieren sie sich selbst, informiert sie ihr Kopf, ihr Gedächtnis.

Ein Blinder sagt: »Ich weiß nicht, was schlimmer ist: dass ich nichts mehr sehen kann oder dass ich immer wieder und bis zu meinem Tod sehen muss, was ich *bis zu meiner Erblindung* gesehen habe. Dem Neuen entzogen, werde ich von meinem Gedächtnis tyrannisiert. Tatsächlich sehe ich heute *viel mehr* als früher. Das Gedächtnis vergrößert alles in einer furchtbaren Weise. Als ich noch sehen konnte, sah ich tatsächlich nur sehr wenig. Seit ich nicht mehr sehen kann, sehe ich furchtbar viel. Früher sorgte der Fluss des Bedeutungslosen vor meinen Augen dafür, dass sich nicht zuviel Bedeutendes ablagern konnte. Jetzt, im stehenden Gewässer meines Kopfes, gibt es nichts Bedeutungsloses mehr, keinen Fluss, nur das Bedeutende, die großen Bilder, die Bilder des Größten.

Ich bin blind, das heißt: Ich sehe zuviel. Und: Ich kann die Augen nicht schließen.«

Alle Menschen erblinden mit der Zeit. Die meisten noch vor dreißig. Sie sehen kaum noch Neues, werden tyrannisiert von ihrem Gedächtnis. Ihr Kopf ist ein stehendes Gewässer, in dem monströse Karpfen kreisen – die unbegrenzten Möglichkeiten.

Die freien Menschen machen keinen Unterschied mehr zwischen dem, was sie sehen, und dem, was sie für möglich halten. Alle Menschen, die sie sehen, nehmen sie als Partnermöglichkeiten wahr. Dabei haben sie keineswegs Schwierigkeiten, zwischen Bild und Wirklichkeit zu unterscheiden. Sie wissen sehr wohl, dass der Mensch, den sie auf einem Zeitungsfoto erblicken, ihnen nicht gegenüber sitzt. Doch sie denken, er könnte ihnen *bald* gegenüber sitzen. Das Bild ist für sie keine Wirklichkeit, aber eine Möglichkeit.

Die Klassenspaltung in jene, die auf Bildern zu sehen sind, und jene, die nicht auf Bildern zu sehen sind, ist aufgehoben. Die Menschen denken: »Jeder kann auf ein Bild gelangen; also kann auch jeder, der auf einem Bild ist, in meine Wirklichkeit gelangen.«

Sie wissen auch, dass der Mensch, der einen Meter entfernt an ihnen vorübergeht, nicht durch *ihr Leben* geht, sondern durch sein eigenes. Doch sie denken, er könnte bald auch durch ihr Leben gehen. Jeder Anblick ist für sie eine Möglichkeit.

Was man sehen kann, kann man also auch sein, haben, tun. Das Sehen überwindet keine Entfernungen mehr, denn es existieren keine Entfernungen mehr. Das Sehen ist zum *Tastsinn* geworden. Es erreicht nur noch Naheliegendes, weil alles nahe liegend ist.

An die Stelle von Romanen, die Vergleichsmöglichkeiten zur eigenen Wirklichkeit boten, sind Medien getreten, die die Menschen umgeben wie eine Landschaft. Allseitig und jederzeit. Die Medien sind die Natur dieser Tage. Die Wälder der freien Menschen sind Zeitungen, ihre Flüsse Fernsehkanäle, die Heimat, die sie durchwandern, das Internet.

Mehrere Stunden täglich Romane zu lesen, galt als Exzess. Mehrere Stunden täglich Zeitung zu lesen und fernzusehen, gilt als gewöhnlich. Die Medien lassen keine Lücke mehr in Zeit und Raum, sie sind *die Wirklichkeit*. Die Unendlichkeit möglicher Partner ist eine Unendlichkeit in den Medien, also der Wirklichkeit.

Die freien Menschen finden sich oft mit einem Berühmten im selben Raum wieder. Es ist eine Nähe wie im Kino, zwischen Sessel und Leinwand. Doch zugleich ist der Andere zum Greifen nah.

Denn die freien Menschen *könnten* ja selbst berühmt werden und morgen den Anderen ansprechen wie einen Freund. Sie greifen nach dem Ruhm wie nach einer Kaffeetasse. Sie können den Berühmten sogar heute schon ansprechen, auch das ist möglich. Sie können ihn heute schon lieben und von ihm geliebt werden. Gewöhnliche Menschen werden jetzt berühmt – und Berühmte sind jetzt gewöhnliche Menschen. Also lieben sie auch gewöhnliche Menschen.

Die Menschen wissen nicht mehr, ob sie einen Berühmten nur sehen oder ihm begegnen, weil sie ihm ja begegnen *könnten*, weil sie selbst berühmt werden könnten, dem Berühmten als Berühmte begegnen.

Ein Mann berichtet einem Freund: »Ich habe neulich diesen Berühmten getroffen, im Café.«

Der Freund staunt. »Ich wusste gar nicht, dass du diesen Berühmten kennst«.

»Ich kenne ihn ja auch nicht.«

»Aber du sagst doch, du hättest ihn getroffen.«

»Ja, gesehen. Getroffen. *Gesehen.*«

Selbst noch dort, wo die Bilder erfunden sind, in der Werbung und im Film, sind sie nur eine Wiederholung der – unendlich gewordenen – Wirklichkeit. Die Massen der Schönen sind ja echt, sie sind überall, auf der Straße, in Diskos und Büros, im Internet. Sie zeigen sich und sind zu haben. Sie sehen aus *wie in der Werbung*, sie sind *schön wie im Film*. Es sind so viele wie in einem Videoclip. Wenn die Menschen der Werbung, dem Film keinen Glauben schenken wollten, dürften sie der Wirklichkeit nicht glauben. Das *Straßenbild* übertrifft jetzt alle Bilder der Werbung, der Kunst. Was die Menschen des achtzehnten, neunzehnten Jahrhunderts den Romanen und Filmen entnahmen, entnehmen die freien Menschen der Realität. Das Sehen wird unendlich, wenn alles Gesehene unendlich und möglich wird.

Die Großstadt war lange ein Ort, wo die Menschen Fremde wahrnahmen, die ihnen fremd bleiben mussten. Das Wesen der Großstadt war die Anonymität. Der Einzelne ging durch die Massen hindurch, als seien diese unsichtbar. Während auf dem Dorf die Begegnung der Menschen unvermeidlich war, war sie in der Großstadt äußerst unwahrscheinlich. Je mehr Menschen an einem Ort waren, umso unwahrscheinlicher war es, dass zwei sich begegneten. Das war das Paradox der Größe.

Jetzt hat die Entwicklung sich verkehrt. Während auch auf dem Dorf die Gemeinschaft in viele Einzelne zerfallen ist, die ihr eigenes Leben leben, kann in der Großstadt aus jedem Fremden in jedem Augenblick ein Vertrauter werden. Unabhängig von Zeit und Ort ist es möglich, dass ein Mensch den anderen anspricht. Diese einfache Tatsache hat alles verändert. Das Wesen der Großstadt ist nun nicht mehr die Anonymität, sondern die allgegenwärtige Möglichkeit der Intimität.

Eine Begegnung ist jederzeit möglich. Die Massen sind nicht mehr unsichtbar. Sie haben Gestalt angenommen. Jeder weiß, dass er hinsehen und angesehen werden kann. Jeder stellt es sich vor. Die Millionenstadt ist plötzlich eine Millionenmöglichkeit.

Aus dem blasierten Großstadtmenschen, der sich auf seinen Wegen durch die Stadt gegen alle Reize abschirmte, ist der erwartungsvolle, dauererregte Mensch geworden, der alle Reize zu verarbeiten versucht, weil er sie für Gelegenheiten hält.

Die alte Agglomeration der Anonymität hatte die Liebe nicht berührt. Die Agglomeration der Intimität untergräbt sie. Die Großstadt findet zu sich selbst. Jahrtausendelang war sie nur die Summe ihrer Teile, bestand aus einzelnen Dörfern, Stämmen, Familien, Paaren und Einsamen, die zueinander nie in Kontakt traten. Nun verschmelzen die einst Isolierten zur Masse, der kritischen Masse der Liebe. Die Teilchen reagieren aufeinander. Die freien Menschen kennen keine Fremden mehr, nur noch Möglichkeiten. Jeder Passant ist für sie eine Chance.

Ein Mann kehrt von einem längeren Aufenthalt im Ausland zurück. Er kehrt zurück in die Stadt, in der er seit zwölf Jahren lebt. Die Frau, die neben ihm am Gepäckband steht, ist ihm schon beim Boarding aufgefallen. Er spricht sie an. Wo sie herkomme? – »Jetzt?«, fragt sie. Ihre Koffer kommen zuerst. Das Gespräch setzt sich fort an der Bushaltestelle, wo sie noch steht, als er aus der Ankunftshalle tritt. Es stellt sich heraus, dass beide im selben Viertel wohnen, sie steigen um in dieselbe U-Bahn. Sie fragt, ob er bei ihr einen Kaffee trinken wolle, bevor er in seine Wohnung geht. Der ältere Herr, der die Frau und den Mann im Treppenhaus begrüßt, fragt: »Wird Ihr Mann jetzt bei Ihnen wohnen?«

Tatsächlich verbringt der Mann, wie man sagt, die Nacht bei der Frau und kehrt erst am nächsten Tag zurück in die eigene Wohnung.

Diese Geschichte handelt eigentlich von etwas anderem. Sie handelt davon, wie der Mann, dem dies passiert ist, die Frauen wahrnimmt. Da er weiß, was passieren kann, nimmt er jede Frau als Möglichkeit wahr, fast so, als besäße er sie bereits. Es will ihm scheinen, als kenne er sie. Er hat Fantasien, wie andere Erinnerungen haben. Genauso deutlich und wirklich. Wenn eine Frau (was vorkommt) unbekümmert ihrer Wege geht, erscheint es ihm, als verlöre er sie, werde von ihr verlassen. Seine Fantasie eilt ihm voraus, vielmehr: die Realität ist seiner Fantasie so oft vorausgeeilt, dass der Unterschied zwischen beiden verschwunden ist. Die Wirklichkeit ist so randvoll mit Möglichkeit, dass sie aus allen Nähten platzt, schon Risse zeigt. Der Mann weiß: Jeden Moment kann das

Gefäß bersten, er vom Schwall einer Möglichkeit fortgetragen werden.

Die Geschichte handelt also eigentlich davon, dass einer, der in einer Wirklichkeit lebt, die vom Möglichkeitsdruck schon ganz auseinander getrieben ist, der Wirklichkeit nicht mehr trauen kann. Der Mann sagt: »Soll ich mein Haus unter einem Damm bauen, von dem ich weiß, dass er alle drei Wochen bricht?«

Lange Zeit war das Erscheinen eines Möglichen, den man meinte, lieben zu können, ein Ereignis. Es ließ sich erinnern und erzählen. Der Mögliche zog seine Bahn am Himmel als seltener Komet; der Schauende ersehnte und fürchtete zugleich den plötzlichen Einschlag. Die Zerstörung der eigenen, kleinen, eben noch unerschütterlich geglaubten Welt wurde schlagartig denkbar.

Ein Mann auf einer Hoteltreppe, eine junge Frau am Strand – sie brachten für einen Moment das Leben ins Wanken. Die Fantasie zauberte ein anderes Leben vor die Augen des Menschen, eine Alternative. Er sah doppelt. Die Wirklichkeit wurde blass und blasser, je mehr die Alternative an Farbe gewann. Plötzlich standen beide gleichrangig nebeneinander, nicht mehr Traum und Wirklichkeit, sondern zwei Möglichkeiten.

Die Vergangenheit, die die eine Möglichkeit der anderen voraus hatte, die Tatsache, dass der Mensch mit dem Einen bereits ein Leben, mit dem Anderen höchstens eine Zukunft hatte (wenn überhaupt), zählte nicht mehr. Die Zukunft bedeutete jetzt alles. Jede Wahl bedeutete jetzt einen Abschied. Jede Wahl hieß, ein Leben zu verlieren, mit diesem, mit jenem.

Früher zog der Komet weiter auf seiner Bahn. Der Träumende erkannte, welche ungeheure Entfernung ihn von diesem Himmlischen, dem Himmelskörper trennte, dass seine Möglichkeit in Wahrheit eine Unmöglichkeit war, jede Spontaneität – ein unpassendes, viel zu junges Wort – ganz undenkbar, also: die Scheidung der Ehe, das Verlassen der Kinder.

Heute ist der Himmel schraffiert von den Schweifen unendlich vieler Kometen. Sie schießen kreuz und quer am Firmament. In der Welt der freien Menschen ist das Erscheinen eines – tatsächlich – Möglichen kein Ereignis mehr. Es geschieht alle Tage, jede Stunde. Auf Hotel- und Rolltreppen, an Ecken und Ampeln, auf dem Weg zur Arbeit. Es ist nicht mehr der Rede wert. Es wird kaum noch erinnert. Das heißt, es wird nicht als einzigartige Chance und Episode erinnert, sondern als Wiederholung, das Übliche.

Aus dem einzelnen Möglichen sind unendlich viele Mögliche geworden, Unendlichkeit; aus dem einzeln Erscheinenden der *Passant*.

Der Passant ist ein Wesen, das sich nur für einen Moment aus der Masse löst und im nächsten wieder in der Masse verschwindet. Die Zeit des Sich-Lösens ist so kurz, dass der Passant in den Augen des Betrachters stets *Masse bleibt*. Er schwebt über der Masse wie die Gischt über dem Meer. Wie die Gischt noch Meer ist, so ist der Passant für die Menschen noch die Masse, die ihn ausgespien hat. Er *ist* alle. Er tritt aus der Masse heraus nur als ihr Symbol – und bevor die Menschen ihn noch für einen Einzelnen halten könnten, ein Individuum, geht er wieder in der Masse auf, taucht unter und vermischt sich. Im Passanten bekommt die Unendlichkeit für Sekunden ein Gesicht, einen Körper.

Der Passant ist ein Wunder. Die Jungfrau Maria mag auf brachliegenden Feldern, in alten Scheunen erscheinen, die

Unendlichkeit erscheint in Einkaufsstraßen und Abflughallen, als Passant.

Ein Mann sagt: »Ich entdeckte, wieder einmal, eines dieser Gesichter von berückender Schönheit, die man im Vorübergehen auf der Straße sieht, aber nie bei Freunden. Ich fragte mich: ›Woher kommen diese Frauen bloß? Wer heiratet sie? Wer kennt sie?‹«

Die Antwort: Niemand kennt sie. Niemand heiratet sie. Sie kommen aus der Masse und verschwinden in ihr.

Angenommen, dieser Blick, der den Passanten hinterher schaut, sei ein ausschließlich männlicher – was wäre dann der weibliche? Er ginge nicht auf das Äußere, sondern auf das Innere. Wäre dieser weibliche Blick also geschützt vor der Unendlichkeit? Nein. Denn die freien Menschen zeigen ja das Innere wie das Äußere. Ihr Inneres ist ein Äußeres. Die Menschen tragen keine Kleider mehr und keine Masken. Auch der weibliche Blick blickt auf einen Boulevard voller Verlockungen. Es sind entblößte Charaktere, Menschen, die Gefühle zeigen. Und der weibliche Blick wendet sich zurück ins *eigene* Innere: Er erinnert sich. Die Passanten, die er sieht, sind Passanten nicht im Raum, sondern in der Zeit. Es sind alle, denen der Mensch mit dem weiblichen Blick begegnet ist, alle, deren Inneres sich einmal geäußert hat. Ist dieser Blick aber noch ein ausschließlich weiblicher? Nein. Tatsächlich sehen die Männer jetzt auch das Innere, die Frauen auch das Äußere, sehen Männer und Frauen die Passanten im Raum, Passanten in der Zeit.

Alle Orte der Stadt werden zu Passantenorten, Passagen. Sie verflüssigen sich. Sie werden Bewegung. Städte sind keine Städte, Arbeitsplätze keine Arbeitsplätze mehr. Die Menschen wissen, dass sie in Bewegung sind, und wenn nicht sie, so genügend andere. Bleiben sie, verschwindet der Ort. Die Bewegung lässt Kulissen zurück. Heimatstädte, in denen keine Heimat mehr ist, Nachbarschaften ohne Nachbarn, Cafés und Kneipen voller Unbekannter. Damit wachsen die Möglichkeiten.

Was ist ein Ort? Das Amtsgericht ist ein Amtsgericht, weil jeden Tag um die gleiche Zeit die gleichen Menschen sich im gleichen Gebäude versammeln, um das »Amtsgericht« zu sein. Erschienen statt der Beamten andere Menschen mit anderen Absichten, würde das Amtsgericht aufhören zu existieren.

Auf einer Wiese im Park einer Großstadt sitzen jeden Tag andere Menschen. Einige sind in der Stadt geboren und leben noch dort, die meisten sind zugezogen aus anderen Städten und anderen Ländern (und viele von ihnen werden bald wieder wegziehen). Auf der Wiese sitzen nun gebürtige Berliner, Hamburger, Kölner; Franzosen, Rumänen, Südafrikaner und Brasilianer. Am nächsten Tag sitzen auf der Wiese Bremer, Ingolstädter, Leipziger (aber kein gebürtiger Berliner) sowie Amerikaner, Italiener und Kongolesen.

An einem Sommertag in einer Großstadt die Wiese eines Parks zu betreten, heißt nun, in die Welt zu ziehen. Die Wiese ist nicht mehr die Wiese, die sie vor hundert Jahren gewesen ist (als das Sitzen auf der Wiese verboten war), sie ist nicht mehr die Wiese, die sie vor fünfzig Jahren gewesen ist (als nur wenige auf der Wiese saßen und die meisten von ihnen in der Stadt geboren waren), und sie ist nicht mehr die Wiese, die sie vor zwanzig Jahren gewesen ist (als fast alle, die auf der Wiese saßen, in Deutschland geboren waren). Die Wiese ist noch immer ein kleines Idyll, mit ihren Platanen und dem künstlichen See in der Mitte. Doch sie wird heute von Menschen durchströmt wie ein internationaler Flughafen. Sie hat, wie zum Schein, ihre klare, rechteckige Form bewahrt, um die noch immer die schmiedeeiserne Einfassung von 1900 läuft. Doch tatsächlich hat die Wiese sich verflüssigt, ist sie Bewegung geworden.

Wer sich auf die Wiese setzt, reist jetzt, ohne sich zu rühren, um die Welt. Und im Gegensatz zum Flughafen, einem der wenigen Orte, an denen das Ansprechen Unbekannter noch nicht üblich (wenn auch zunehmend wahrscheinlich) geworden ist, fühlen alle Menschen, die sich auf die Wiese setzen, in jedem Augenblick die Begegnungsmöglichkeit. Indem sie die Wiese betreten, treten sie ein in die Unendlichkeit. Aus dem städtischen Rasen wachsen die unbegrenzten Möglichkeiten globaler Partnerwahl empor.

Was für öffentliche Wiesen gilt, gilt für alle Orte der Großstadt, der Weltstadt. Aus Stammkundschaft wird Laufkundschaft, aus dem Einwohner der Besucher und Passant. Einige passieren die Stadt binnen weniger Tage, andere brauchen zehn Jahre. Man sieht die Bewegung derer, die zehn Jahre brauchen, vielleicht nicht auf Anhieb, wie man die Bewegung der Schnecke nicht auf Anhieb sieht. Die Langsamen scheinen still zu stehen, Einwohner zu sein. Tatsächlich sind auch sie in Bewegung – Besucher, Passanten.

In der gesamten Stadt herrscht die gleiche Bewegung wie auf der Wiese des Parks. Der vorherrschende Modus ist nicht mehr der des Aufenthalts, sondern der der Passage. Man spürt es an jeder Ecke der Stadt. Man fühlt in jedem Moment den Strömungsdruck, die andauernde Bewegung, wie ein Mensch an den Beinen spürt, dass er nicht in einem See, sondern in einem Fluss steht. Die Menschen umfließen einander, treiben aneinander vorbei; endloser Strom von Menschen, von Möglichkeiten. Die Menschen begegnen im Leben immer mehr Menschen. Der Bekanntenkreis von einst öffnet sich –

auch dieser See wird zum Fluss. Alte Bekannte treiben ab, außer Sicht, neue treiben heran.

Die Gesellschaft hat besondere Strukturen ausgebildet, die die unendliche Auswahl der Partner organisieren und inszenieren. Die Strukturen verwirklichen das Prinzip, das in der Gesellschaft herrscht, im Extrem. Sie machen, was auf Straßen und Wiesen latent vorhanden ist, manifest, zur Hauptsache. Sie tragen es aufs Land, in alle Schichten. Sie wenden die Idee der unbegrenzten Möglichkeiten auf sich selbst an. Sie laufen rund um die Uhr, sind global, kennen keine Grenzen mehr.

Sie machen Suchende zu Süchtigen.

Es sind die Freizeitindustrie, besonders das Nachtleben, die Prostitution, die Pornografie und die professionelle Partnervermittlung.

Sie alle profitieren von einer Metastruktur, deren Wesen und Hauptzweck es ist, unendliche Auswahl zu organisieren und zu inszenieren: vom Internet. Das Internet ist die ideale Technik für die Idee der unbegrenzten Möglichkeiten. Es ist Massenmedium nicht nur, weil es Massen erreicht, sondern vor allem, weil es Massen sichtbar macht, selbst erzeugt. Das Internet vollendet den Übergang von der Epoche der Wahl zur Epoche der Auswahl. Die Suchenden bekommen eine *Suchmaschine*.

Freizeitindustrie und Nachtleben, Prostitution, Pornografie und die Partnervermittlung, die sich über das Internet organisieren und inszenieren, bilden eine neue Industrie. Diese Industrie ist mehr als eine Unterhaltungs- und Vergnügensindustrie, mehr als eine Sexindustrie. Sie ist eine Industrie der Erotik im umfassenden Sinn, eine Industrie der Liebe und der Partnersuche. Zum ersten Mal in der Geschichte wird das gesamte sogenannte Liebesleben des Menschen industrialisiert. Es wird beschleunigt, automatisiert, rationalisiert, standardisiert. Es werden große Stückzahlen geliefert. Es herrscht Massenproduktion, ein hoher Grad an Technisierung. Produziert wird nicht mehr dort, wo die Menschen leben, sondern an entfernten Orten, in den Industriegebieten der Liebe und der Partnersuche. Zum Beispiel in einer *Großraumdiskothek*, auf einer *Ferieninsel*.

Im Nachtleben hat die Unendlichkeit mehrere geschichtliche Voraussetzungen. Die Frauen müssen wie die Männer am Nachtleben teilnehmen; Schwule müssen für Schwule als Schwule erkennbar sein, Lesben für Lesben als Lesben. Die meisten Menschen, die zusammenkommen, müssen sich unbekannt sein.

Das heißt: Es müssen *viele Menschen* am Nachtleben teilhaben; es müssen viele an *einem Ort* sein; die Menschen müssen viele Orte *zur Auswahl* haben, oft den Ort wechseln.

Die Menschen müssen davon ausgehen können, dass ein beliebiger Anderer, den sie im Nachtleben sehen, keinen Partner hat oder trotz einer Partnerschaft offen für etwas Neues ist.

Ein Mann, der sich einer Frau nähert, darf keine Gewalt fürchten von Seiten eines anderen Mannes oder einer Gruppe von Männern.

Die Menschen müssen allein tanzen, nicht mehr in Paaren oder Gruppen.

Die Masse muss sich abwenden von der Bühne, vom Idol, und sich nach innen kehren, hin zu sich selbst. Sie muss sich auflösen in Einzelne, die alle anderen Einzelnen betrachten.

Sexuelle Begegnungen noch in derselben Nacht müssen üblich geworden sein.

Die Menschen müssen davon ausgehen können, *alle* im Nachtleben anzutreffen, nicht nur die, die man mit *dem Nachtleben* verbindet. Sie müssen hoffen dürfen, dort einen Partner zu finden.

Im Nachtleben muss *die Welt* anzutreffen sein, nicht nur Menschen eines Ortes, einer Stadt, die lokale Bevölkerung. Der Ort, an dem das Nachtleben stattfindet, muss selbst global sein, Weltstadt oder (touristisches) Ziel für Menschen aus aller Welt.

Erst wenn alle diese Bedingungen erfüllt sind, wird das Nachtleben zu einer Struktur der Unendlichkeit, die eine unendliche Auswahl von möglichen Partnern organisiert und inszeniert.

Ein Mann sagt: »Immer wieder saß man irgendwo, an irgendeiner Ecke oder Kante, von irgendeiner supersüßen Maus aus München oder sonstwoher umarmt, mit der gemeinsam im Gespräch und in Bewegung – und wenn man aufschaute, eine frische Lunge von Amylnitrit im Hirn, erschüttert und beseelt, die immer noch mehr anderen und schließlich wirklich nicht mehr übersehbar vielen sah ... – man konnte nur den Kopf schütteln, man konnte es nicht fassen.«

Ein Mensch ist nun nicht mehr *das reizendste Schauspiel*, das einer je gesehen hat (wie Lotte es für Werther war), sondern irgendeine supersüße Maus aus München oder sonstwoher. *Der* Andere wird irgendein Anderer, einer von Vielen. Er tritt nicht mehr aus einer Tür, sondern aus einer Masse heraus. An die Stelle des utopischen Ortes, den der Andere symbolisierte, tritt die Ortlosigkeit, Unendlichkeit der Orte, das Sonstwoher.

Dabei ist die Verführerperspektive keine ausschließlich männliche mehr. Im Nachtleben, das Unendlichkeit organisiert, wird auch in den Augen einer Frau der Andere (ob Mann oder Frau) zur supersüßen Maus aus München oder sonstwoher.

Im Nachtleben selbst werden Zeichen der Unendlichkeit gesetzt, Inszenierungen der Unendlichkeit geschaffen. In der *Großraumdiskothek* tanzen Tausende von Menschen auf einer Tanzfläche, gibt es mehrere Tanzflächen. Der Blick fällt stets auf eine Masse – und doch ist diese Masse nie alles. Es gibt immer noch andere Räume, andere Massen, die einer in den Blick nehmen kann. Treppen und Galerien lassen von oben auf die Massen blicken, auf Leinwänden und Fernsehschirmen werden die Massen wiederholt und vervielfacht.

Clubs auf Ferieninseln, auf anderen Kontinenten inszenieren die unbegrenzten Möglichkeiten der Partnerwahl schon mittels ihrer Entfernung vom Wohnort, dadurch, dass Menschen aus vielen Ländern dort anzutreffen sind.

Das *Festival* hat diese Form der Weltversammlung vorweggenommen, ebenso die Ausdehnung des Ereignisses über die Nacht hinaus, auf mehrere Nächte und Tage, die in der Disko als *after hour* oder Drei-Tage-Party wiederkehrt. Der Tag wird zur Nacht, das Nachtleben *zum Alltag*. All das sagt: Du wirst unendlich viele Menschen sehen, sie kommen aus aller Welt, du hast unbegrenzt Zeit, um einen, mehrere zu kontaktieren.

Es ist folgerichtig, dass die Unendlichkeitsinszenierungen ihrerseits wiederum Gegenstand von Berichterstattung werden. Ereignisse und Orte, die von Anfang an *als Bilder* geschaffen wurden, werden als Bilder aufgenommen und vervielfältigt.

Fernsehen und Zeitungen bilden die schon fertigen, inszenierten Bilder aus den Großraumdiskos, von den tanzenden Massen, ein weiteres Mal ab, diesmal für Millionen von Betrachtern. Sie bilden die arrangierten Bilder aus den Clubs der Ferieninseln und auf fernen Kontinenten ein weiteres Mal ab. Sie schicken die Bilder der Massen aus aller Welt *um die Welt*.

Das Nachtleben berichtet über sich selbst. Betreiber von Clubs werben im Internet und in Veranstaltungsmagazinen mit den Bildern der von ihnen erzeugten Massen. Einzelne Schöne werden in der Art der Prominentenberichterstattung abgebildet. Sie sind Symbole der Masse, der unbegrenzten Möglichkeiten.

Clubs, die Inszenierungen aus Prostitution und Pornografie übernehmen, die Gogotänzerinnen und -tänzer anstellen, die die Reizwäsche in der Kleiderordnung vorgeschrieben und den Sex (auf der Tanzfläche) zum Programm erhoben haben, zeigen nur wiederum *als Bild*, was gang und gäbe ist: die Beschleunigung von Sexualität und Partnerwahl bis zur Prostitution auf Gegenseitigkeit. Von den Orten, die die Verbildlichung am weitesten getrieben haben, werden in den Medien die meisten Bilder gezeigt.

Entscheidend ist jedoch nicht, wie viele Menschen alle Möglichkeiten des Nachtlebens realisieren. Entscheidend ist, dass das Nachtleben allen *die Idee* seiner Möglichkeiten implantiert.

Die Menschen müssen am Nachtleben überhaupt nicht teilhaben. Auch die, die es nicht tun, leben *in der Welt des Nachtlebens*. Sie haben das Nachtleben im Kopf. Sie kennen die Bilder. Sie wissen, was andere tun. Sie haben Fantasie.

Prostitution und Pornografie leben seit jeher von der Inszenierung unbegrenzter Möglichkeiten. Freier verlangen eine große Auswahl. Das Wählen ist noch bedeutsamer für die Prostitution als das »Kaufen« des Gewählten. Auch Pornografiekonsumenten sehen nicht einen Film immer wieder, sondern ständig neue Filme, sie wollen immerzu neue Körper sehen.

In der Prostitution folgt die Radikalisierung aus der Verbreitung des Großbordells (analog zur Großraumdisko), dem Sextourismus, der Verbilligung des Fliegens, der Globalisierung und Fluktuation auf dem heimischen Markt sowie im Internet. Wie im gewöhnlichen Nachtleben werden die Möglichkeiten seit einiger Zeit durch Industrialisierung, Konzentration, Mobilität, Tourismus und das Internet gesteigert. Großbordelle wie allein arbeitende Prostituierte präsentieren ihr Angebot im Internet. Der Freier kann sich die Fotos von Prostituierten aus der ganzen Welt ansehen, darunter stehen die »Vorlieben« der Prostituierten und die »Testberichte« ihrer Freier. Auf anderen Seiten tauschen Freier ihre Erfahrungen aus, die sie auf dem weltweiten Prostitutionsmarkt gesammelt haben. Bilder und Berichte an sich sind zu einer neuen Realpornografie geworden. Der Rausch der unbegrenzten Möglichkeiten beginnt zu Hause am Computer.

Dasselbe gilt für die gewöhnliche Pornografie. Im Internet wird die Unendlichkeit, die bereits die Regale der Videotheken versprachen, auf ungekannte Weise Wirklichkeit. In einer Minute sehen die Menschen mehr Körper und mögliche Partner als ihre Vorfahren während eines ganzen Lebens.

Wie am Nachtleben müssen die Menschen an Prostitution und Pornografie nicht direkt teilhaben. Auch die, die nicht zu Prostituierten gehen, leben *in der Welt der Prostitution*. Auch die, die keine Pornografie konsumieren, leben *in der Welt der Pornografie*. Sie kennen die Bilder. Sie haben Fantasie.

Es ist bekannt, wie die Partnersuche im Internet die Unendlichkeit der möglichen Partner organisiert und inszeniert: Die Agenturen für Partnervermittlung vermitteln dem Suchenden heute nicht mehr zwei oder drei mögliche Partner, sondern ein paar Hunderttausend, ein paar Millionen. Die Menschen werden darüber informiert, wie viele Hunderttausend oder Millionen Menschen *jetzt online* und *sofort kontaktierbar* sind, wie viele *Kontakte pro Stunde* augenblicklich zustande kommen, wie viele Tausende von Fotos während der letzten Stunde ins Internet gestellt worden sind.

Die Agenturen gewähren dem Suchenden nun Einblick in ihre gesamte Kartei. Sie verkaufen ihm alle Informationen, die sie haben. Sie haben eine Volkszählung vorgenommen, haben die Bürger im Computer, inklusive privater Fotos und sexueller Vorlieben. Für einen Monatsbeitrag, der dem eines Sportvereins entspricht, kann der Suchende das Volk in Augenschein nehmen, jeden Einzelnen kontaktieren. Die freien Menschen können im ganzen Land suchen, in der ganzen Welt. Jeder kann in dem Land seiner romantischen Projektionen suchen.

Die Masse der Gesuchten ist jetzt also sichtbar geworden – die Masse der Suchenden dagegen unsichtbar. Die Menschen sollen glauben, dass sie *allein* vor dem endlosen Regal mit möglichen Partnern stehen, nicht daran denken, dass sich gleichzeitig Hunderttausende, Millionen Suchende ebenfalls dort befinden und nach jeder Konserve, jedem Kontakt greifen.

Die Fotos zeigen die Menschen auf Partys, im Urlaub, zu Hause. Die Fotografierten blicken dem Betrachter in die Augen. Sie flirten und nehmen verführerische Posen ein. Doch die Fotos sind auch dann sexualisiert, wenn die Fotografierten keine eindeutigen Posen einnehmen. Denn alle Fotografierten bemühen sich, jede Distanz zum Betrachter aufzuheben – anders als in der traditionellen Porträtfotografie, für die die Menschen sich *aufstellten* und *gesellschaftliche* Posen einnahmen. Die Fotografierten im Internet wollen privat erscheinen. Alle Bilder sind Privatbilder.

Früher war der Besitz des privaten Bildes eines anderen Menschen eine Auszeichnung, Besonderheit, Kostbarkeit. Im Internet sind private Bilder dagegen öffentliche Bilder. Für den Betrachter, der die Fotografierten nicht kennt, ist es eine unvermittelte, überwältigende Privatheit, eine schamlose Zusammenhanglosigkeit. Der Abgebildete und der Betrachtende teilen nicht den Zusammenhang einer gemeinsam erlebten Situation, sondern der Abgebildete fällt plötzlich und buchstäblich entkleidet jeder gesellschaftlichen Rolle, wie im Traum, ins Bewusstsein des Betrachtenden. Gelöst aus der wirklichen Situation einer Begegnung – bei der Arbeit, einem Essen bei Freunden – werden die Bilder unmittelbar zum Objekt der Fantasie des Suchenden; eines Menschen, der die Bilder zu Hause, einsam und passiv, durchs Schlüsselloch des Bildschirms betrachtet. Diese Situation ist nun die reale: Der Betrachter, selbst einsam und unbetrachtet, schaut mitten ins Private des Anderen, wird Zeuge eines privaten Augenblicks. So entsteht eine Erotisierung, die der Erotik nicht mehr bedarf. Die Fantasie macht ihre Arbeit.

Während die Suchmaschinen darauf zielen, die *Unendlichkeit* der Möglichkeiten zu inszenieren, zielen die privaten Fotografien darauf, die *absoluten* Möglichkeiten zu inszenieren. Die Fotografien sagen: Nichts steht zwischen mir und dir.

Die Partnersuche im Internet löst, was in der Stadt und im Nachtleben passiert, aus Raum und Zeit. Es wird auch jenseits der Städte möglich, zu jeder Zeit. Die Verflüssigung des Raumes, die in der Stadt zu beobachten ist, wird aufs Land getragen. Die Überschreitung der Nacht, die auch das Nachtleben kennzeichnet, ist noch konsequenter. Die Menschen sehen noch mehr andere Menschen, noch schneller hintereinander.

Erstaunlich ist jedoch nicht, was die Partnersuche im Internet ermöglicht. Erstaunlich ist, dass die Partnersuche im Internet tatsächlich nur die großstädtische, verflüssigte Wirklichkeit wiederholt. Die Unendlichkeit existiert auch ohne Internet. Die Menschen *sind* heute die Möglichkeiten, als die die Fotos sie zeigen. Wer über die Partnersuche im Internet erschrickt, gleicht einem Menschen, der vor einem Bild erschrickt, ohne zu erkennen, dass das Bild *ihn selber* zeigt. (Der Kaiser im Märchen würde über ein Bild erschrecken, das ihn nackt zeigt, da er doch glaubt, Kleider zu tragen.) Die Partnersuche im Internet ist zuerst und vor allem eine gelungene *Abbildung* der Welt der unbegrenzten Möglichkeiten.

Als Bild hat es dann aber wieder seine Wirkung. Denn es implantiert allen die Idee der unbegrenzten Möglichkeiten. Auch wer nicht im Internet nach Sex- und Lebenspartnern sucht, erfährt seine Welt als *die Welt des Internet.* Er kennt die Möglichkeiten. Er weiß, was andere tun. Er hat Fantasie.

Im neunzehnten Jahrhundert veränderte die Dampfmaschine das Leben der Menschen. Die Maschine, die das Leben der freien Menschen verändert hat, ist die *Suchmaschine.* Das Internet, das einen Überfluss an Möglichkeiten zeigt und erzeugt und über Suchmaschinen verfügt, ist Ursache, Instrument und Ergebnis der Suche in einem – eine sich selbst erweiternde Suche.

Die Suchmaschinen des Internet sind jedoch überhaupt nicht jene, die das Leben der Menschen verändern, sie zu freien Menschen machen. Die Suchmaschine, die ähnlich der Dampfmaschine alles verändert, ist die großstädtische, räumlich und moralisch verflüssigte Wirklichkeit selbst. In sie geben sich die Menschen jeden Tag ein, als ihr eigener Suchbegriff. In ihr wirbeln sie täglich herum, gespannt, wie viele Resultate sie an diesem Tag erbringen werden. Die Suchmaschinen des Internet sind also nur Modelle der Wirklichkeit.

Wenn die Menschen ihren eigenen Begriff vom Ersehnten in das Fenster einer Suchmaschine im Internet eingeben, die sie mit der Unendlichkeit verbindet, so ist das nur die symbolische Wiederholung der folgenden, alltäglichen Handlung: Die Menschen treten, als sie selbst, durch ihre Tür und begeben sich in die unendlich gewordene Welt. Das Suchfenster einer Suchmaschine im Internet ist die symbolische Wiederholung einer gewöhnlichen Haustür in der unendlichen Welt.

Nacht- und Freizeitleben, Prostitution und Pornografie sowie die Partnersuche im Internet erzeugen nicht Unendlichkeit, sondern stellen deren Organisation und Inszenierung nur in den Mittelpunkt der Aufmerksamkeit. Es wird dort nur gewerbsmäßig betrieben, was auf der Wiese jedes Parks geschieht. Überall ist Disko. In jedem Büro und jedem U-Bahn-Wagen. Es geschieht überall das Gleiche. Auch auf der Straße sind die Menschen online. Sie brauchen das Internet nicht, um die Unendlichkeit zu sehen. Die Masse bedarf keiner Kabel und Computer. Die Menschen selbst verbinden sich zu einem intimen, weltweiten Netz. Nicht Disko oder Internet sind die Ursache für das Ende der Liebe, sondern eine Welt, die nach dem Prinzip von Disko und Internet strukturiert, genauer: verflüssigt worden ist. In Disko und Internet wird nur aus dem, was ohnehin möglich und wirklich ist, ein Ereignis, ein Geschäft gemacht.

Der Zynismus der Fernsehmacher und Internetdienste, der Gastronomie und Freizeitindustrie besteht also nicht darin, die Wirklichkeit, die gültige Moral zu *überschreiten*, sondern darin, die Wirklichkeit zu kopieren und zum Spiel, zum Schauspiel zu machen. Die verzweifelte Suche nach Ruhm wird von den Medien reinszeniert, zum Spiel und Schauspiel gemacht. Die verzweifelte Suche nach Arbeit, nach einem Job, wird reinszeniert, zum Spiel und Schauspiel gemacht. Das verzweifelte Speeddating *in der Wirklichkeit*, wo die Menschen bei unzähligen Begegnungen tatsächlich nur Minuten haben, um ihre Punkte zu machen, wird zum Geschäft, zum Spiel und Schauspiel gemacht.

Wie Dramen, Romane und Filme handeln die *Reality Shows* von der Realität und erfüllen zugleich alle künstlerischen Forderungen der Verdichtung, Übertreibung und Konsequenz. Wie die Shows, die vom Berühmtwerden handeln, nur eine symbolische Struktur für den allgemeinen Zustand der Arbeit und der Überschreitung des Selbst schaffen, so schafft die Partnersuche im Internet – ähnlich wie ein Kunstwerk es täte – nur eine symbolische Struktur für den *allgemeinen Zustand der Liebe*. Medienkritik griffe zu kurz. Alle Medien liefern hier – wie in ihren Nachrichten – nur ein Abbild der Realität, Modelle der Wirklichkeit. Menschen, die nie solche Sendungen gesehen, nie im Internet nach einem Partner gesucht haben, leben unter dem gleichen Gesetz wie die Showkandidaten, wie die Kunden der Dienste.

Die freien Menschen, die regelmäßig Pornografie konsumieren, sind nicht unzufriedener mit ihren Partnern als Menschen, die keine Pornografie konsumieren. Denn: Die Menschen, die keine Pornografie konsumieren, sind *genauso unzufrieden*. Die möglichen Partner und möglichen Körper, die ihnen jeden Tag die Mode und die Werbung, das Kino und das Straßenbild zeigen – sie reichen als Vergleich. Auch die Menschen, die keine Intensivkonsumenten der Pornografie sind, sind Intensivkonsumenten der Wirklichkeit.

Pornografie ist nur die gewerbliche, industrielle Übertreibung einer Gesellschaft, in der die Unendlichkeit der Partner und die Unendlichkeit der Körper, ihre unendliche Zahl, Perfektion und Selbstübertreibung, allgegenwärtig geworden sind. Die nackte Haut in der Pornografie ist nur die überdeutliche Darstellung der möglichen, immer denkbaren Nacktheit aller in der Wirklichkeit. Accessoires, Reizwäsche und

Schminke, die in der Pornografie sexuelle Verfügbarkeit anzeigen, sind gleichbedeutend der möglichen Verfügbarkeit aller Menschen in der Wirklichkeit. Pornografie zeigt in der Anschaulichkeit und Drastik der Sexualität, was auch für die Liebe gilt: Das Gesetz der großen Zahl, der unbegrenzten Möglichkeiten. Alle Menschen gehen heute nackt durch die Straßen. Alle stehen zur Wahl. Jede U-Bahn-Fahrt ist Pornografiekonsum.

FÜNF

UNBEGRENZTES ICH, ENTTÄUSCHENDES DU

Das fünfte Kapitel: das erzählt, wie die Menschen auf die Unendlichkeit reagieren, nämlich mit einem permanenten Suchen und Wählenwollen; dass aus Hingabe Handeln wird, die Menschen aber mit ihrem Handeln nie zufrieden sein können; dass sie sich jeden, den sie finden, einverleiben – und augenblicklich wieder erbrechen; dass sie also Bulimiker der Liebe sind; dass sie umgekehrt von jedem Anderen gefressen werden, denn jeder Gesuchte ist heute selbst ein Suchender; in dem erklärt wird, warum die Menschen von jedem Anderen, den sie finden, enttäuscht sind; dass die Einzigartigkeit des Anderen, die früher entscheidend für die Liebe war, heute Anlass zur Enttäuschung gibt; dass die Schönheit verschwindet; in dem berichtet wird, dass die Menschen einen feinen Geschmack entwickeln, der grob gegen alles wird, was ihm nicht entspricht; dass sie, weil sie wählen müssen, nach guten Gründen für eine Wahl suchen, sie aber keine Liebe begründen können; dass sie jeden, den sie finden, mit ihrer Erinnerung vergleichen; in dem erklärt wird, warum die Menschen, die endlos suchen, auch von sich selbst permanent enttäuscht sind, dass ihre Suche in Selbsthass kippt; dass die Menschen sich als passiv, ungenügend und narzisstisch erfahren; dass ihre Organe sich unendlich vergrößern; dass ausgerechnet die unbegrenzten Möglichkeiten die Grenze ihres Lebens bilden; in dem von einem Mann erzählt wird, dessen Suche zur Sucht wird, und einer Frau, die sich das Leben nimmt, weil sie nicht mehr suchen will

Jede Suche hat mehrere Voraussetzungen. Sie setzt einen Mangel voraus, dann eine Vorstellung von etwas, das den Mangel beheben wird – ersatzweise einen bewusstlosen Suchinstinkt oder Suchautomatismus –, und schließlich die Fähigkeit, sich selbst zu bewegen und das Gesuchte zu ergreifen, oder – falls das Gesuchte sich bewegt – die Fähigkeit, sich an einen Ort zu bewegen, an dem das Gesuchte vorbeikommt, wahlweise einen geeigneten Standort von Anfang an, wie ihn die Seeanemone in ihrem Riff besitzt.

Die Menschen haben immer gesucht. Es hat ihnen immer an etwas gemangelt. Auch die freien Menschen suchen, weil es ihnen an etwas mangelt – an Arbeit, Zeit, Gesundheit.

Aber sie suchen genauso häufig, weil es *Überfluss* gibt. Sie empfinden einen Mangel angesichts eines Überflusses. Aus der Suche nach Nahrung wird die Suche nach der *besten* Nahrung im Nahrungsüberfluss. Aus der Suche nach einer Wohnung wird die Suche nach der besten Wohnung im Wohnungsüberfluss. Aus der Suche nach einem Gefährten wird die Suche nach dem besten Gefährten im Überfluss möglicher Gefährten.

Eigentlich sollte es einen Überfluss möglicher Gefährten gar nicht geben. Viele mögliche Partner gibt es ja nur für einen, der fast keine Ansprüche hat, also weiß, dass er mit vielen zufrieden wäre. Wer dagegen hohe Ansprüche hat – wie die freien Menschen –, der weiß, dass er nur mit wenigen zufrieden wäre. Wer hohe Ansprüche hat, sollte nicht überall und in jedem Augenblick die Hoffnung haben, seinem Gesuchten zu begegnen. Er sollte sich nicht dauernd auf der Straße umdrehen.

Wie also können die Menschen gleichzeitig die höchsten Ansprüche und die größte Hoffnung haben? Sie können es nur dann, wenn sie die Menge der möglichen Partner als unendlich erfahren. Nur dann ist auch das Seltene häufig – unendlich häufig. Die freien Menschen suchen nach einer häufigen Seltenheit.

Die Menschen suchen jetzt auch nach der *besten Suche* – im Überfluss der Suchmethoden, Suchagenturen, Suchmaschinen. Die freien Menschen fragen sich ständig: »Suche ich richtig? Kann ich meine Suche verbessern?« Das heißt: »Habe ich richtig nach der richtigen Suche gesucht? Kann ich meine Suche nach der besten Suche noch verbessern? Sollte ich eine andere Methode wählen, eine andere Maschine?«

Die freien Menschen suchen permanent nach Fehlern ihrer Suche, also *Fehlern ihres Selbst,* dessen vorrangige Eigenschaft das – geleistete oder unterlassene, gemeisterte oder verfehlte – Suchen ist.

Sie begreifen sich selbst als – funktionierende oder defekte – Suchmaschinen. Sie sagen: »Ich bin depressiv, ich kann im Augenblick nicht suchen. Kein neues Projekt, keinen Sinn, keinen Partner. Ich bin ein schlechter Suchender. Andere finden immer mehr als ich.«

Die Suche der Menschen führt heute von der Weite in die Enge. Sie soll vom Überfluss zum Besten führen, zu etwas Festem. Einst führte die Suche vor allem von der Enge in die Weite. Die Enge, das waren Heimat, Eltern, die Moral, das Denken der Zeit. Die Weite, das waren die Welt, die Kunst, fremde, neue Menschen, die Freiheit, das eigene Denken. Natürlich gibt es diese Suche noch immer. Doch die freien Menschen existieren in der Weite von Anfang an, in der Fremde, in der Freiheit, mit den unbegrenzten Möglichkeiten. Die tatsächlich *individuelle* Suche führt also in die Gegenrichtung.

Früher wollten die Menschen mit der Suche aus ihrem Alltag herausfinden. Die Suche war ein Zweck an sich, eine Existenzform, ein Ausdruck des Lebendigen.

Die freien Menschen dagegen wollen mit der Suche vor allem *in einen Alltag* hineinfinden. In welchen? Das ist Gegenstand der Suche. Die Menschen wollen mit der Suche aus der Suche herausfinden.

Früher wollten die Menschen nur der Endlichkeit ihres Lebens entkommen, der Wiederholung ihres Lebens, der *Enge ihrer Existenz.* Sie suchten eine Unendlichkeit von Erfahrungen.

Auch die freien Menschen suchen noch und mehr denn je eine Unendlichkeit von Erfahrungen. Doch sie wollen zugleich der Unendlichkeit entkommen, der Weite ihrer Existenz. Sie ersehnen eine Endlichkeit der Erfahrung, Schutz gegen das Unbegrenzte. Sie wollen dem Überfluss der Möglichkeiten entgehen – indem sie eine Möglichkeit finden, die *alle anderen* in sich birgt und übertrifft.

Dieser Weg von der Weite in die Enge, vom Überfluss zum Besten, ist ein Weg von der Öffentlichkeit ins Private. Früher überwanden die Suchenden die enge Privatsphäre und brachen auf ins Öffentliche, in die Gesellschaft. Die freien Menschen aber haben keine Privatsphäre mehr von Anfang an. Im Gegenteil, ihre Suche ist darauf gerichtet, diese erst zu schaffen. Die Menschen sind zu einem Leben ausschließlich in der Öffentlichkeit, in der Gesellschaft verdammt. Besonders jene, die in Einsamkeit leben, leben in der Öffentlichkeit. Die Menschen haben nicht einfach ein enges Verhältnis zu ihrer Familie; es sei denn, sie schaffen es – immer wieder. Sie haben keine Freunde seit Kindertagen; sie müssen sich Fremde zu Freunden machen – immer wieder. Sie leben nicht notwendig in einer Partnerschaft; sie suchen einen Partner – immer wieder.

Die Menschen haben auch kein privates Denken mehr von Anfang an. Sie denken von der Welt und sich selbst in einer ausschließlich öffentlichen Weise. Sie bemessen ihren Wert für andere ausschließlich nach ihren Leistungen, ihren messbaren, sichtbaren Qualitäten, nach ihrem Erfolg, ihrer Schönheit. Sie denken permanent über ihre Kleidung nach. Sie fragen sich ständig, was sie vorzuweisen haben. Was ist meine Tagesbilanz, meine Jahresbilanz, meine Lebensbilanz?

Die Privatsphäre war für den Menschen dasselbe wie die Stratosphäre für die Erde. Sie schützte vor den Strahlen, die – ungefiltert – tödlich sind, den Strahlen der Sonne, der Gesellschaft.

Die freien Menschen beurteilen sich selbst ausschließlich nach öffentlichen Maßstäben, denn da ist niemand, der sie privat beurteilt; ihre privaten Beziehungen sind noch unsicherer als ihr Arbeitsplatz. Das Private ist jetzt eine Weite, Leere. Der einzige feste Partner der freien Menschen ist ihr Chef, ihr Arbeitgeber – wenn überhaupt.

Das Private wurde nicht aufgelöst von einem totalitären Staat, sondern von einer totalen Freiheit, in der das Private nie gegeben, immer nur ein Ziel sein kann – und ewig bleiben muss.

Die freien Menschen könnten nur dann eine Privatsphäre erschaffen, wenn sie sich für irgendetwas *unwiderruflich entscheiden* könnten: wenn sie sich für eine Stadt, ein Land, Freunde, die Eltern, einen Partner unwiderruflich entscheiden könnten.

Menschen, die sich nicht entscheiden können, die ihre Entscheidungen permanent in Frage stellen, haben keine Privatsphäre. Wer im Unentschiedenen bleibt, bleibt im Öffentlichen. Der entscheidungsunfähige Mensch ist der öffentliche Mensch.

In seinen Träumen irrt er allein durch fremde Städte. Er wird von Unbekannten ausgelacht und misshandelt. Die freien Menschen sind Obdachlose. Sie leben, wie einst nur die Stars, ausschließlich in der Öffentlichkeit. Sie sind dem Druck der Gesellschaft immer und unmittelbar ausgeliefert, nicht mehr den alten gesellschaftlichen Zwängen, sondern den sogenannten »eigenen« Leistungsmöglichkeiten und Verantwortlichkeiten, das heißt: der Last der Freiheit, der Sehnsucht und Scham.

Die Unendlichkeit kennt keine Gewinner, nur Verlierer. Auch die sogenannten Gewinner bekommen ja nicht, was sie ersehnen. Auch die Gewinner können ihr Gewolltes nicht in der Wirklichkeit besitzen, genauso wenig wie die Verlierer. Diese besitzen die Unendlichkeit so wenig wie jene. Auch die Gewinner gucken permanent den unendlich vielen möglichen Lebens- und Sexualpartnern nach. Auch sie sind Voyeure, traurige Zaungäste der Unendlichkeit. Ja, sie glotzen und schmachten sogar noch mehr, denn sie rechnen sich Chancen aus.

Nur eines ist schlimmer, als hässlich zu sein – gut auszusehen, also Chancen zu haben. Nur eines ist schlimmer als uninteressant zu sein – interessant zu sein. Nur eines ist schlimmer, als keine Chance zu haben – alle Chancen zu haben.

Die sogenannten Verlierer haben aber ebenfalls nicht das Glück, ihre Illusionen zu verlieren. Zum einen fantasieren sie von der Unendlichkeit möglicher Partner genau wie die sogenannten Gewinner. Sie wählen zwar nur mit den Augen, im Geiste, aber mit den Augen, im Geiste, weisen sie jede Wahl zurück, die ihnen nicht als die bestmögliche erscheint. Je tiefer ihre Selbstachtung gesunken ist, umso wählerischer sind sie; je wählerischer sie werden, desto häufiger werden sie erniedrigt, da sie nicht bekommen, was sie gewählt haben.

Wie die Gewinner leiden sie jedoch auch an ihrer Hoffnung. Zu viele Menschen sind in Bewegung, um noch an begrenzte Möglichkeiten zu glauben. Jeder kann sich sagen: Einmal kommt einer, der allen Idealen entspricht, der mich begehrt, liebt, obwohl ich selbst nicht allen Idealen entspreche. Unbegrenzte Möglichkeiten heißt: Jeder meint, finden zu können, wenn er nur lang genug sucht, lang genug an sich selbst – als dem Instrument seiner Suche – arbeitet.

Ein Mann mittleren Alters, geschieden, drei Kinder, sagt über seine Partnersuche im Internet: »Ich bezeichne meine Erfahrung mit der Partnersuche im Internet als negativ, weil ich gemerkt habe, dass ich in eine Situation reinschlitterte, wo ich total darauf abgefahren bin und ein Suchtverhalten entwickelt habe; ich konnte nicht mehr gut schlafen, dermaßen war ich aufs Suchen fixiert. Stets war ich in der Freizeit im Netz (während der Arbeit kann ich mir das nicht leisten!); ich bin jeweils nach Hause gekommen, habe sofort den PC eingeschaltet, dann wieder was anderes gemacht, zurück zum PC, immer wieder ging ich im Netz schauen. Wenn ich nicht schauen konnte, weil der Sohn zu Hause war, fühlte ich mich leer und auch lustlos. Ich wusste nicht, was machen, die Zeit ist nicht schnell vergangen. Ich hatte weniger Appetit, ich hatte keine Lust auszugehen. Lesen, Musik hören habe ich massiv reduziert auf Grund dieses Triebs, ins Internet zu gehen. Ich habe auch Schlafstörungen entwickelt, am Morgen bin ich sehr früh aufgewacht, habe sofort ins Internet geschaut, ob eine Reaktion gekommen ist, die mich anspricht, das hat meine Lebensqualität massiv eingeschränkt. Ich bin in eine Hektik hineingekommen – was ist jetzt, was finde ich ...? Das Suchen löste eine enorme Unruhe aus, der ich mit noch mehr Suchen begegnete, und wenn Du schließlich eine Antwort hast, bist Du einen Moment lang befriedigt, dann ist es aber gleich wieder vorbei, und es kommt das nächste Suchen ... Eigentlich müsste das bereits Gefundene Dich so erfüllen, dass Du sagst: ›Das ist mein Partner! Nun ist's fertig, Austritt.‹ Ich wundere mich, wie viele so zufrieden sind, dass sie aussteigen, verglichen mit denjenigen, die immer weiter suchen. Der eine Kollege, den ich gefunden habe, ist auch wahnsinnig viel im Internet, am Suchen. Zwei-, dreimal pro Tag.«

Sucht ist eine Methode, etwas *so intensiv wie möglich* zu tun. Sucht dient der Steigerung, der Effizienz. Keiner arbeitet so viel wie der Arbeitssüchtige. Keiner sucht so flächendeckend wie der, dessen Suche zur Sucht erweitert und entgrenzt ist. Indem die Menschen einen zu Liebenden systematisch suchen, sie ihre Auswahl immer wieder durch Entwicklung überschreiten, ihre Suche als Sucht maximieren, machen sie aus Hingabe Handeln.

Sich zu verlieben war einst eine Hingabe an einen plötzlich Erscheinenden, eine höhere Kraft, Ausdruck einer schicksalhaften Begegnung, einer sogenannten Seelenverwandtschaft. Jetzt wird es zu einer Frage des Handelns, der Selbstbeherrschung. Der Partner, der die eigenen Möglichkeiten, die Unendlichkeit nicht symbolisiert, wird zum Zeichen des persönlichen Versagens, zu einem Gegenstand von Scham. Die Menschen trennen sich, weil sie meinen, etwas Besseres finden zu können, das heißt: *besser handeln zu müssen.* Sogar die Sucht, also der totale Verlust der Selbstkontrolle, ist tatsächlich die größte Selbstbeherrschung: die Ausrichtung des eigenen Handelns auf die totale Suche.

Die Menschen, die nicht mehr an die Hingabe, sondern an das Handeln glauben, misstrauen naturgemäß dem Zufall. Warum sollte das Beste zufällig geschehen? Tatsächlich wird so der Zufall gar nicht mehr als Zufall gedeutet, sondern als Folge einer Unterlassung, als persönliche Verfehlung. Die freien Menschen sagen: »Mein Leben beruht nur deshalb auf einem Zufall, weil ich *nichts getan* habe, mein Tun ein Nichts-Tun war. Hätte ich das Richtige getan, würde ich dem Zufall entkommen sein. Hätte ich richtig gesucht, würde mein Partner ein anderer sein.«

Wenn aus Hingabe Handeln wird, wird jeder gefundene Andere zu einer Eigenschaft des Selbst. Die Menschen sagen: »Dieser Partner ist ein beschämendes Resultat meines Handelns, meines Selbst.«

Man hat die Idee der Seelenverwandtschaft für eine Idee der Verschmelzung gehalten, die keine Distanz zwischen den Liebenden erlaubt. Tatsächlich jedoch lässt die Seelenverwandtschaft, wie jede Verwandtschaft, eine Distanz zu, sie setzt sie sogar voraus. Sie staunt über die innere Verwandtschaft zweier *in der Welt doch getrennt Existierender.*

Wenn dagegen der Andere zur Eigenschaft des Selbst wird, darf er unter Umständen zwar andere Leidenschaften, eine andere Persönlichkeit haben. Doch er wird tatsächlich *zu einem Teil* des Menschen.

Seelenverwandtschaft, das heißt: Gleichheit im Entfernten sehen. Der Andere als Eigenschaft des Selbst heißt: Das Entfernte fressen.

Das Selbst verträgt aber *überhaupt keinen Anderen*, den es als Eigenschaft zu sich nimmt. Es kann die Gesellschaft eines Anderen ertragen, doch der Verzehr eines Anderen führt stets zum Erbrechen. Denn das Selbst will sich selbst als unbegrenzt verstehen, als Selbst ohne Eigenschaften.

Kriterien für Bulimia Nervosa sind: Andauernde Beschäftigung mit Essen, unwiderstehliche Gier nach Nahrungsmitteln; Essattacken, bei denen in kurzer Zeit sehr große Mengen an Nahrung konsumiert werden; der Versuch, dem dickmachenden Effekt von Nahrungsmitteln entgegenzusteuern, durch selbst herbeigeführtes Erbrechen, Missbrauch von Abführmitteln, zeitweilige Hungerperioden, Einnahme von Appetitzüglern; die krankhafte Furcht, dick zu werden.

Die freien Menschen werden zu Bulimikern der Liebe. Menschen, die suchen und wählen müssen, müssen *sich selbst* wählen. Denn jede Wahl sagt in ihren Augen und in den vorgestellten Augen der Anderen etwas über sie aus. Jede Wahl wirft die Menschen zurück auf sich selbst. Sie beginnen also, über sich nachzudenken. »Was will ich? Also: Wer bin ich?«

Aus jedem »Jetzt wähle ich« wird also »Jetzt wähle *ich*«, also »Jetzt wähle ich *mich*«. Da die freien Menschen alles, was sie umgibt – Stadt, Land, Wohnung, Einrichtung, Kleidung, Beruf, Freunde und Lebensgefährten –, gewählt haben müssen, wird alles, was sie umgibt, zu einem Teil ihrer selbst, ihres Körpers.

Wenn die freien Menschen auf etwas zeigen, dann zeigen sie auf sich selbst. Sie sagen: »Das ist *meine* Stadt, *meine* Wohnung.« Tatsächlich gehören die Stadt, die Wohnung sogar noch mehr zu ihnen als ihre Arme und Beine, denn die haben sie ja nicht gewählt – oder doch: beim Sport, durch Diät, durch Unterlassung von Sport, Unterlassung von Diät.

Je weiter die freien Menschen sich in die Ferne bewegen, desto näher kommen sie sich selbst. Nichts ist so sehr ihr Eigenes wie die Fremde, denn es ist eine Fremde, die sie gewählt haben. Sie zeigen aus dem Auto auf die Berge, auf das Meer – es sind *ihre* Berge, *ihr* Meer. Spanien ist *ihr* Spanien, New York *ihr* New York.

So wird auch der Andere, der Lebensgefährte, zu einem Teil ihrer selbst. Der andere Körper ist *mein anderer Körper*. Die Menschen schämen sich für den anderen Körper wie für den eigenen – denn er ist ja jetzt ihr eigener.

Die freien Menschen haben Übergewicht. Denn sie nehmen um alles Gewählte, jeden Gewählten zu. Sie verabscheuen das. Sie sagen: »Das ist nicht mehr meine Stadt, meine Musik! Das ist nicht meine Kunst! Das sind nicht meine Menschen.« Die freien Menschen ekeln sich vor einer Welt, die ihr Körper ist.

Also hungern sie. Sie wollen nichts mehr zu sich nehmen, niemanden mehr zu sich nehmen. Idealerweise müssten sie, bevor sie einen Anderen wählen, bereits sich selbst gewählt haben. Tatsächlich aber wählen sie immer zuerst einen Anderen und dann sich selbst *im Gegensatz* zu dem Anderen, über den Anderen hinaus. Sie wählen sich selbst von Trennung zu Trennung, präzisieren sich von Trennung zu Trennung.

Die freien Menschen sind Bulimiker der Liebe, der Städte und Länder, der Berufe, Kleider und Freunde. Sie stopfen alles in sich hinein, würgen es hinunter und – bevor es zu ihrem Körper werden kann – erbrechen sie es wieder. Sie verschlingen New York und erbrechen es. Sie verschlingen einen Menschen und erbrechen ihn. So bleiben sie dünn. So können sie immer weiter essen, immer mehr, alle Möglichkeiten nutzen.

Die unendliche Freiheit führt in eine existenzielle Ess- und Brechsucht. Die Menschen beschäftigen sich andauernd mit der Partnersuche. Sie denken an nichts anderes. Sie empfinden eine unmenschliche Gier. Bei Kontakt kommt es schlagartig zur Einverleibung. Danach wird der Partner erbrochen, der Kontakt abgebrochen. Die krankhafte Furcht, durch einen Menschen zuzunehmen, ihn bald zum Körper zu haben, ist beruhigt. Es folgt eine Zeit der Enthaltsamkeit, der gewählten Einsamkeit. Dann beginnt alles von vorn.

Man stelle sich vor!

Ein Mann steigt aus dem Auto und zeigt auf einen Berg. Er sagt zu seinem Beifahrer, der im Wagen geblieben ist: »Sieh nur, wie schön! Das bin ich!« Der Beifahrer stutzt. »Du? Der Berg?« Darauf sagt der Mann: »Ja, ich, der Berg. *Ich* habe den Berg im Internet gefunden. *Ich* habe die Reise gewählt unter vielen. *Ich* habe das Auto gefahren. Unser Horizont ist meine Silhouette.«

Darauf sagt der Beifahrer: »Dann verstehe ich, warum es dir zu Hause oft so schlecht geht. Du hast auch die Stadt, in der du lebst, unter vielen gewählt, und auch die Menschen, mit denen du lebst. Dir kommt alles so nahe, dass du nur das Fernste verträgst.«

Die freien Menschen fressen aber nicht nur den Anderen, sondern werden auch vom Anderen gefressen. Denn sie finden keine Gesuchten mehr, sondern nur noch Suchende. Der alte Verführer wusste noch, dass *er* der Suchende war, die Frau die Gesuchte. Jetzt aber suchen auch die Frauen, suchen alle. Kein Mensch weiß mehr, ob er gefunden hat oder *gefunden worden* ist. Ob er gewählt hat oder *gewählt worden* ist.

Die freien Menschen wollen aber nicht gefunden, nicht gewählt werden. Sie wollen aber auch keinen gefunden haben, der nur von ihnen gefunden worden ist. Sie wollen keine unselbständigen, passiven (»weiblichen«), sondern freie Menschen lieben. Andererseits wollen sie nicht von freien Menschen geliebt, also gewählt werden.

Das ist das Paradox der absoluten Möglichkeiten: Sie kommen auf die Menschen zu und nehmen ihnen damit die Freiheit, die sie eigentlich bedeuten sollen. Einst haben die Menschen ihre Freiheit gegen Widerstände durchsetzen müssen. Sie mussten die Gunst des Anderen und seiner Familie erringen, Gelegenheiten finden, dem Anderen zu begegnen, mit ihm allein zu sein. Das alles konnte ein Jahr dauern oder mehr. Der Werbende spürte seine Freiheit gerade im Kampf mit der Ordnung, die den Umworbenen vor ihm verschloss.

Absolute Möglichkeiten dagegen sind überwältigend. Die freien Menschen treffen auf keinen Widerstand mehr, nur noch auf Entgegenkommen. Die Türen, die sie öffnen wollen, öffnen sich von selbst, unter ihnen. Es sind Falltüren. Also erfahren sie sich nicht als Freie, sondern als Gefallene, Überwältigte. Sie gehen sofort Beziehungen ein, haben sofort Sex. Sie geben ihrem Begehren nach und fühlen sich anschließend: *nachgiebig*. Der Verführer ist nun der Verführte.

Seine Möglichkeiten sind zum Leben erwacht. Einst hatte er es mit quasi toten, unbeweglichen Objekten zu tun, die irgendwo darauf warteten, von einem lebendigen Wesen in die Hand genommen und benutzt zu werden. Die freien Menschen dagegen werden selbst in die Hand genommen und benutzt. Ihre Möglichkeiten haben eigene Träume und Pläne, in denen die Menschen sich plötzlich wiederfinden. Sie werden von ihren Möglichkeiten *zur Möglichkeit gemacht*.

Also erscheint den Menschen nichts dringlicher, als sich aus dem Fischbauch des Gewählt- und Gefundenwordenseins wieder zu befreien, aus den fremden Träumen und Plänen. Die freien Menschen müssen sich aus dem Körper des Anderen befreien (und sei es mit dem Messer), wie sie den Anderen augenblicklich aus *ihrem* Körper entfernen müssen – durch Erbrechen.

Da jeder Gesuchte selbst ein Suchender ist, fragen die Menschen sich permanent: »Bin ich gut genug, um von meinen Gesuchten auch gefunden zu werden?« So entsteht aus der Suche der Wunsch nach Selbstverbesserung – also der Selbsthass. Denn wenn der Gesuchte *der Beste* ist, ein Unendlicher, so müssten auch die freien Menschen selbst die Besten sein, Unendliche. Die Menschen werden selbst *zum Instrument* ihrer Suche – und sind also mit sich selbst nie zufrieden.

Der Heilige Gral ist nun nicht mehr das Ziel, sondern Mittel der Suche: eine Schönheit, eine Fitness, Erfolge, eine Berühmtheit, Wissen und Bildung, eine reife Persönlichkeit – die die Menschen sich noch *erarbeiten* müssen. Dann, so ihre Hoffnung, werde das Finden, also *Gefundenwerden*, sich von allein ergeben.

Derselbe Prozess, der die Auswahl endlos verbessern soll, führt also notwendig zu einer endlosen Verschlechterung der Selbstbewertung, zum Selbsthass. Die Unendlichkeit der möglichen Partner ist den Menschen nicht unmittelbar zugänglich, sondern wirft, wie das verspiegelte Fenster einer Limousine, den Blick zurück auf den Betrachter. Die Benutzeroberfläche der Unendlichkeit ist ein Spiegel – in dem die Menschen sehen, wie klein sie sind.

Zugleich sehen sie, *dass* sie in den Spiegel sehen. Also werfen sich die Menschen, deren Partnersuche zu einem Wunsch permanenter Selbstverbesserung führt – einem permanenten Blick in den Spiegel –, *Narzissmus* vor. Sie sagen: »Ich beschäftige mich dauernd mit mir selbst. Ich bin narzisstisch. Meine erste, wichtigste Selbstverbesserung muss sein, dass ich meinen Narzissmus überwinde. Ich hasse mich selbst für meinen Narzissmus.«

So führt das Bewusstsein davon, sich selbst verbessern zu wollen, zu einer weiteren Verschlechterung der Selbstbewertung.

Eine weitere Erniedrigung, die in den Selbsthass führt, besteht darin, dass die Unendlichkeit die Menschen *passiv* macht. Die freien Menschen können nicht mehr in die Welt ziehen, um ihre Liebesmöglichkeiten zu erfahren, denn die Möglichkeiten ziehen ja an ihnen vorbei: auf der Straße, in der unendlichen Stadt, in den Industriegebieten der Liebe. Die

Welt durchströmt jeden Ort, an dem sie sind. Also wird ihre Suche von einer Aktivität zu einer Passivität. Lange bevor die Menschen von einer Möglichkeit, einem Partner, zum Objekt gemacht, überwältigt und gefressen werden, werden sie von der Unendlichkeit möglicher Partner zum Objekt gemacht, zu einem Passiven, der immer nur hoffen und abwarten kann.

Selbst wenn die Menschen – wie so oft – den Ort wechseln, wenn sie reisen, von einer Stadt in die andere ziehen, von einer Bar in die nächste, bewegen sie sich nicht mehr von A nach B, sondern bleiben immer im großen A, in der verflüssigten Welt, der Unendlichkeit. Alle ihre Bewegungen sind Pseudo-Bewegungen.

Im Zeitalter der totalen Mobilität wird jede Bewegung unmöglich. Unmöglich wird die Bewegung des Einzelnen, wo *alle* sich bewegen. Wo alle kreisen, treiben, passieren, kann der Einzelne keine große, entschlossene Bewegung mehr machen, auf ein Ziel hin. Denn sein Ziel – die Masse der möglichen Partner – bewegt sich, es hat sich aufgelöst in unendlich viele Teile, ist flüssig geworden, umgibt ihn von allen Seiten. Das Ziel ist immer schon da, wo der Mensch ist.

Die Menschen sitzen also, warten und hoffen auf den Gesuchten. Sie sitzen an ihren Hoffnungsorten, vor ihren Hoffnungsgeräten. Sie sitzen im Café und schauen in den Strom der Passanten. Sie sitzen im Büro und blicken in den Strom der Kollegen. Sie sitzen am Rand einer Tanzfläche und blicken in die Masse der Tanzenden. Sie sitzen vor dem Computer, blicken auf die Masse der Profile. Wenn die Welt beweglich wird, wird jeder Ort zum Wegesrand, an dem die Menschen nur noch sitzen und abwarten können. So lange wie möglich. Wer sich bewegt, hat Angst, *zu früh gegangen* zu sein. Wer sich ausloggt, hat Angst, sich *zu früh ausgeloggt* zu haben. Die freien Menschen dürfen sich nicht mehr vom Platz rühren. Sie müssen abwarten. Sie sind gefangen an ihren Hoffnungsorten, gekettet an ihre Hoffnungsgeräte.

Die freien Menschen sind von Anfang an allem Tätigsein beraubt, in den Ruhestand versetzt von einer beweglichen, verflüssigten Welt. Wie der Greis dem Treiben der Jungen zuschauen muss, so müssen die freien Menschen dem Treiben der Welt zuschauen. Die Welt der unendlichen Möglichkeiten gleicht der Terrasse eines Altenheims. Der Blick ist fantastisch, aber die Beine versagen. Die freien Menschen können unendlich viel sehen, aber sie müssen sitzen bleiben.

Zwei Menschen sitzen in einem Internetcafé. Auf dem Schirm vor ihnen ist der Spruch einer Webseite zu lesen: »Speeddating vom Sofa aus erleben!« Tatsächlich sitzen die beiden auf einem Sofa, das Café ist eingerichtet wie ein Wohnzimmer. Nach einer Weile sagt einer der beiden: »Komm, wir gehen!«

Darauf der Andere: »Wir können nicht.«

Der Eine: »Warum nicht?«

Der Andere: »Wir sollten noch abwarten. Vielleicht ergibt sich noch etwas.«

Die Menschen, die die Liebe als Ergebnis ihres Handelns erfahren wollen, ihres Suchens und Wählens, ihrer Selbstentwicklung und Selbstrealisierung – sie sind bitter, weil sie jeden möglichen Partner nur als willkürlichen Endpunkt eines passiven Wartens erfahren. Einst warteten die Menschen auf den Erlöser – die freien Menschen aber wollen nicht mehr warten, sondern handeln; und doch sind sie zum Warten verdammt. Also erscheint ihnen jeder Partner als Ausdruck ihrer Passivität. Sie sagen: »Ich saß da, und plötzlich kam dieser Mensch vorbei, er trat aus den strömenden Massen hervor.« Der Andere ist tatsächlich niemals ein Gesuchter und Gefundener, sondern immer ein plötzlich Angeschwemmter. Wenn Godot plötzlich erscheint, wird er mit der Wut jener empfangen, die zu ewigem Warten verurteilt waren.

Die Liebessuchenden werden also zu Süchtigen, deren Verlangen sich nicht mehr auf die möglichen Partner richtet, sondern auf die Suche selbst; sie werden zu Tatmenschen, die zur Passivität verdammt sind; sie glauben, sich selbst – als Instrumente ihrer Suche – permanent verbessern zu müssen, und sie hassen sich selbst dafür; sie verleiben sich jeden Anderen ein und erbrechen ihn wieder; sie fühlen sich von jedem Anderen verschlungen und schlitzen ihm den Fischbauch auf. Die freien Menschen, die durch ihre Suche ihre Welt verändern wollen, werden *vor allem selbst* durch ihre Suche verändert.

Die Menschen, die fortwährend einer Unendlichkeit von Möglichkeiten ausgesetzt sind, verändern sich mit der Zeit – wie Menschen, die fortwährend der Schwerelosigkeit des Weltalls oder dem Alkohol ausgesetzt sind. Die freien Menschen existieren in der Unendlichkeit wie Astronauten in der Schwerelosigkeit, sie konsumieren permanent Unendlichkeit, wie Alkoholiker permanent Alkohol konsumieren.

Die Organe der freien Menschen verändern sich. Manche wachsen auf groteske Weise, andere verkümmern, bilden sich zurück.

Das Gehirn wächst und schwillt an – von immer neuen, zu keinem Abschluss gelangenden Entscheidungsprozessen, einer permanenten Reflexion, einem permanenten Fantasieren. Die Augen treten hervor, wie gigantische Suchscheinwerfer – in einem ansonsten ausdruckslosen Gesicht. Es kommt zu einer Hypertrophie der Genitalien – die freien Menschen suchen nicht zuletzt mit ihren Geschlechtsorganen. Auch Vergangenheit und Zukunft sind menschliche

Organe. Sie liegen nicht außerhalb des Menschen, sondern sind ein Inneres – Erinnerung, Hoffnung. Das Erinnerungsorgan und das Hoffungsorgan der Menschen schwellen auf eine furchtbare Weise an. Der tägliche, pausenlose Konsum von unendlichen Möglichkeiten führt zur einer furchtbaren Vergrößerung des Erinnerungsorgans, einer furchtbaren Vergrößerung des Hoffnungsorgans. Das Herz hat kaum noch Platz zum Schlagen. Das Herz vergrößert sich nicht, es bildet sich zurück. Nur noch ein schwaches Tuckern ist vernehmbar zwischen dem Pumpen des Erinnerungsorgans und dem Pumpen des Hoffnungsorgans. Der Körper: Physis eines immerzu Sitzenden, Wartenden. Krummer Rücken, lahme Beine. Die stete Anspannung der Nerven signalisiert Jugend, die Körperhaltung dagegen einen beschleunigten Alterungsprozess. Alles, was der Wahrnehmung und dem Denken dient: zu groß. Alles, was der Bewegung und dem Handeln dient: zu klein, verkümmert. Hypertrophie aller Geistes-, Seelen- und Sinnesfunktionen, Rückbildung aller lebenspraktischen Funktionen. Erscheinungsbild von seit langem Gefangenen.

So also verändern sich die Menschen selbst. Wie aber verändert sich die Wahrnehmung der *Anderen*, der möglichen Partner?

Jeder Andere wird wahrgenommen als enttäuschend *einzigartig*. Die Einzigartigkeit, die im Großen verschwunden ist (da aus jeder Schönheit eine Dutzendschönheit, jedem Leben ein Dutzendleben, jedem Trauma ein Dutzendtrauma geworden ist) – sie kehrt im Kleinen wieder. Die Menschen entwickeln eine Über-Empfindlichkeit ausgerechnet gegen das, was den Anderen ausmacht, ihn unterscheidet von der Masse. Das, was ihn unverwechselbar macht, macht die Menschen rasend: ein Leberfleck, seine Lieblingskleider, sein *sonderbarer* Körper, seine *sonderbare* Art.

Alle besonderen Kennzeichen weisen den Anderen als Nicht-Masse, Nicht-Unendlichkeit aus, eben als einzigartig, als Einzelnen. Die Empfindung von Einzigartigkeit, die die wichtigste Bedingung romantischer Liebe war, ist für die freien Menschen das Enttäuschendste. Der Leberfleck, die Lieblingskleider sagen: Das ist *nur dieser Mensch*, nur einer, nicht alle.

Die freien Menschen sind von Großen enttäuscht, nicht weil sie Kleine mögen – sondern weil sie *auch* Kleine mögen. Sie sind von Kleinen enttäuscht, nicht weil sie Große, sondern weil sie *auch* Große mögen. Sie sind von den Jungen enttäuscht, weil sie sich *auch* nach den Alten sehnen. Sie sind von den Alten enttäuscht, weil sie sich *auch* nach den Jungen sehnen. Sie sehen in jeder Farbe – jeder Augenfarbe, jeder Haarfarbe – alle anderen Farben, die diese Farbe *nicht* ist. Jede Einzelheit, die Liebende einst liebten, ist für die Menschen der Ausschluss aller anderen Einzelheiten.

Einzigartigkeit ist Hässlichkeit. Umgekehrt stellt sich die Empfindung der Schönheit ein, wenn das Besondere aufs Minimum reduziert ist. Das Schöne ist jetzt das Gemeine, Nicht-Besondere, Verwechselbare. Die Schönen sehen alle gleich aus. Schönheit bedeutet, in einem die Vielen zu sehen, die Unendlichkeit. Der Besitz des Schönen bedeutet den Besitz der Unendlichkeit, zumindest das Gefühl, die Unendlichkeit zu besitzen. Durch das schöne Gesicht blickt der Betrachter auf die Massen der Schönen, alle Schönen, während er durch das Gesicht des sogenannten Häßlichen, also Besonderen und Einzigartigen, nicht blicken kann, es ist undurchsichtig, ein undurchdringlicher, unsymbolischer, hässlicher Monolith.

Doch auch der Schönste offenbart mit der Zeit eine Besonderheit – wird also hässlich. Irgendwann entdecken die Menschen in dem schönen Gesicht eine Einzigartigkeit, und die Schönheit ist perdu. Augenblicklich ist der Schöne nicht mehr alle Schönen, also nicht mehr schön. Er ist nur noch er selbst, ein Einzigartiger, Einzelner, also Häßlicher. Die Masse ist weitergezogen. Sie ist hat dieses Gesicht verlassen wie den Ort eines Festes; wo Schönheit war, ist jetzt eine Leere. Nur ein einziges besonderes Kennzeichen hat die Illusion zerstört.

Die besonderen Kennzeichen jedes Anderen irritieren die Menschen auch deshalb, weil die Menschen permanent von einem zu Liebenden fantasieren – jede Fantasie aber naturgemäß eine *sterile Fantasie* ist. Der Gesuchte in der Fantasie – wer es auch sei – hat keine Leberflecken, keine Lieblingskleider. Die menschliche Fantasie bringt nur geschliffene Typen hervor, keine Individuen. Der Gesuchte ist eine undeutliche, weichgezeichnete Gestalt ohne besondere Kennzeichen. Er ist nicht verunreinigt mit Einzigartigkeit. Er trägt keine Zeichen von Alter, hat keine Makel, nichts, was ihn besonders macht. Er ist, wie die Statuen der Antike, eine Gestalt mit glatter, steinerner Haut, ohne Poren und Pigmente. Alles an ihm ist ebenmäßig, wohlproportioniert, verwechselbar.

Die freien Menschen, die permanent suchen, *also permanent von ihrem Gesuchten fantasieren*, haben eine durch und durch sterile Fantasie und müssen also von jeder – naturgemäß unsauberen, besonderen – Wirklichkeit auf das Äußerste irritiert sein. Wer fantasiert, sterilisiert. Die Hypertrophie der Fantasie führt zur Sterilität alles Begehrten. Menschen, die reich an Fantasie sind, haben keine besonders *lebendige* Fantasie, sondern eine *tote*, abtötende.

Die freien Menschen als notorische Fantasienverwirklicher können also tatsächlich *keine einzige* ihrer Fantasien verwirklichen, weil sie in einem fort von der notorisch nichtsterilen Wirklichkeit irritiert sind. Sie sagen: »Der Gesuchte in meiner Fantasie trug aber nicht diese gelben Schuhe. Er kam nicht aus Süddeutschland. Er hatte kein Haar auf der Nase.«

Die Hydra ist einerseits reicher als jeder einzelne Partner, den die Menschen finden können, ein unendliches Wesen. Doch andererseits ist sie ärmer – arm am Schmutz der Einzigartigkeit. Sie ist ein paradoxes Wesen, das alle denkbaren Eigenschaften in sich vereint, *ohne eine besondere zu haben.*

In einer unendlichen Welt verschwindet jedoch ohnehin *jede* Schönheit – grundsätzlich, ohne Ausnahme. Die Schönheit verschwindet, weil sie stets umgeben ist von noch mehr Schönheit, weil der Schöne stets auftritt in einer Masse von Schönen.

Die Schönheit eines Menschen kann nur dann die Masse der Schönen, die Unendlichkeit, symbolisieren, wenn sie allein auftritt. Der Schöne in der Kunst, der Literatur, im Film tritt fast immer allein auf. Vielmehr: Er tritt *immer* allein auf. Denn wenn er in der Mehrzahl, in der Masse aufträte, wäre er nicht mehr schön, sondern seine Schönheit wäre herabgesetzt auf ein rein Physisches, auf den Standard des Ebenmaßes, der Makellosigkeit. Auf Gleichförmigkeit. Es ist geradezu Bestimmung des Schönen, dass es einzigartig ist. Der schöne Mann und die schöne Frau sind ohnegleichen, die einzigen Schönen auf dem Bild, in einem Roman, einem Film. Nur darum können sie die Unendlichkeit der Schönen symbolisieren.

In den unendlichen Städten und Medien, im Internet, treten die Schönen dagegen immer in der Mehrzahl auf. Der Betrachter sieht zugleich oder kurz hintereinander unüberschaubar viele Schöne. So kann kein Schöner mehr für alle stehen. Denn alle stehen ja *daneben* oder kommen gleich *hinterher.* Das ist das Laufsteg-Paradox: Auf einem Laufsteg kann kein Mensch schön sein. Der Laufsteg hebt die Schönheit, die er zeigen soll, auf. Auf diese Weise funktioniert jetzt jede Zeitschrift, jede Straße in einer großen Stadt, jede Internetseite, die der Partnersuche dient. Sie sind Laufstege, Fließbänder der Schönheit. Sie dienen der Massenproduktion oder vielmehr: *Massenverschrottung* von Schönheit.

Die Schönheit verliert also weniger durch Vergleich, sondern sie verträgt ihre Verzigfachung nicht, weil sie selbst das Zigfache *ist*.

Das ist das Ende der Schönheit in einer unendlichen Welt. Die Schönheit verschwindet durch ihre Vervielfältigung, nicht weil der Schönheit das Einzigartige abhanden käme, das Besondere, sondern im Gegenteil, weil die Schönheit nicht mehr das Gemeine sein kann, das Symbolische, Unendliche.

Jede *sogenannte Schönheit* erinnert die freien Menschen jetzt an eine andere, und diese andere erinnert sie wieder an eine andere und so fort – in einem unendlichen Rückschreiten des Erinnerns. Vielmehr: nicht in einem unendlichen. Denn auf dem Grund dieses Erinnerns liegen die wenigen, zwei oder drei tatsächlich Schönen, denen die Menschen begegnet sind, jene Schönen, die noch für die Unendlichkeit stehen konnten, die nicht bloßes Ebenmaß waren, sondern Symbol für alles, für alle, die Gattung. Jetzt, da die Menschen unendlich Viele gesehen haben, da *ihre Erinnerung zu einem Laufsteg* geworden ist, auf dem alle Gesehenen, alle Geliebten, Begehrten und Verpassten, alle Nicht-mehr-Geliebten und Nicht-mehr-Begehrten dahin schreiten, ein Laufsteg der ersten Lieben, der Erfahrungen, der Sehnsucht und des Überdrusses – nun ist die Schönheit unmöglich geworden.

Nicht nur die Schönheit wird vernichtet durch Vervielfältigung, auch die *Geheimnisse der Seele* und die Lebensgeschichte verlieren ihren ursprünglichen Charakter. Auch wenn die

Menschen mit einem Anderen sprechen, sie Einzelheiten aus seinem Leben in Erfahrung bringen, den Umriss einer Persönlichkeit erkennen, bleibt er einer von vielen.

Denn Lebenslauf, Persönlichkeit und Trauma sind jetzt ebenso freigegeben zur Vermassung wie die Schönheit. Der Andere lässt sich durch ein *tiefes Gespräch* nicht mehr aus der Masse lösen, im Gegenteil, er versinkt noch tiefer in ihr. Nach dem tiefen Gespräch ist die letzte Illusion von Einzigartigkeit dahin. Das Wesen eines Menschen erweist sich als so wiederholbar wie dessen Erscheinung. Es gibt nicht nur Dutzendlippen und Dutzendnasen, sondern auch Dutzendprobleme. Die Psychologie kennt das Zigfache wie die Ästhetik.

Was einen Menschen einst besonders machte, macht ihn jetzt gemein. Die Offenbarungen der Seele und der eigenen Urteile, die Träume und Lebensgeschichten haben sich in den Medien, in Kunst und Alltag der freien Menschen so oft wiederholt, dass ihr Effekt nun der gegenteilige ist. Je länger ein Mensch von sich selbst spricht, umso verwechselbarer wird er.

Die Unendlichkeit ist in alles gedrungen wie Wasser, sie hat es aufgeschwemmt, aufgelöst. Der einzigartige Mensch, der einzigartige Augenblick sind verschwunden. Alles wird als Wiederholung wahrgenommen. In einer unendlichen Welt ist die einzige Einzigartigkeit, die sich noch behauptet, das Leben selbst – *im Rückblick*. Könnten die Menschen auf ein Leben mit jenen zurückblicken, die sie in diesem Moment erst kennen lernen, sie entkämen der Unendlichkeit. Aber sie können von einem gemeinsamen Leben nur träumen. Die Träume jedoch können ihre Rollen mit vielen besetzen, nie nur mit einem.

Wo die Schönheit nichts mehr symbolisiert, wo Trauma und Lebensgeschichte jemanden nicht mehr einzigartig machen, der Einzelne also keinen Wert mehr besitzt, weil es von allem zuviel gibt, da müssen die Menschen sich nach einem Vielwesen sehnen.

Vor allem aber entsteht die Hydra aus der *Begegnung* mit Vielen. Sie ist die Summe aller Passanten und Gelegenheiten.

Ein Mann sucht nach einem Restaurant. Er kommt an vielen vorbei, die ihn verlocken, doch er geht weiter. Irgendwann reizen ihn die Restaurants immer weniger. Jedes einzelne ist enttäuschend – im Vergleich mit allen anderen, auf die er zugunsten dieses Einen nun verzichten müsste. Der Mann vergleicht jedes einzelne mit der *Summe* der Restaurants, die er gesehen hat. Gleichgültig, vor welchem Restaurant er steht, alle anderen werden in seinem Kopf zu einem, mit denen er das jeweilige Restaurant vergleicht. Die Summe ist seine Hydra.

Allerdings kann der Mann immerhin zu jedem Restaurant, an dem er vorbeigegangen ist, zurückkehren. Er kann nicht in allen Restaurants gleichzeitig essen, doch immerhin in jedem Einzelnen. Die *Teile* seiner Summe bleiben ihm zugänglich.

Die Partnersuchenden dagegen können nicht zu ihren vergangenen Begegnungen zurückkehren (oder nur in den seltensten Fällen). Die Teile ihrer Summen, ihrer Hydra, bleiben ihnen nicht zugänglich. Also ist ihre Hydra *doppelt fiktiv*. Die Suchenden können weder mit der Summe der möglichen Partner noch mit den Einzelnen, die ihnen in der Vergangenheit begegnet sind, zusammen sein. Dennoch behandeln die Partnersuchenden ihre Begegnungen wie der Restaurantsuchende die Restaurants. Sie kennen keine *zurückliegenden* Möglichkeiten. Sie hören nicht auf, an ihre vergangenen Möglichkeiten zu denken, als seien diese gegenwärtig, als liege die lange Reihe ihrer Begegnungen nicht in der Zeit, sondern im Raum – wie die lange Reihe der Restaurants, wie ein Laufsteg. Sie vergleichen jeden möglichen Partner mit der Summe der vergangenen (möglichen) Partner.

Die Tür zu ihren vergangenen Entscheidungen (sich *nicht* zu entscheiden) bleibt auf ewig offen. Als herrsche gewaltiger Unterdruck hinter der Tür, werden die Menschen aus der Kapsel der Gegenwart gesaugt, in den offenen, unendlichen Raum der Vergangenheit. Die Hydra ist ein unendlicher Raum, eine saugende Unendlichkeit. Und die Zukunft, die Hoffnung der Menschen, ist nichts als ihre summierte Vergangenheit. Je mehr die Menschen in der Vergangenheit gesehen und hinter sich gelassen haben, umso mehr wollen sie in der Zukunft finden. Die Hydra sind ihre gesammelten Verluste, gespiegelt in die Zukunft.

Tatsächlich vergleichen die Menschen aber nicht jeden möglichen Partner mit den *ganzen* anderen möglichen Partnern, sondern nur mit Teilen von ihnen. Die Menschen erinnern sich nie an einen ganzen Menschen, an eine ganze Begegnung oder Beziehung, sondern immer nur an Teile – an Körperteile, Zeitabschnitte, einzelne Gesten und Taten. Sie vergleichen einen Menschen nur mit dem Schönsten, Angenehmsten eines anderen: mit dem Haar des Ersten und den Küssen des Zweiten, mit der Zeit vom 23. Oktober 1995 bis zum Anfang Januar 1996 mit dem Dritten, der Zeit vom 15. Juli 1999 bis zum 23. Juli 2002 mit dem Vierten ...

Die Hydra ist eine Collage – aus Zeitfetzen, Körperfetzen, Handlungsfetzen. Ein Vielwesen nicht aus vielen Ganzheiten, ganzen Menschen, ganzen Begegnungen, sondern aus vielen Teilen. Die Hydra besteht nicht aus allen Erinnerungen, nur aus ausgewählten.

Sie ist also *dreifach* fiktiv: erstens als Möglichkeit der Summe, der Unendlichkeit – also alle möglichen Partner zu besitzen, alle in einem zu finden; zweitens als Möglichkeit der Rückkehr zu einzelnen Menschen und Begegnungen, obwohl diese längst der Vergangenheit angehören; und drittens als Möglichkeit der Teile der Teile, also die Möglichkeit eines – *vollkommenen* – Körperteils ohne den unvollkommenen Rest eines Körpers, einer – *liebevollen* – Handlung einer Person ohne den unerträglichen Rest des Handelns dieser Person, einer – *schönen* – Zeit mit einer Person ohne den Rest der Zeit mit ihr, der furchtbar war.

Eine Frau sehnt sich also nach T.s Händen und D.s Mund im Winter mit R...

Die freien Menschen, die sehr vielen anderen Menschen begegnen, hören auf, jeden einzelnen Menschen als *ein Chaos*, eine Unüberschaubarkeit wahrzunehmen. Sie beginnen stattdessen, nur noch positive und negative *Wiederholungen* wahrzunehmen. Sie nehmen nur noch wahr, was der Andere mit anderen gemein hat, was ihn einer Gruppe zuordnet.

Die Menschen sagen: »Das ist wieder einer von denen, die ...« Sie entwickeln ein serielles Denken. Sie machen aus der großen, unüberschaubaren Zahl der Begegnungen mit verschiedenen Menschen eine kleine, überschaubare Zahl der Begegnungen mit verschiedenen Typen von Menschen – wobei das Positive in der Wiederholung *weniger positiv*, das Negative in der Wiederholung aber *negativer* wird. Jede enttäuschende Beobachtung ist die Beobachtung einer enttäuschenden Wiederholung. So wächst neben der Hydra der Liebe eine *Hydra der Enttäuschung*. Die Menschen, die endlos suchen, ordnen jeden neuen Menschen, dem sie begegnen, sofort ihrem *Enttäuschungssystem*, der Hydra der Enttäuschung zu.

Die freien Menschen, die permanent wählen müssen, verfeinern ihren Geschmack. Auf diese Weise wollen sie alles Enttäuschende vermeiden, das früher Beglückende wiederfinden – ob es sich um Weine, Filme oder Menschen handelt. Die Unendlichkeit ist immer auch die Unendlichkeit des Schlechten, Enttäuschenden. Die Menschen wollen keine Zeit mehr verschwenden. Sie haben schon zu viel verschwendet. Sie sind schon zu oft enttäuscht worden. Sie wollen sich schützen.

Also brauchen sie einen verfeinerten Geschmack, um handlungsfähig zu bleiben, um effizient und so gut es geht geschützt zu sein. Darum sind die freien Menschen *Kenner* – Weinkenner, Filmkenner, Menschenkenner. Je weiter der Horizont der Möglichkeiten sich vor ihnen öffnet, umso enger wird ihr Blick. Die Überheblichkeit der Menschen, ihr Überdruss und allgemeiner Vorab-Ekel sollen ihnen helfen, das unmenschlich Maßlose wieder aufs Menschliche zu reduzieren, die Unendlichkeit auf ein Endliches, vielmehr: die *gemischte, auch schlechte* Unendlichkeit auf die Unendlichkeit des Guten und Beglückenden zu reduzieren und eine Wahl zu treffen.

Im Fall der Liebe aber überschreitet der feine Geschmack notwendig seinen Gegenstand. Es gibt Spitzenweine, Spitzenfilme, aber keine Spitzenmenschen.

Das liegt daran, dass ein Mensch Tag für Tag genossen werden muss, nicht einmal, nicht ab und zu. Es liegt daran, dass Menschen vielgestaltiger sind als Weine und Filme, dass auch der feinste Mensch ein Ungeheuer ist, das seine Nächsten terrorisiert.

Es liegt schließlich daran, dass derjenige, der einen sucht, der seinem Geschmack entspricht, diesem schon vorab alles nimmt, was ihn doch ausmachen soll: die Einzigartigkeit, die sich noch in keinem Geschmack abgebildet hat (die Menschen suchen ja weiterhin nach der Einzigartigkeit, auch wenn sie in der Realität jede Einzigartigkeit enttäuschend finden); eine Überraschung, ein Bruch durch etwas Unbekanntes zu sein; eine Überschreitung des Liebenden, der im Anderen eine Unendlichkeit sehen will, keine Entsprechung seines eigenen – notwendig beschränkten – Geschmacks. Denn Geschmack, das bedeutet ja: Ausschluss, Genauigkeit, Endlichkeit. Der Geliebte aber muss ein Unübersehbarer sein. Ohne Adjektiv.

»Und? Wie ist er?«

»Unbeschreiblich.«

Die Liebe ist eine Geschmacklosigkeit. Oder sie ist gar nicht.

Ein Mensch, der wählen muss, will seine Entscheidung außerdem *gut begründen*. Aus der Wahrnehmung einer großen Auswahl entsteht notwendig eine Rationalisierung des Wählens. Wer wählen muss, beginnt, seine Möglichkeiten zu vergleichen, über sie nachzudenken und nach guten Gründen für eine zu suchen. Er kann nicht einfach fernsehen oder Radio hören, bloß *einschalten*, sondern muss einen Film, eine Sendung wählen – im Vergleich mit allen anderen, beruhend auf guten, rationalen Gründen.

Die freien Menschen entwickeln mehr und mehr Kriterien für eine Partnerwahl. Sie fragen: »Aus welchem Grund sollte ich diesen wählen? Warum nicht jenen? Was hat dieser, was jener nicht hat? Was verpasse ich, wenn ich diesen wähle?«

An die Stelle der unbewussten Logik der Liebe tritt also die bewusste Logik des Wählens, die allmählich aufscheinende Logik der Nichtliebe. Die Freiheit zwingt die Menschen, sich selbst Kriterien und Zwecke zu schaffen – und bringt somit ihr Gegenteil hervor, den Zwang zur Zweckmäßigkeit. Die Menschen, die angesichts der großen Auswahl gezwungen sind, etwas Vernünftiges zu wollen, bleiben gegenüber ihrem

Gewollten nicht frei, sondern *müssen es wollen*. Sie müssen sagbare, vernünftige Wünsche entwickeln und diese verwirklichen.

Das Wollen und Wünschen der Menschen führt jedoch ohnehin ins Unglück.

Denn wer etwas will, hat das Gewollte bereits gehabt – in seiner Fantasie. Das Wollen ist nicht einfach ein Wunsch, sondern ein Wunsch *und* dessen Erfüllung in der Fantasie. Es ist ein Bedürfnis und ein Bild von dessen Befriedigung. Das Wollen zeigt nur vermeintlich einen Mangel an, tatsächlich ist es vollständig, ein geschlossenes Ganzes. Der Mensch kann seinem Wollen nichts mehr hinzufügen. Das Gewollte existiert ja bereits als fixe Idee, fix und fertiger Traum.

Jeder Versuch, dem Wollen etwas hinzuzufügen, es also *in der Wirklichkeit* zu erfüllen, muss enttäuschend verlaufen. Die vermeintliche Erfüllung ist stets das fünfte Rad am Wagen. Das Wollen zieht jeder Erfüllung in der Wirklichkeit die – ursprüngliche – Erfüllung in der Fantasie vor.

Das Paradox der Wunscherfüllung lautet: Es erfüllen sich nur Wünsche, die *nicht existieren*. Der Mensch muss von einer Erfüllung überrumpelt werden, bevor er ein Bedürfnis (und ein Bild von dessen Befriedigung) entwickelt hat. Es kann sich nur dann erfüllen, was der Mensch will, wenn sein Wollen auf die Erfüllung *folgt*, nicht umgekehrt. Glück entsteht, wenn die Erfüllung dem Wollen zuvorkommt.

Der Glückliche sagt: »Zuerst wusste ich gar nicht, was ich davon halten sollte. Doch dann fühlte ich, dass ich glücklich war, dass es genau das war, was ich wollte.« Wer dagegen wählen muss, muss *vor* einer Erfüllung wollen. Der Zwang zum Wählen ist ein Zwang zum Wollen, führt also notwendig ins Unglück.

Der Wille der freien Menschen ist zudem ein Lebensgefährte, der jeden Tag seine Treue aufkündigen kann, der keine Treue kennt. Die Zukunft wird unabsehbar. Die Menschen wachen auf und finden das Bett neben sich leer: Ihr Wille ist nicht mehr dort, wo er die vergangenen Jahre jeden Morgen gewesen ist, er hat sie verlassen, ist fort. Die Menschen haben nur die Wahl, ohne ihren Willen das alte Leben weiter zu leben, ein Leben ohne ihren Willen zu ertragen (eine einsame Angelegenheit), oder ihrem Willen hinterherzulaufen, ein anderes Leben zu beginnen, also von vorne anzufangen, auch wenn sie dazu nicht die geringste Lust empfinden, wenn sie tatsächlich nichts mehr fürchten könnten, als jetzt, *in ihrem Alter*, noch einmal von vorne anzufangen, mit nichts und wieder nichts als ihrem Willen, der immer weiter will, anders und woanders leben, mit einem Anderen; einem Willen, der vielleicht morgen schon wieder fort sein wird, die Menschen allein in ihrem Bett zurücklassend, der über Nacht verschwunden sein wird, sich so häufig und so schnell ändert, wie kein Mensch sich ändern kann.

Die Einsamkeit der freien Menschen besteht darin, dass sie entweder von ihrem Willen dauerhaft getrennt leben, oder wegen ihres Willens sich trennen vom Partner, von einem Ort, einer Arbeit, ihren Freunden. Sie sind, so oder so, *getrennte Menschen*, die immerzu suchen müssen, sich sehnen nach Einheit.

Der Umgang mit Unendlichkeit ist schmerzhaft. Denn es ist der Unendlichkeit eigen, dass man sie nicht haben kann. Das heißt, die Menschen haben sie ja schon, aber nur als Idee. Während die Unendlichkeit selbst unendlich groß ist, also undenkbar, ist die Idee von der Unendlichkeit – wie das Wort – überschaubar, handlich. Die Idee der Unendlichkeit passt in den kleinsten Kopf und richtet dort die größten Schäden an.

Die Unendlichkeit ist abweisend. Der Passant, der sie verkörpert, geht vorbei. Die Masse, die sie verkörpert, wird die Menschen nie an ihren Busen drücken. Sie bleibt immer distanziert, abgewandt. Es sei denn, einer wäre ein Führer, ein Star, doch selbst dann ist die Masse unfähig zur Liebe, *beziehungsunfähig*.

Die Unendlichkeit übersteigt das Menschliche, widersetzt sich ihm wie das Absurde. Sie ist das Absurde von heute. Aus den absurden Menschen werden die freien Menschen. Die absurden Menschen erwarteten eine göttliche Ordnung, eine Ordnung in der Geschichte, doch sie fanden Unordnung. Sie erwarteten einen Sinn und trafen auf die Sinnlosigkeit.

Die freien Menschen erwarten keinen Sinn mehr, sondern Unendlichkeit. Sie sehen die Möglichkeit der Unendlichkeit der Möglichkeiten. Sie erwarten Unendlichkeit und treffen auf die Endlichkeit. Der Unendlichkeit gilt ihre Hoffnung, ihre Sehnsucht und Suche. Doch sie bleibt ihnen ein Leben lang verschlossen. Kein Verbot, kein Türhüter halten die Menschen ab. Sie müssen sich nicht bücken, um die Unendlichkeit zu sehen. Doch Einlass finden sie nicht. Ausgerechnet die unbegrenzten Möglichkeiten bilden die Grenze ihres Lebens.

Das Scheitern verschwindet. Denn wer enttäuscht wird, geht wieder auf die Suche. Die Möglichkeit, zu scheitern, ist den freien Menschen genommen. Sie müssen immer weiter suchen, weil sie scheinbar nie ans Ende ihrer Möglichkeiten gelangen.

Das Scheitern kehrt zurück – als Müdigkeit. Die Menschen sagen: »Ich will nicht mehr suchen. Ich will nie mehr suchen. Ich kann nicht mehr suchen.« Sie können nicht mehr über die Welt verzweifeln, nur über sich selbst, denn die Welt lässt sie immer hoffen. Also müssen sie die Hoffnungslosigkeit bei sich selber suchen. Sie sagen: »Ich bin ein hoffnungsloser Fall.«

Eine achtunddreißigjährige Frau hat sich das Leben genommen, weil sie nicht mehr suchen wollte. Sie habe ihr Leben lang gesucht und nun keine Kraft mehr, hatte die Frau wenige Wochen vor ihrem Tod zu ihrem Ex-Mann gesagt. Außerdem nehme sie an sich selbst, in ihrem neununddreißigsten Jahr, eine zunehmende und zunehmend sich beschleunigende *Selbstverschlechterung* wahr, die die Suche erschwere, letztlich aussichtslos mache. Allein der Gedanke, noch einmal suchen zu müssen und tatsächlich *immer und immer wieder* suchen zu müssen, sei ihr unerträglich, so die Frau zu ihrem letzten Ex-Freund. Die Frau beging Freitod durch eine ihr vertraute Methode, an einem ihr vertrauten Ort. Die Menschen, die sie liebten, suchten mehr als zehn Monate, bis sie sie fanden.

TEIL III
WAS DIE LIEBE IN DER FREIHEIT SEIN SOLL

SECHS

DIE SUCHE NACH DEM MEIST-ERREGENDEN

Das sechste Kapitel: in dem berichtet wird, dass es doch eine Möglichkeit gibt, die Unendlichkeit zu besitzen: im Sex; dass die Menschen die Verbindung zur Unendlichkeit möglicher Partner vor allem in der Selbstbefriedigung aufrecht erhalten; dass sie eine eigene Sexualität entwickeln infolge der Vielzahl der Erfahrungen und unendlichen Fantasien; dass Klaus und Natascha ihre Sexualität gerne ausleben; dass jedes Gespräch der freien Menschen in den Sex stürzt; dass die Menschen sagen: »Aber früher oder später würden wir es doch tun«; dass sie nicht mehr wissen, warum sie nicht sofort Sex haben sollten und was sie sonst tun sollten; dass sie sich das Glück als Ekstase denken, nicht als Existenz; dass die Sexsucht das Symptom der unbegrenzten Möglichkeiten ist; dass der Sex sich immer unabhängiger macht von der Liebe, die Liebe sich aber immer abhängiger vom Sex; dass die Menschen die Liebe also mittels des Sex suchen, mittels der Erregung; dass der zu Liebende der Meist-Erregende sein soll, Verkörperung der sexuellen Möglichkeiten; dass die Sexualität der freien Menschen ein Tempel ist, in dem der Unendlichkeit, der Hydra gehuldigt wird, der durch den Monotheismus der Liebe nicht mehr erobert werden kann

Die Menschen küssen einen, den sie bis vor kurzem noch nicht kannten. Sie atmen den fremden Geruch, dessen Fremdheit, Neuheit selbst. Sie sehen sich noch, wie sie den Anderen zum ersten Mal sehen, als Unbekannten in der Menge, Passant im Strom des Tages, unbekanntes Gesicht, unbekannter, noch verhüllter Körper. Jetzt sind sie mit ihm in einer Wohnung; deren Schwelle ist die letzte gewesen, die sie überschreiten mussten. Das Gespräch kreist in der Luft wie ein Vogel, der sich bald auf seine Beute stürzen wird; es muss sich nur der Schwerkraft ergeben.

Etwas Unwirkliches umgibt das andere Gesicht, den anderen Körper. Den Menschen scheint es, als sei das Unberührbare berührbar geworden, ein unendlich Großes plötzlich Mensch.

Es gibt doch eine Möglichkeit, die Unendlichkeit zu besitzen, wenn auch nur für einen Moment: Die freien Menschen besitzen sie im Sex. Im Sex mit einem, der nicht ihr Partner ist, noch nicht, einem Dritten, einem Passanten. Nur im Sex mit einem, der noch Masse ist, weil er eben erst aus ihr aufgetaucht ist, nur mit einem solchen Auftauchenden, von der Unendlichkeit neu Geborenen, hört der Schmerz der Menschen auf, sind sie für einen Augenblick schmerzfrei.

Die Frage, ob es lohnender im Leben sei, das Glück zu suchen oder nur den Schmerz zu meiden, stellt sich für die freien Menschen also nicht. Denn sie sind schmerzfrei nur im größten, flüchtigsten Genuss, im Sex mit einem Dritten, einem Passanten.

Endlich lässt das Hoffen nach, gibt sich das Sehnen, die Nostalgie, die endlose Reue. Keine Überempfindlichkeit stört jetzt das reine Verlangen. Alles im Innern der Menschen wird ruhig, macht einer Ruhe Platz, einer Erregung. Durch den Mund des Passanten küssen die Menschen die Hydra, unter der Haut des neu Erkannten ertasten sie sie. Die Menschen sind erlöst. Kussweise, mit jedem Atemzug.

Im Geruch des Anderen riechen sie nicht nur einen (ein persönlicher Geruch würde ihre Überempfindlichkeit auslösen), sondern alle. Nicht einmal die besonderen Kennzeichen – das blonde Haar, die grünen Augen – stören sie; denn der Kopf, den die Menschen in ihren Händen halten, ist ja nur einer von vielen Köpfen dieses unendlichen Wesens; andere Köpfe haben schwarzes Haar und braune Augen: ja, den Menschen will es tatsächlich scheinen, als sei der Eine, den sie aus der Masse wählten, *noch Teil* von ihr, als ströme *ein Wesen* mit unendlich vielen Köpfen durch die Straßen, als sei es ein Wesen, das die Tanzflächen fülle, unendlich viele Arme in die Höhe werfe, Haare in allen Farben habe, unendlich viele Münder – und als fassten sie, die Menschen, nun zwei dieser Arme, fassten einen all dieser Schöpfe, küssten einen all dieser Münder, hielten nun einen Kopf dieses unendlichen Wesens – der Hydra – endlich in Händen.

Die *edle Herkunft* des Anderen ist also nicht mehr notwendig die gute Familie – sondern die unendliche Masse. Wie die Regenten nicht mehr von adeligem Geschlecht sein sollen, sondern aus dem Volk, soll der Begehrte nun Repräsentant der Massen sein, nicht einer von Wenigen, sondern einer von Vielen, Gischt der Passantenströme, die durch Straßen und Passagen fließen, Museen und Diskotheken, Büros und Messehallen, einer aus der Masse der Tanzenden. Die Menschen begehren nicht Königssohn noch Königstochter, sondern den Sprössling der Unendlichkeit.

Die ewig ferne Masse – auf einmal berührt sie sie, wie Gott durch Priesterhand. Die Menschen schlafen mit der Unendlichkeit. Erst bei der zweiten oder dritten Begegnung wird der Andere er selbst, also zur Enttäuschung.

Die Sexualität der freien Menschen ist keineswegs die Ursache all ihrer Motive, kein seelischer Allesantreiber. Doch Sex ist von allem das Ziel – das, worin die Liebe sich erfüllen will (und in dessen Ungenügen, Verblassen sie häufig genug ein Ende findet), und das, worin die Unendlichkeitssucht der Menschen sich erfüllen will (und in dessen Ungenügen, Verblassen sie ein weiteres Mal enttäuscht wird).

Die Unendlichkeitssucht der Menschen ist eine Sexsucht. Wie der Liebende in einem fort seinen Geliebten küssen, mit ihm schlafen will, so wollen die freien Menschen unendlich Viele küssen, mit unendlich Vielen schlafen. Vielmehr: Auch sie würden am liebsten nur einen küssen. Sie sehnen sich nach der Liebe, die ihr Verlangen auf einen konzentriert. Doch sie müssen immer wieder Neue finden, neu Geborene, von der unendlichen Welt eben erst zur Welt Gebrachte, mit der Unendlichkeit noch durch die Nabelschnur des Augenblicks Verbundene, mit dem Fruchtwasser der Passantenströme noch Benetzte.

Die Liebessuchenden, die der Unendlichkeit verfallen sind, stürzen von der Liebessuche in die Sexsuche, den Passantensex.

Mehr noch als die Liebe war die Erregung seit jeher offen für Viele. Gegen die unendliche Erregung diente lange die Ehe als Schutz. Sie wurde nicht *mit Einem* geschlossen, sondern *gegen alle anderen*. Eine Ehe aus Liebe und Erregung zu schließen, wäre ein Widerspruch in sich gewesen, das Gleiche, wie ein Schiff aus dem Wasser zu bauen, das es eigentlich überwinden soll.

Heute bauen die Menschen bekanntlich Schiffe aus Wasser. Und jener – immer schon – unendlichen Erregung kommt die Welt mit unendlichen Erregungsmöglichkeiten entgegen. Wie das Hassen sich in der Geschichte immer nach den Möglichkeiten zu hassen gerichtet hat, so richtet sich die Erregung auch nach den Erregungsmöglichkeiten. Die Welt, in der die freien Menschen leben, zeichnet sich eben dadurch aus – dass nicht mehr die organisierten Möglichkeiten des Hassens unendliche sind, sondern die der Erregung, des Genusses.

Die Unendlichkeit der möglichen Partner ist tatsächlich zuerst eine Unendlichkeit möglicher *sexueller* Partner. Die Wahlfreiheit, der die Menschen zum Opfer fallen, ist zuerst *sexuelle* Wahlfreiheit. Die Vielzahl der Erfahrungen, die die Menschen machen, ist vor allem eine Vielzahl sexueller Erfahrungen. Die Hoffnung der Menschen ist vor allem eine sexuelle Hoffnung, die Nostalgie vor allem eine sexuelle Nostalgie. Wenn die freien Menschen sich an ihre große Liebe erinnern, erinnern sie sich vor allem an großen Sex. Die Hydra der Liebe, die im Kopf der Menschen gewachsen ist und der die endlose Suche der Menschen gilt, ist vor allem eine Hydra des Sex.

Die Menschen, die in alten Tagen höchstens mit der Zeit und ihren Versuchungen zu vielen Partnern kamen (wenn überhaupt), suchen heute die Unendlichkeit der möglichen Partner *von Anfang an*. Die Versuchung wird zum Vorsatz, zur Hydra im Kopf; es ist, als hätte Adam schon am ersten Tag vom Baum der Erkenntnis geträumt, ihn gesucht und endlich gefunden.

Sex ist weniger ein Geschehen, ein Sicht- und Machbares, als *ein Tor* zu etwas Anderem. Sex verbindet, wie das religiöse Ritual, das Diesseits mit einem Jenseits: einem Fantastischen, der Liebe, der Unendlichkeit. Wer Sex hat, wie man sagt, tut nicht bloß dies oder jenes, sondern beschwört ein Fantasma, tritt in Kontakt mit einer unsichtbaren Welt.

Im Unterschied zum Ritual aber, das für alle das Gleiche bedeutet, sieht jeder Beteiligte an einer sexuellen Handlung darin etwas anderes, hat Zugang zu einem anderen, persönlichen Jenseits.

Was für den Einen ein Tor zur Liebe, das ist für den Anderen ein Tor zur Macht, zur Unterwerfung; was für den Einen ein Tor zur Vereinigung mit dem Einzigen, ist für den Anderen ein Tor zur Vereinigung mit unendlich Vielen – oder gar kein Tor. Dann ist Sex für diesen tatsächlich bloß ein Geschehen, ein Sicht- und Machbares, wie das Verlegen von Fliesen oder das Backen von Brot, nicht einmal das. Denn Sex hat keinen profanen Sinn (es sei denn den Sinn der Fortpflanzung), nur einen fantastischen, und wenn der sich verflüchtigt, bleibt nichts als die Absurdität eines biologischen Vorgangs.

Für die freien Menschen also soll Sex ein Tor zur Unendlichkeit sein: das einzige. Die ursprüngliche Form dieser Verbindung ist jedoch nicht der Sex mit anderen, sondern die Selbstbefriedigung. Selbstbefriedigung ist die einzige Möglichkeit, Fantasien zu haben und sie gleichzeitig auszuleben; die einzige Möglichkeit, eine fiktive Handlung einem echten Höhepunkt zuzutreiben. Eine Sexfantasie ist: Sex in Wirklichkeit.

Die Menschen brauchen also keinen anderen, um die Verbindung mit den unbegrenzten Möglichkeiten herzustellen, sie können es selbst. Den roten Faden im Leben der freien Menschen, den einzig verbleibenden, bilden keine gemeinschaftlichen Ereignisse und Rituale mehr, sondern ihr Bewusstseinsstrom, das *fortgesetzte Selbstgespräch*, und ihr Erregungsstrom, die *fortgesetzte Selbstbefriedigung*.

Auch während ihrer Partnerschaften fahren die freien Menschen fort, zuerst und vor allem mit sich selbst zu sprechen, zuerst und vor allem sich selbst zu befriedigen. Auch während ihrer Partnerschaften halten sie durch die Selbstbefriedigung die Verbindung zur Unendlichkeit der möglichen Partner aufrecht. Die Selbstbefriedigung ist also kein Sexersatz mehr. Sie ist die primäre Sexualität der freien Menschen.

Die Selbstbefriedigung ist ein Gang durch das Warenhaus des Tages. Die freien Menschen stellen sich alle Passanten des Tages vor, dazu all jene, die sie im Gedächtnis bewahren. Sie schlafen mit der Hydra, lassen sie entstehen aus der Folge der Vielen – der Vielen des Tages und der Vielen all ihrer Jahre, die sich, wie in Zigfachbelichtung, nebeneinander reihen im fantasierenden Bewusstsein.

In ihrer Fantasie besitzen sie alle, wieder und wieder. Sie springen von einem zum anderen, überspringen Jahre und Jahrzehnte. Sie kennen keinen Verzicht, keinen Abschied. Niemand geht vorbei. Keiner ist verloren.

Am Ende müssen sie sich doch entscheiden. Die Menschen überlegen, machen Pausen, probieren diesen, versuchen jenen. Tatsächlich schaffen sie es, auch am Schluss, während ihres sogenannten Höhepunktes, die Entscheidung zu vermeiden. Der Höhepunkt ist in Wahrheit kein Höhepunkt mehr, überhaupt kein Punkt, sondern eine Fläche, ein beliebiger Ausschnitt aus einer unendlichen Fläche: die Auswahl des Tages. Die Bilder wechseln jetzt rasend; ein außer Kontrolle geratener Diaprojektor, dessen Karussell sich dreht und dreht. Dann wird es dunkel. Die Menschen, die sich mutwillig der Unendlichkeit ausgesetzt haben, ziehen sich erschöpft zurück, auf sich selbst, ihr Innerstes: den Atem, die schwer werdenden Glieder.

Die freien Menschen leben zwischen extremer Expansion und extremer Kontraktion. Sie strecken sich, wie die Katze in der Sonne, um möglichst viele Strahlen der sexuellen Möglichkeiten auf ihrem Körper zu versammeln. Dann ziehen sie sich zusammen, ruhen aus in der Dunkelheit. Sie finden ihre Lust als aufgespannte Segel, ihren Schlaf als reglose Knäuel.

Nur im Augenblick des Einschlafens sind die Menschen endlich einmal nicht mehr frei, erholen sie sich von der Unendlichkeit. Die Welt ist für einen Moment weit weg, der Fluss der Fantasie unterbrochen. Im Abspann ziehen nur noch die Namen der Beteiligten durch die Schwärze des Bewusstseins. Dann herrscht Ruhe. Welt und Fantasie sind erloschen, die Nachtvorstellung der Träume hat noch nicht begonnen.

Im Traum aber wird die unendliche Welt auferstehen, werden die Menschen wieder alle Möglichkeiten haben, werden irren von diesem zu jenem, der Erregung von gestern begegnen als der Erregung von heute.

Die Selbstbefriedigung der freien Menschen entwickelt sich im *eigenen Raum* – im eigenen Zimmer, in der eigenen Wohnung. Von Anfang an verfügen die Menschen über einen eigenen Raum, ein Zimmer für sich, eine eigene Wohnung. Jahre- und jahrzehntelang leben sie allein in eigenen Räumen. Jahrzehntelang gehen sie dort herum in ihren Gedanken und Fantasien. Die Menschen sind weniger geprägt von den Jahren im Elternhaus als von den Jahren, die danach gekommen sind, die schon begonnen haben im Elternhaus, den Jahren des Allein- und Für-sich-Seins. Nicht Eltern oder Schule haben die Menschen zutiefst geprägt, sondern das jahrelange Allein- und Für-sich-Sein, das nach der Kindheit und Schulzeit kam, bereits während der Kindheit und Schulzeit begann: im eigenen Kopf und eigenen Raum.

Der freie Mensch ist der immerzu denkende, fantasierende. Nichts und niemand unterbricht ihn in seinem Denken und Fantasieren. Kein Verbot hält ihn auf. Kein Mangel an Zeit treibt ihn an und nötigt ihn zu einem profanen, reinen Tun.

Keine Zerstreuung lenkt ihn ab von seiner Zerstreuung. Die Insassen eines Gefängnisses und die Menschen in einer total gewordenen Freiheit machen die gleiche Erfahrung: keine Außenwelt setzt ihrem Denken und Fantasieren mehr eine Grenze.

Im eigenen Raum streifen die Menschen über Jahre und Jahrzehnte alle äußeren Zwänge ab – und bilden ihre inneren aus. Wo ihnen keiner mehr sagt, was sie zu tun haben, wann sie etwas tun müssen und in welcher Weise, dort entwickeln die Menschen ihre Gewohnheiten und Süchte, Schwächen und Neurosen – denen sie ausgeliefert sind wie zuvor den äußeren Zwängen. Und auch das sind ja äußere Zwänge: Zwänge der Freiheit und Einsamkeit, des eigenen Raums.

Die ersten Lebensgefährten, die die freien Menschen haben, ihre nächsten Angehörigen, das sind ihre Gedanken und Fantasien. Die Familie, die zu Hause auf die Menschen wartet, sie auf furchtbare Weise bestraft und belohnt, mit wilden Rufen durchs Wohnzimmer scheucht und Zuflucht im Bett suchen lässt, das sind die Gedanken und Fantasien der Menschen.

Es sind ihre Erfolgsfantasien und Sexfantasien, ihre unendliche Erfolgshoffnung und unendliche Sexhoffnung, ihre Angst, hinter diesen immerzu zurückzubleiben, allein zu bleiben, ihre Hoffnung auf alles und Angst vor dem Nichts, vor der Arbeitslosigkeit, der Liebeslosigkeit. Die Menschen fliehen vor der Liebeslosigkeitsangst in die Arbeitshoffnung und vor der Arbeitslosigkeitsangst in ihre Sexfantasien – wie die Menschen einst von einem übel meinenden Verwandten in die Arme des nächsten geflohen sind. Im eigenen Raum fallen die Menschen sich selbst zum Opfer, sich selbst und ihren Möglichkeiten, wie sie einst, unter dem Dach der Familie, den Anderen zum Opfer gefallen sind, den Anderen und deren Macht.

Wenn die Menschen auch draußen, im öffentlichen Raum, in ihre Sexmöglichkeiten stürzen, so deshalb, weil auch der jetzt ein eigener Raum ist – in dem die Menschen, wie einst nur zu Hause, tun und lassen können, was sie wollen, also permanent tun *müssen*, was sie tun wollen.

Die Öffentlichkeit, das waren Regeln, Abläufe, Gebote und Verbote, ein Raum, der von einem Gitter aus geschriebenen und ungeschriebenen Gesetzen durchzogen war, der bis zum Rand gefüllt war mit Ereignissen und Handlungen, deren Ablauf feststand, die *öffentlich zu bleiben* hatten. Ein gesellschaftliches Ereignis war wie die Fahrt auf einem Atlantikdampfer – der Ausstieg unterwegs war unmöglich. Dagegen können die Menschen jetzt *immer und überall aussteigen* ins Private und Intime. Sie stehen im Theater auf nach dem zweiten Akt; sie verlassen ein Fest, noch bevor es richtig begonnen hat. Sie sagen »Jetzt gehen wir! Wir lassen uns fallen in den Sex.«

Die Öffentlichkeit war ein Raum, in dem die Zeit geregelt war durch Geschwindigkeitsbegrenzung: Nicht jetzt! Nicht beim ersten Mal! Nicht vor einem Jahr! Nun ist das Gitter verschwunden, die Öffentlichkeit implodiert. Die Menschen sind auch öffentlich zu Hause. Früher sagten sie: »Zu Hause tue und lasse ich, was ich will.« Jetzt sagen sie: »Im Café tue und lasse ich, was ich will.« Auch das Café ist ein eigener Raum.

Früher waren die Menschen immerhin in der Öffentlichkeit vor ihrem eigenen Willen sicher. Heute werden sie auch in der Öffentlichkeit von ihrem Willen beherrscht. Heute geht auch in der Öffentlichkeit alles so schnell, wie es zu Hause gegangen wäre. Die Menschen können tun, was sie wollen, also müssen sie es tun. Genauer: Sie müssen tun, was sie wollen, weil sie nichts mehr tun können, was sie tun müssen. Sie gleichen einem Junkie, der auf die Frage, warum er mit dem Junk begonnen habe, sagt: »Weil ich nichts Besseres zu tun hatte.« Dabei handelt es sich nicht um ein so vages Gefühl wie Langeweile, sondern um die *harte Wirklichkeit des Nichts*: Wer nichts zu tun hat, weil er nichts tun muss, der muss immer tun, was er will, wonach ihn im jeweiligen Augenblick verlangt.

Die freien Menschen haben nichts vor. Was werden sie am Abend machen? Am nächsten Tag? In der Woche und am Wochenende? Im Sommer? An Weihnachten? Neujahr? Im nächsten Jahr? *Sie wissen es nicht.* Sie wissen nur: Wenn sie nichts wollen, wird nichts passieren. Der Abend wird ein leerer Abend sein, der Tag ein leerer Tag, der Sommer ein leerer Sommer. Es wird kein Weihnachten geben, kein Neujahr. Vor den freien Menschen liegt das Nichts. Sie stürzen in ihre Möglichkeiten, weil kein Müssen Raum und Zeit füllt, eine Gegengravitation erzeugt. Für die Menschen ist die sexuelle Freiheit auch deshalb ein Zwang zum Sex, weil sie nichts anderes mehr zu tun haben, nichts anderes mehr müssen.

Früher begann die Liebe als ein Übergang von der Enge des Elternhauses in die Freiheit selbst gewählter Zweisamkeit, der eigenen Existenz, des eigenen Hauses. Die Liebe bedeutete einen *Freiheitsgewinn*, keinen Freiheitsverlust.

Heute soll die Liebe beginnen und gelingen als Übergang *von der Einsamkeit in den Sex.* Die freien Menschen, die jahrelang einsam waren, sind plötzlich mit einem Anderen, wie man sagt, sexuell vereinigt. Sie gehen aus der Weite ihrer Isolation in die Enge der sexuellen Vereinigung. Ihr Rausch besteht auch darin, einmal *nicht frei* zu sein. Die sexuelle Freiheit erlöst von der Freiheit der Existenz am Rande des Nichts. In ihr gibt es eine Augenblicksenge, die als Erlösung empfunden wird von der permanenten Freiheit und Einsamkeit des Lebens, der permanenten Ausbreitung des Nichts. Die existenzielle Freiheit zwingt die Menschen in den Sex.

Sie stürzen sich in den Sex, ineinander, wie müde Kämpfer in den Clinch. Plötzlich können sie sich nicht mehr aufrecht halten, fürchten die Distanz, wollen nicht mehr kämpfen, nur einen Moment.

Die Menschen, die nach Liebesmöglichkeiten suchen, werden also überwältigt von Sexmöglichkeiten. Die absolute Liebesmöglichkeit ist *zwangsläufig* eine Sexmöglichkeit. Die romantische Liebe, das war Sehnsucht, also Aufschub von Sex, Verhinderung und Unmöglichkeit von Sex. Die Liebe bestand in ihrer eigenen Verhinderung, ihrer Unmöglichkeit. Wenn die Liebe dagegen zur absoluten, durch nichts mehr verhinderten, durch nichts mehr verzögerten Möglichkeit wird, wird sie zu Sex. Sex ist Liebe minus Zeit, eingestampft aufs *Jetztsofort*.

Die freien Menschen präsentieren deutlich ihren Körper und ihre ganze Person (auch wenn sie sich selbst dadurch fremd werden, wie ein anderer erscheinen); ihre Kleider sind eng, ihre Seelen tief dekolletiert; sie erzählen ihrem Gegenüber von ihrem wahren Selbst (und eben das ist ihr Spiel); sie erzählen von ihren Wunden und Zielen, ihrer Gewalt und Zärtlichkeit, von allen Extremen; sie trinken zuviel (also gerade genug); sie wissen auf die Frage »Warum nicht?« keine Antwort mehr; sie sitzen in Zügen, die sich unweigerlich ihren Möglichkeiten nähern, ihren Trink- und Redemöglichkeiten, Kleidungs- und Körpermöglichkeiten, Offenbarungs- und Sexmöglichkeiten; sie wünschen sich zurück; doch sie vermögen nicht mehr, kehrtzumachen, nichts und niemand hält sie auf, kein Zwang, keine Regel, keine Gewohnheit; ihr Leben ist offen, leer, ein weiter, unbekannter (eigener) Raum; in diesem Raum fallen sie auf den Anderen zu, den Fremden, immer schon Nackten; sie haben keine andere Möglichkeit, als ihn sofort zu berühren, alles sofort zu tun.

Die Gespräche, die die freien Menschen führen, sind Gespräche auf dem Weg zum Sex. Das Gespräch wird zu Geschwätz. Es ist nicht unnötig flach, sondern *unnötig tief*. Empfindsamkeit wird: zur Schau gestellte Empfindsamkeit auf dem Weg zum Sex. Klugheit wird: zur Schau gestellte Klugheit auf dem Weg zum Sex. Trauma wird: zur Schau gestelltes Trauma auf dem Weg zum Sex. Pläne werden: zur Schau gestellte Pläne auf dem Weg zum Sex. Die Menschen werden Litfasssäulen. Sie werden zum Mittel ihrer Zwecke, zu Reklameträgern ihrer Möglichkeiten.

Das geschieht willentlich und überlegt, doch ebenso gegen den Willen der Sprechenden. Jedes Wort hat jetzt eine Brückenfunktion, wird zur Brücke, ob einer will oder nicht. Das *Gespräch* wird unmöglich. Selbst wenn der Sex nicht herbeigeredet werden muss, sondern beiden als sicher gilt, ist das Gespräch getragen von der Sexaussicht, ist es ein Gespräch zum Sex. Wie das Leben zum Tod hin sich ordnet, ordnet sich das Gespräch zum Sex hin. Wie das Leben in jedem Moment von der Todesmöglichkeit bestimmt wird, so wird das Gespräch in jedem Augenblick von der Sexmöglichkeit bestimmt. Jedes Wort gerät auf die schiefe Bahn, in die Strömung: dort treibt es, wirbelt und schaukelt der Mündung entgegen, dem Sex. Oder auch nur: den Sexfantasien, den Sexmöglichkeiten.

Die freien Menschen verabreden sich zum »Weintrinken und Quatschen«, also zum Sex. Jahre- und jahrzehntelang haben die Menschen sich regelmäßig zum Gespräch, also zum Sex verabredet. Sie haben andere angesprochen und tatsächlich hinausgewollt, hinausgemusst auf den Sex. Sie haben dem Anderen ihren gesamten Entwicklungsroman erzählt, haben sogar berichtet von der Zukunft, doch das wahre Ende der Geschichte, das große Telos und große Finale ist stets der Sex gewesen. Alle Lebensgeschichten der Menschen sind hinausgelaufen und laufen hinaus einzig auf das Jetzt, den Sex. Die große Tour durch alle Zeiten hat immer nur den Augenblick zum Ziel gehabt, alle Worte nur das Schweigen.

Die Idee der Partnerwahl ist nicht nur zur gesellschaftlichen Struktur geworden, sondern auch zu einer *körperlichen* – in der Sexsucht. Wie die Menschen in Bürgerkriegsgebieten in jedem einen Mörder sehen, weil sie gesehen haben, wie jeder zum Mörder *wurde*, auch der Nachbar, der Passant, sehen die freien Menschen in jedem eine Sexmöglichkeit, weil sie erfahren haben, dass jeder im nächsten Moment zum Sexualpartner werden kann, auch der Nachbar, auch der Passant. Wie die Menschen in Bürgerkriegsgebieten immerzu terrorisiert werden von ihrer *wirklichkeitsgemäßen Gewaltangst*, so werden die freien Menschen terrorisiert von ihrer *wirklichkeitsgemäßen Sexhoffnung*. Das Existieren im öffentlichen Raum ist für sie eine Qual, unerträgliche Gleichzeitigkeit von Erregung und Entsagung, Hoffnung und Enttäuschung.

Und wie die Kriegstraumatisierten auch in Friedenszeiten in allen Menschen Mörder sehen, sehen die freien Menschen noch in den Verheirateten unausgesetzt Sexmöglichkeiten – und tatsächlich, sie haben Recht. Es mag ein Kriegsende geben, aber es gibt kein Ende der Freiheit, zu keiner Zeit, unter keiner Bedingung. Es gibt Räume, in denen ein Waffenstillstand, aber keine Räume, in denen ein Möglichkeitenstillstand herrscht.

Eine Zeitung berichtet: Klaus und Natascha gingen immer wieder fremd. Die Mittvierziger aus Frankfurt sind seit sechzehn Jahren verheiratet. Klaus ist Beamter, Natascha Krankenschwester. »Ich lebe meine Sexualität gern aus«, sagt sie.

Welche Sexualität lebt der Mensch gern aus? Die eigene, persönliche. Die selbstentwickelte, selbstbefriedigte. Die freien Menschen haben eine *eigene Sexualität* – entwickelt durch viel Erfahrung und unendliches Fantasieren, das auf Erfahrung beruht.

Die Menschen suchen einerseits im Sex die Unendlichkeit und stürzen andererseits in den Sex nur deshalb, weil kein Zwang, keine Gewohnheit, keine Regel sie mehr zurückhalten. Aus beidem, Unendlichkeitssex wie blinden Sexstürzen, aus den Selbstbefriedigungsfantasien und den wirklichen Begegnungen (die sich dann in den Fantasien unendlich wiederholen, wie die Begegnungen umgekehrt die Fantasien wiederholen sollen) entwickelt sich mit der Zeit ein eigener sexueller Entwicklungsroman, eine sexuelle Autobiografie, die *eigene Sexualität* der freien Menschen.

Es ist eine Sexualität, die aus der unbegrenzten Freiheit, den unbegrenzten Möglichkeiten, hervorgegangen ist – und die sich ihrerseits keiner Begrenzung mehr fügt, auch nicht jener durch die Liebe.

Die freien Menschen haben eine hypertrophe Sexualität. Die Unendlichkeit macht sie zu monströsen Kopfmenschen, Augenmenschen und – Geschlechtsmenschen. Die freien Menschen leiden an einer *Zwangsgrübelei* (betreffend der Verbesserung ihrer Arbeits-, Therapie-, Wohnorts-, Liebes- und Sexpartnersuchen), einer *Zwangsguckerei* (zielend auf alle passierenden Möglichkeiten) und einer entsprechenden *Zwangserregung*.

Was früher pervers hieß, das heißt jetzt persönlich. Was die Menschen schon immer in der Fantasie hatten, haben sie nun auch in der Realität. Das *Sexleben* ist genauso wirklich geworden wie das *Liebesleben*. Die Menschen haben ihre Erregung gebildet – an ihren Erregungsmöglichkeiten. Nicht das Paar hat mehr eine Sexualität, sondern das Ich; es bildet seine Sexualität in der Begegnung mit Vielen, in der unendlichen Selbstbefriedigung, in vielen Paarungen und Lebensphasen, eine vielschichtige, vielköpfige Sexualität, von Hydragestalt, die das Ich also auch mit Vielen ausleben kann und muss.

Die Sexualität verlagert sich also vom Zwischen-Menschlichen ins Innere des Einzelnen. Wie aus der Disziplinierung und Beherrschung durch Andere mehr und mehr die Selbstdisziplin und Selbstbeherrschung wird, aus dem Befehl die Motivation, so wird aus der Paarsexualität mehr und mehr die Selbstsexualität, ein je Fertiges im Inneren des Menschen, das wie ein Stecker in unendlich viele Dosen passt, das seine Bestimmung als Eigenes und Unabhängiges erst erfüllt, wenn es sich mit unendlich vielem verbindet.

Die freien Menschen werden zu ihrer Sexualität befragt: »Wie sieht deine sexuelle Persönlichkeit aus? Also: Welche Kleidung erregt dich? Welche Schuhe? Erregt dich das Haar deines Partners? Langes Haar oder kurzes? Erregen dich Muskeln? Oder Sommersprossen? Dünne Menschen oder dicke? Sollte dein Partner größer sein oder kleiner? Erregen dich Vater- oder Mutterfiguren? Stehst du auf Dominanz oder Unterwürfigkeit? Brauchst du den Kampf? Gehst du in Swingerclubs? Machst du es in der Fantasie? Stehst du auf Fesseln? Erregt es dich, Sex in Autos oder in Zügen zu haben? Auf öffentlichen Toiletten, in einer Bibliothek? Erregt es dich, dass andere Menschen dir zusehen? Stehst du auf Gruppensex? Hast du ihn in der Fantasie? Welche Stellung macht dich am meisten an? Benutzt du beim Sex einen Dildo? Stehst du auf dreckige Wörter? Analsex? Hast du Analsex in der Fantasie? Hältst du solche Fragen für selbstverständlich? Wurden sie dir schon häufig gestellt? Hast du dich selbst oft gefragt, was dich erregt? Hast du versucht, diese Dinge in der Realität zu finden? Hast du deinen Partner danach ausgesucht? Hast du versucht, deinen Partner zu bestimmten Dingen zu überreden? Hat dein Partner dich nach deinen Fantasien gefragt? Glaubst du, dass Fantasien dazu da sind, verwirklicht zu werden? Erregt es dich, wenn dein Partner über deinen Körper Eiswürfel gleiten lässt? Wenn er von deinem Bauch isst? Wenn er dich füttert? Stehst du auf Asiaten? Italiener? Rauchst du vorher gern einen Joint? Hast du gern Sex auf Ecstasy? Oder lieber auf Kokain? Möchtest du, dass der Andere vor dir kniet? Erregt es dich, beim Sex Musik zu hören? Wenn ja: welche? Klassik? Techno? HipHop? Hardrock? Hast du gern spontan Sex? Mitten am Tag? Oder lieber abends? Im Bett? Brauchst du Licht oder Dunkelheit? Stimulierst du dich beim Sex selbst? Können andere dich durch Berührungen so erregen wie du dich selbst? Wenn nein: Liegt das am Ungeschick der Anderen oder daran, dass du mittlerweile deine Gewohnheiten hast? Was war dein aufregendstes sexuelles Erlebnis? Hast du versucht, es zu wiederholen? Mit demselben Menschen? Mit anderen? Vielen anderen? Ist es dir gelungen? Wenn nicht: Hast du die Hoffnung aufgegeben? Oder versuchst du es weiter? Haben sich deine sexuellen Fantasien mit der Zeit verändert? Wenn ja: ist es eine positive oder negative Entwicklung? Versuchst du, deine Sexualität in einer bestimmten Richtung zu entwickeln? Willst du Dinge lernen, dir abgewöhnen? Weißt du, was du willst? Beziehen sich deine Fantasien ausschließlich auf deinen Partner? Ausschließlich auf andere Menschen?

Eine Frau berichtet: »Ich bin dominant gechartert, brauche Macht, mag es aber auch, mich fallen zu lassen; dazu gehört allerdings von der Gegenseite nicht nur Geschick, sondern auch Einfühlungsvermögen und ausdauernde Konsequenz. Ich mag zuverlässige und geistreiche Personen. Ehrlichkeit steht bei mir ganz hoch im Kurs. In der richtigen Situation ist mir kein Wort dreckig genug. Mir sind Sex mit einer Prise Humor, Dinge für den besonderen Kick, muskulöse Körper und Sex an den verschiedensten Orten wichtig. Gegenseitige Offenheit ist für mich ein unbedingtes Muss in jeder Art von Partnerschaft bzw. Beziehung. Interessiert bin ich an: Treffen mit bisexueller Dame oder Paar, bei dem sie aktiv (!!!!) bisexuell interessiert ist. Ich bin noch und immer wieder neugierig auf Frauen und ihre Verschiedenheit, aber meiner erotischen Neigung zu Frauen bin ich bereits sicher. Habe bereits einige Erfahrungen gemacht, bin aktiv, wünsche mir aber auch, etwas zurückzubekommen. Unbedingte Voraussetzung ist es nicht, aber ich mag das Miteinander und Durcheinander in der Gruppe. Einfach nur Partnertausch? Nein danke! Ich liebe aber auch das erotische Erlebnis mit mehr als einem Mann – von der zärtlichen Massage bis ... Was Männer angeht, weiß ich, was ich will: Selbstbewusstsein ohne Arroganz, physische Präsenz, Männer mit einer dominanten Aura, die diese auch aktiv einsetzen können, denen es aber auch nicht am Ego kratzt, wenn sie mal nicht im Mittelpunkt stehn ... Küssen ist wichtig, und zwar auch die Art WIE man/ frau küsst (lange, intensiv, kommunikativ). Die Chemie sollte stimmen, und das ist keine Frage der Sympathie, sondern eine physische/biologische Angelegenheit, die nicht beeinflussbar ist! Mich reizen Zärtlichkeit und Sinnlichkeit zu dritt oder zu viert (oder mehr) mit viel Zeit, ich mag leidenschaftlichen Sex mit allem, was Spaß macht, von zart bis hart und gerne wild und heftig!! Liebe Männer, ihr solltet »gut gebaut« und ausdauernd sein ;-), ich bin hart im Nehmen, aber IMMER mit Einfühlungsvermögen und Aufmerksamkeit ... Wenn ihr wisst wie man den G-Punkt stimuliert, ist das auch kein Fehler. ;-) Ich liebe intensive Reize, Fantasie und Vielseitigkeit ... ONS suche ich nicht, eher die Dauerfreundschaft ...

Alles andere zeigt sich, wenn Chemie und Sympathie und Interessen passen ... An einer sinnlich-erotischen Atmosphäre sollte Euch schon gelegen sein. Küssen ist wichtig, Zärtlichkeit auch! Sex mit Humor, ja, aber nie »niedlich« und »nebenbei«. Manchmal ein Spiel, aber keine Spielerei :-) Was ich nicht mag: Plumpe Anmachsprüche, Leute, die nur auf Besitz und Gewinn aus sind, und Indiskretion. Imitation von Pornografie (unsere Sexualität ist so viel facettenreicher ...). Liebe Raucher, raucht, nur bitte versucht, euch damit zurückzuhalten, bevor ihr mich küssen wollt. Der Geschmack von Zigaretten ist leider ein erotisches Minus bei mir. Kein Interesse v. a. an Schlägen und harten SM-Aktionen ohne Körperkontakt. Habe keinen Fetisch außer dem menschlichen Körper. Ich verabscheue Gewalttätigkeiten. Auch keine ausschließlich devoten oder dominanten Charaktere. Ich selbst bin hier auch nicht festgelegt. Mal so, mal so, je nach Gegenüber :-) Aber immer als Bestandteil der Sexualität. Für mich interessante Menschen haben viele Facetten! Bisschen Zeit zum persönlichen (!) Kennenlernen sollte sein, das heißt NICHT, dass man sich eine halbe Stunde über den Beruf unterhalten muss. Um das Wesentliche zu sehen, muss man nicht den Tagesablauf des Anderen kennen ;-)«

In einem »Führer zu unendlichen sexuellen Möglichkeiten« heißt es: »Wenn du von Freiheit träumst, wenn du von Sex träumst, wenn du von einer Unmenge von Freunden, Flirts und gegenseitigen Eroberungen träumst, davon, deinen Begierden zu folgen und zu sehen, wo sie dich hintragen, hast du schon den ersten Schritt getan. (...) Es ist unsere Überzeugung, dass die menschliche Kapazität für Sex und Liebe und Intimität wesentlich größer ist, als die meisten Leute glauben – möglicherweise unendlich –, und dass eine Menge befriedigender Kontakte zu haben, es dir einfach möglich macht, eine Menge mehr zu haben. Stell dir vor, wie es wäre, in einer Überfülle von Sex und Liebe zu leben, zu fühlen, dass du von beidem so viel hast, wie du dir nur wünschen kannst, dass du frei bist von allen Gefühlen der Entbehrung und Bedürftigkeit.«

Was die Menschen erregt, ist jetzt mehr, als jeder Andere sein und tun kann. Das Erregende hat sich vom Anderen, vom einzelnen Partner gelöst und ins Unbegrenzte erweitert: ins Vielfache und Fantastische, ins Unendlich-Erhoffte und Unendlich-Erinnerte. Die Menschen sagen: »Ich mag dies, aber auch jenes ... Ich liebe alles von ... bis ... Mich interessieren alle Menschen, die ... Ich bin neugierig auf ... Ich mag es zu dritt, zu viert, das Durcheinander der Gruppe ... Ich bin nicht festgelegt ... Ich mag es mal so, mal so ... an den verschiedensten Orten ... Ich liebe intensive Reize ... Dinge für den besonderen Kick ... ich brauche Vielseitigkeit ... Menschen, die viele Facetten haben ... Menschen mit Fantasie ...«

Was auf den ersten Blick nach Spezialisierung aussehen mag (»Ich weiß genau, was ich will«) ist in Wahrheit das Gegenteil: eine *Verallgemeinerung* der Sexualität, ihre Öffnung für alles und jeden. Bereits die Worte (Sex, Partner, lange Haare, gut gebaut) werden zum Einfallstor für die Unendlichkeit. Denn sie benennen, was vielfach existiert: Sex, Partner, Langhaarige, Gutgebaute. Der Liebende dagegen kann den Anderen kaum beschreiben, weil es Wörter, die ausschließlich auf Einen passen, nicht gibt; weil Wörter – außer Namen – notwendig etwas bezeichnen, das auch im Plural existiert. Das Wesen aller Wörter ist Verallgemeinerung: Wer blond sagt, denkt an alle Blonden. Wer Partner sagt, denkt an viele Partner. Wer Sex sagt, denkt an Sex mit Vielen.

Die Amtssprache der Erregung dient der Vervielfältigung. Jeder kann jetzt von allem sprechen, sich alles wünschen. Die

Individualisierung der Wünsche ist tatsächlich ihre Vermassung, zielt auf die Masse der Menschen, Masse der Möglichkeiten.

Wie die Liebe sich einst befreit hat von den Zwecken, die ihr übergeordnet waren, hat die Sexualität sich jetzt befreit von der ihr übergeordneten Liebe. Die Menschen wollen ihre – je eigene – Sexualität nicht mehr der Liebe unterordnen. Zwar war die Sexualität nie eins mit der Liebe, doch jetzt bedroht sie sie nicht mehr nur als tierischer Trieb, dreckige Leidenschaft (die es zu verheimlichen oder gewerblich zu befriedigen gilt), sondern als gleichberechtigter Weg zum Glück.

Die Menschen wollen ihre Sexualität entwickeln. Sie *sollen* es. Sie haben *ein Recht* auf ihre Sexualität. Sie sagen: »Ich lebe meine Sexualität gern aus.« Sie sagen: »Wegen meiner Beziehung werde ich nicht auf meine Sexualität verzichten.« So wenig die Menschen wegen einer Partnerschaft auf ihre berufliche oder therapeutische Entwicklung verzichten, so wenig verzichten sie nun auf ihre sexuelle Entwicklung. Sie wollen einen lieben, der ihre beruflichen Möglichkeiten verkörpert, wie sie einen lieben wollen, der ihre Sexmöglichkeiten verkörpert. Wenn sie daran scheitern, stornieren sie ihre Leidenschaft.

Wie aber geht die Liebe mit der unbegrenzten, eigenen Sexualität um? Bietet sie eine Alternative? Im Gegenteil: Sie stützt sich mehr denn je auf die Sexualität. Was sich in der Wirklichkeit seit Langem auseinander bewegt, wird im Ideal wieder zusammen gezwungen. Ausgerechnet jetzt, da der Sex sich in nie gekannter Weise von der Liebe unabhängig gemacht hat, macht die Liebe sich in nie gekannter Weise vom Sex abhängig.

Wer lange genug in einem Wartesaal sitzt, vergisst, auf was er gewartet hat. Er fängt an, sich einzurichten. Auch seine Träume spielen nicht mehr jenseits, sondern innerhalb des Wartesaals. Der Wartesaal ist seine Welt geworden, seine Gegenwart. Auch seine Erinnerungen sind, bis auf wenige, entrückte Ausnahmen, Wartesaal-Erinnerungen. So ist es kein Wunder, dass der Wartende sich auch seine Zukunft im Wartesaal denkt.

Sex ist heute der Wartesaal der Liebe. Die freien Menschen haben vergessen, auf was sie gewartet haben, sie haben sich eingerichtet. Sie stellen sich die ersehnte Liebe vor als *sexuelle Ekstase.*

Die freien Menschen suchen nach der Liebe mittels der Erregung, mittels des Sex. Sie schlafen mit Vielen, auf der Suche nach Liebe. Doch das Mittel verändert den Zweck; es wird allmählich selbst zum Zweck. Die Menschen passen das Ziel ihrer Suche dem Instrument ihrer Suche an. Sie haben mittels des Sex gesucht, jetzt suchen sie den Sex selbst.

Wie jemand, der gezwungen ist, seinen zu Liebenden an dessen Verhalten in Gesellschaft zu erkennen, am Ende den vollkommenen Gesellschafter sucht, so sind die freien Menschen gezwungen, ihren zu Liebenden an der eigenen Erregung zu erkennen, und suchen am Ende den unendlich Erregenden.

Ursprünglich hatten die Menschen sich die Ekstase nur als eine *Offenbarung* des Einen, des Geliebten vorgestellt. Die Ekstase war der brennende Busch, in dem ihnen der Eine, Geliebte erschien. In der Ekstase zeigte er sich, erwies er sich als der einzig Mögliche und Richtige. Doch irgendwann begannen die Menschen, nach dem Einen in jedem Feuer zu suchen. Ja, sie suchten nun *das Feuer selbst.* Sie hatten vergessen, dass ihnen im Feuer einst etwas anderes erschienen war. Jetzt suchen die Menschen den Meist-Erregenden, Immer-Erregenden.

Man stelle sich vor!

Eine Frau, die seit einigen Jahren, genauer: seit fünfzehn Jahren, auf Liebessuche war, hatte mit allen Männern, für die sie sich im Laufe ihrer Suche auch nur im Entferntesten interessiert hatte, schlafen müssen, so wollte es *das Gesetz*. Es war ein Verbrechen, unter Auslassung des Geschlechtsakts sich ein Urteil zu bilden, eine Wahl zu treffen. Während der vergangenen fünfzehn Jahre hatte die Frau also mit ungefähr hundertzwanzig Männern geschlafen, die genaue Zahl war ihr nicht bekannt. Verständlicherweise war die Frau das, wie sie sagte, *ewige sexuelle Ritual* leid. Sie könne sich »womöglich auch ohne den Sex ein Urteil bilden«, so die Frau, doch es führe »bekanntlich kein Weg daran vorbei«. Das Problem sei, so die Frau weiter, dass ihr der leidige Akt auch die Männer verleide, also mehr Wahrheit erzeuge, als offenbare. »Ich versuche immer, mir den Eindruck zu merken, den ich *vor* dem Geschlechtsakt hatte«, sagte die Frau, »doch das will mir nicht gelingen«.

Das Gesetz entfaltet sich hinter dem Rücken der Menschen. Sex ist für die Menschen zunächst nicht Prüfung des Anderen, nur Versuchung des Selbst; dennoch, sobald sie miteinander geschlafen haben, ist er der größte Posten in der Bilanz, die sie nun, an diesem Ende vor dem Anfang, zu ziehen haben.

Nichts ist offen am Morgen danach. Was die Menschen für einen Anderen empfinden, das Gefühl, das sie in sich selbst vorfinden, ist in jedem Fall ein Nachgefühl, Nachgeschmack und Nachdenken – nach dem Sex. Die Menschen werden, noch bevor sie sich verlieben können, mit *aller möglichen* Erfahrung beladen. Es ist, als müssten sie sich nach vielen Jahren gemeinsamen Alltags verlieben. Doch die Bürde ist hier nicht der All-Tag, sondern die All-Tat, das Alles-schon-getan-Haben.

Früher entstand Liebe nicht nur ohne Erfahrung des Alltags, sondern auch ohne die Erfahrung des Sex. Sie musste sich an anderes halten. Der Geliebte war nicht deckungsgleich mit seiner Sexualität. Für die freien Menschen dagegen ist der Andere nicht mehr unterscheidbar von seiner Sexualität. Das Gefühl für ihn ist ununterscheidbar von der Erregung oder Nicht-Erregung beim Sex mit ihm. Die Sexualität des Anderen ist keine Handlung mehr, die man von seinem Wesen unterscheiden, keine Schuld, die er büßen könnte, sondern sie ist jetzt untrennbar von seiner Person. Der Andere ist für die freien Menschen zuerst und vor allem ein sexuelles Wesen. Die Persönlichkeit des Anderen ist vor allem seine sexuelle Persönlichkeit, seine *Persönlichkeit beim Sex*.

Auch die Menschen selbst erfahren sich nun zuerst und vor allem als sexuelle Wesen. Sie erfahren ihre Persönlichkeit – im vorgestellten Bewusstsein des Anderen oder durch seine tatsächlichen Äußerungen – vor allem im Sex, als sexuelle Persönlichkeit.

Welche Entscheidung die Menschen auch treffen, es ist eine Sexentscheidung. Welches Gefühl sie auch haben, es ist ein Sexgefühl. »Will ich mit diesem sexuellen Wesen leben? Will ich, durch das Zusammensein mit diesem Menschen, dieses sexuelle Wesen *sein*? Liebe ich dieses Sex-Du? Dieses Sex-Ich?« Grundlage und Ausgangspunkt jeder Beziehung ist entweder die Sexeuphorie oder die Sexenttäuschung. Es ist die Ekstase oder das Ausbleiben der Ekstase.

In dem Augenblick aber, da die Sexualität der Menschen, ihre Fantasien, Erinnerungen und Vergleichsmöglichkeiten, über jeden Anderen hinausgehen, ist die Grundlage *jeder* Beziehung die Sexenttäuschung. Der Ausgangspunkt jeder Beziehung ist das Ausbleiben der Ekstase. Die Menschen sagen: »Ich liebe den Anderen nicht. Denn der Sex mit ihm ist enttäuschend. Ich kann weder mit diesem sexuellen Du leben – noch mit diesem nicht-sexuellen Ich, das ich mit diesem Du habe.«

Die freien Menschen brechen jeden Liebesversuch ab zugunsten eines – erneuten – *Lebens mit Dritten*. Sie müssen immerzu wählen: ob sie versuchen wollen, in einem Geliebten alles zu finden, den besten Freund, die größte Erregung – so sah es die Idee der romantischen Liebe vor; oder ob sie die Erregung und die Freundschaft außerhalb der Liebe suchen. Vielmehr, ob sie *statt der Liebe* Erregung und Freundschaft suchen, sie also Sexpartner und Freunde (und Freunde als Sexpartner) einem Geliebten vorziehen – der als Freund und Sexpartner doch eine permanente Enttäuschung ist, immerzu hinter allen Freundschafts- und Erregungserwartungen zurückbleibt, hinter den unendlichen Freundschaftsmöglichkeiten, unendlichen Erregungsmöglichkeiten.

Die Menschen haben unterschiedliche Freunde, um möglichst viele Freundschaftsmöglichkeiten zu nutzen, und sie haben unterschiedliche Sexualpartner, um möglichst viele Sexmöglichkeiten zu nutzen. Sie wissen, dass nicht ein Freund alle Freundschaftsmöglichkeiten, ein Sexpartner alle Sexmöglichkeiten für sie realisieren kann. Dennoch hoffen sie in einem fort, *in einem Geliebten* alle Liebes-, Freundschafts- und Sexmöglichkeiten zu realisieren. Wenn sie enttäuscht werden (und sie müssen enttäuscht werden), können sie wieder ausweichen auf ihre Freundschafts- und Sexmöglichkeiten.

Sie leben ihr Leben mit Dritten. Immer wenn sie enttäuscht sind von der romantischen Zweisamkeit, wenn sie dort nicht die erwartete Freundschaft und die erwartete Erregung finden, sagen sie: »Ich kann auch wieder mit Dritten leben. Ich habe lange genug mit Dritten gelebt. Warum sollte ich diese Enttäuschungen hinnehmen, wenn ich doch genug Freunde habe, unendliche Sexmöglichkeiten. Tatsächlich hat mein Partner mir nicht nur meine Sexmöglichkeiten verbaut, sondern auch meine Freundschaftsmöglichkeiten. Allen meinen Freunden ist er mit seinem Argwohn und seinem Schweigen, mit offener Feindseligkeit begegnet. Er stand zwischen mir und meinen Freunden, wie er zwischen mir und meinen Sexmöglichkeiten stand. Es lohnt sich einfach nicht, *nur für diesen Menschen* sowohl auf meine Freundschaftsmöglichkeiten als auch auf meine Sexmöglichkeiten zu verzichten. Ich ziehe das Leben mit Dritten der Zweisamkeit vor.«

Aus der Sexenttäuschung wird die Liebesenttäuschung. Doch die Menschen *erwarten* die Liebesenttäuschung bereits. Das ist ja ihre Erfahrung mit unendlich Vielen: dass sie sie nicht lieben, dieses »Ich liebe wieder nicht« – und, da die Menschen nicht einsam leben wollen, haben sie wenigstens – ausgerechnet – Sex mit denen, die sie, wie sie glauben, ohnehin nicht lieben werden. Sie suchen die Entschädigung für die erwartete Liebesenttäuschung ausgerechnet in dem, was die Liebesenttäuschung immer wieder auslöst.

Natürlich ist die pausenlose Suche enttäuschend und zermürbend. Jede Sekunde ist eine Sekunde der Vergeblichkeit, des Nicht-Resultats, der verpassten Chancen. Aber die Menschen wissen einen Trost. In diesem Spiel – das ihnen selbstverständlich nicht als Spiel erscheint – gibt es einen garantierten Gewinn. Die Menschen nehmen den, der ihnen zum Leben als nicht ausreichend erscheint, mit nach Hause zum Sex. So müssen sie nicht allein sein. Sie können *immer Sex haben*. Und auch wenn sie allein sind, stellen sie sich den, mit dem sie sich ein Leben nicht vorstellen können, beim Sex vor. Sie können *sich immer selbst befriedigen.*

Die freien Menschen, die ihr Ideal – die Liebe – nicht mehr erreichen können, wollen ihm doch so nah wie möglich kommen: im Sex.

Es fließt ein ständiger Strom aus der Liebessehnsucht, dem Schmerz, in die sexuelle Befriedigung. Jeder Tag beginnt mit einer Sehnsucht und endet mit sexueller Befriedigung. Die Menschen wachen sehnsüchtig auf und schlafen befriedigt ein.

In der Sprache der Liebe wäre der Geliebte nun derjenige, der den Liebenden am meisten, am dauerhaftesten erregt. Im Zustand größter sexueller Erregung rufen die freien Menschen »Ich liebe dich!« – nicht mehr im Zustand größter romantischer Erregung. Nicht mehr aufgrund einer gemeinsamen Natur- und Kunst-, also Welterfahrung, deren Voraussetzung die erzwungene Distanz der Liebenden ist, so dass die Liebenden sich nur mittelbar, erfahren können.

Die freien Menschen dagegen vereinigen sich sofort; sie erfahren nichts – als sich selbst, als einander, unmittelbar. Keine Welt, kein Stoff – nichts bleibt zwischen ihnen. Sie kreisen nicht umeinander wie Gestirne nach den Gesetzen von Schwerkraft und Fliehkraft. Sie können keine Welt mehr bilden, kein System aus Kraft und Widerkraft, Gesetz und Widergesetz, sondern im Augenblick der Begegnung rasen sie aufeinander zu und fallen ineinander. Die Unmöglichkeit ihrer Verbindung erfahren sie nicht mehr in der Welt, sondern im Sex.

An die Stelle von Entsagung tritt die Enttäuschung, an die Stelle von Sehnsucht tritt der Ekel. Er ist die Abstoßung dessen, was *zu schnell zu nah* gekommen ist. Ekel ist das symptomatische Gefühl der freien Menschen – nicht mehr ein

Ekel angesichts der Absurdität der Dinge, ihres reinen, bedeutungslosen Seins, sondern Ekel angesichts einer zu großen Nähe; nicht mehr angesichts nur der Fremdheit des Anderen, sondern infolge seines plötzlichen Eindringens ins eigene Selbst.

Die verschiedenen Epochen der Liebe und Nichtliebe unterscheiden sich nach den Instrumenten der Liebessuche. Bis zur Romantik haben die Menschen mit Augen und Ohren gesucht. Sie hatten jemanden – von weitem – gesehen, von jemandem gehört. Sie schwärmten von Menschen aufgrund eines Bildes, eines Gerüchts. In einer Welt der Entfernungen und der Unmöglichkeit (oder denkbar langen Dauer) ihrer Überwindung waren die Menschen angewiesen auf ihre Entfernungssinne.

Später dann, seit der Romantik, suchten die Menschen mittels des Gesprächs. Es war die Zeit der Halbdistanz, der Nähe – doch nicht der Verschmelzung. Die Romantiker schwärmten von jemandem, weil er ein bestimmtes Wort verstanden, ein bestimmtes Wort gesagt hatte (über eine Stadt oder Landschaft, ein Buch oder Lied). Sie liebten mit dem Verstand (ausgerechnet sie, die den Verstand überwinden wollten).

Die freien Menschen schließlich suchen mittels der Geschlechtsorgane. Es ist die Zeit der Implosion aller Abstände, von Raum und Zeit, des Ineinanderstürzens. Die Menschen lieben mit ihrem Nah- und Nächstensinn, der sogar ins Innere des Anderen reicht, vor allem aber ins Innere ihres Selbst. Sie schwärmen von einem Menschen, weil *sie selbst* sich mit ihm gut fühlen, sie selbst durch ihn erregt werden. Sie sind enttäuscht von einem Anderen, weil sie selbst sich mit ihm nicht gut fühlen, nicht durch ihn erregt werden.

Sie sind dem Anderen jetzt so nah, so im Anderen, der Andere in ihnen, dass sie ihn nicht mehr als ganze Person wahrnehmen können, nur ekelhafte *Einzelheiten* sehen; dass ihnen nichts bleibt, als *in sich selbst* hineinzusehen, hineinzuhören.

Und was hören sie dort, was sehen sie? Es sind ihre Erinnerungen, ihre Vergleichsmöglichkeiten. Die Menschen, die jede Entfernung zum Anderen mit einem Mal aufgegeben haben, aufgeben mussten, sie sehen und fühlen nur noch sich selbst. Sie fühlen ihre Vergleichstraurigkeit. Sie ergehen sich in ihren eigenen *schöneren* Erinnerungen, ihren *schöneren* Fantasien.

Die Menschen, die mit ihren Geschlechtsorganen nach der Liebe suchen, machen aus allen Eigenschaften *sexuelle Eigenschaften*. Schönheit soll jetzt erregende Schönheit sein, Tugend erregende Tugend, alle Gespräche erregende Gespräche. Alles soll Mittel sein zum Zweck der Ekstase.

Was bliebe einer Liebe auch, die sich von allen Zwecken befreit hat? Was bleibt einer sogenannten Beziehung, die nicht mehr der Sicherheit dient, nicht mehr der Befreiung von der Familie, nicht mehr der Gründung einer eigenen, nicht der Bewahrung der Vergangenheit und ebenso wenig der Zukunft?

Sex und Gespräch. Die freien Menschen wollen den Anderen im Sex und im (erregenden) Gespräch lieben. Sie sind Sex- und Gesprächsliebende. Vielmehr: Sie lieben *nicht* – aufgrund ihrer Sex- und Gesprächsenttäuschung. Jahrzehntelang denken die Menschen nicht an eine gemeinsame Welt mit einem Anderen, ein geteiltes Leben, gemeinsame Räume, gemeinsamen Besitz, gemeinsame Kinder – sondern ausschließlich an die Erfüllung ihrer Sehnsucht in Sex und Gespräch. Die Zwanzigjährigen und Dreißigjährigen denken *noch nicht* an die gemeinsame Welt, die Vierzigjährigen und Fünfzigjährigen *nicht mehr*. Die freien Menschen denken sich das Glück als Ekstase, nicht als Existenz. Selbst wenn sie sich eine Existenz erträumen, so nur und ausschließlich eine Existenz, die auf der Ekstase beruht.

Die Menschen, die keine Privatsphäre mehr haben, keine Welt, außer einer Möglichkeitswelt, deren Zeit also eine lose Folge von Augenblicken ist – sie suchen naturgemäß auch nach einer weltlosen und zeitlosen Liebe, einer ekstatischen Augenblicksliebe. Die Geborgenheit, die eine Stadt gab, ein Haus, die Vertrautheit der Gegend und der Menschen, die Sicherheit der Zukunft, das alles haben die freien Menschen verloren, das alles suchen sie jetzt im Sex. Wo eine Welt war, da sollen jetzt Gefühle sein. An die Stelle einer Heimat treten Höhepunkte.

Die welt- und zeitlose Liebe, die die Menschen suchen, gliche einer merkwürdigen Gesellschaft, in der alles spontan aus dem Gefühl geschieht – oder, aus mangelndem Gefühl, unterbleibt; einer Gesellschaft, die ihre Organisationen und Unternehmen jeden Tag neu ins Leben rufen muss: in Massenversammlungen, wo die Menschen in größter Erregung sich zusammentun zu einer Regierung, einer Kirche, einem Konzern, um sich abends in alle Richtungen wieder zu zerstreuen. Sie gleicht einem Land, das seine Dörfer, Städte, Straßen und Brücken jeden Tag aufs Neue errichten muss aus der bloßen Natur. Es herrscht tiefes, unmenschliches Waldesschweigen, der Wind weht durch leere Fluren, bis plötzlich, man weiß nicht woher, sich Menschen versammeln, um Dörfer und Städte zu bauen, Straßen und Brücken, die Wälder zu roden, die Wüsten zu gewinnen für Leben und Zivilisation – bis, am Abend, die Menschen, man weiß nicht wohin, wieder verschwinden und mit ihnen Dörfer und Städte, Straßen und

Brücken – und die Wälder und Wüsten sich augenblicklich und lückenlos wieder schließen wie Wasser über einem Stein.

So geht es immerfort. Aus dem Nichts schaffen die Menschen in einem Zug alles, und wenn sie ruhen, wird aus allem wieder nichts. Wenn anderntags die Menschen also nicht zusammenströmen, sie nicht in der größten Erregung sind (sondern müde oder missgelaunt), dann gibt es keine Gesellschaft, kein Land. Dann herrscht Leere, triumphiert das Nichts.

So kann es eine Bindung der freien Menschen nur in der Ekstase geben. Sie zerfällt auf der Stelle, mit dem Gefühl, aus dem sie besteht.

Die Liebe soll also mehr denn je auf der Erregung beruhen, weil sie jetzt mittels der Erregung gesucht wird; weil sie sich von allen Zwecken befreit hat außer vom Zweck der Erregung; weil der Andere jetzt zuerst und vor allem als ein sexuelles Wesen erscheint; weil die Liebessuche auch blind immer wieder in den Sex stürzt; weil die freien Menschen, die ihre Liebesenttäuschung (im Sex) bereits erwarten, ihre Entschädigung im Sex suchen; weil sie jetzt eine unbegrenzte, eigene Sexualität haben, die über jede Liebe hinausgeht und – da die Liebe sich jetzt vor allem auf die Sexualität beruft – die Liebe unmöglich macht; weil die Menschen, die nur fallen wollen und fallen müssen, in die Ekstase hinein, in den Anderen hinein, also in den Ekel fallen.

Die Liebe war seit jeher eine Eroberin. Sie eroberte die Sexualität eines Menschen, vertrieb daraus, wie aus einem Tempel, alle anderen Angebeteten und erhob sich zum Alleinherrscher, zum alleinigen Gott. Sie ersetzte die niedere Religion einer Vielgötterei, das Begehren der Vielen, durch die Liebe zu Einem, das Begehren eines Einzigen.

Damit stellte sich nicht nur die Frage, ob die Liebe stark genug, *ausreichend Liebe* war, um den Tempel zu erobern, sondern auch umgekehrt, wer oder was bis zu diesem Tag den Tempel beherrscht hatte, *wie viele es waren*. Denn die Liebe kann nicht jede Macht, jede Religion aus dem Tempel vertreiben – und so erst zur Liebe werden. Der Gegner kann zahlreich sein, zu zahlreich.

Tatsächlich erweist sich die Sexualität der freien Menschen, ihre eigene Sexualität, als Tempel, der uneinnehmbar geworden ist. Die Sexualität ist jetzt uneinnehmbar durch die Liebe. Der Glaube an die Vielen, die Vielen in Einem, die Hydra, ist unbesiegbar geworden.

SIEBEN

DIE SUCHE NACH DEM PASSENDEN

Das siebte Kapitel: in dem berichtet wird, dass die Menschen einen Partner suchen, der ihrem unendlichen Selbst entspricht; dass sie also einen Partner suchen, der ihnen vollkommen gleicht, der die gleichen Leidenschaften und Einstellungen hat, die gleichen Erfahrungen, das gleiche Trauma; dass sie zugleich aber einen suchen, der ihr Gegenteil ist, ihnen hilft, ein Anderer zu werden – sich zu bilden, zu entwickeln, aufzusteigen in der Gesellschaft, in die Sphären der Reife und Erleuchtung, zum Endlich-Gesunden zu werden, zum Künstler, zum Star; dass die freien Menschen angesichts der Unendlichkeit möglicher Partner also glauben, dass sie einen finden könnten, der für sie gleichermaßen Spiegel und Herausforderung ist, Heimat und Tor zu Welt; dass sie sich unerträglich fremd fühlen mit einem, der anders ist als sie, und sich unerträglich vor dem Stillstand fürchten mit einem, der ihnen gleicht; dass sie sich nach Erfolg und zugleich nach Seelenruhe sehnen, sich also in entgegengesetzten Richtungen überschreiten wollen, in der gesellschaftlichen und der therapeutischen; in dem von Hans erzählt wird, der Klara hundert Matching-Punkte gibt; von Werther, der Lotte nicht gesucht, sondern entdeckt hat; und von Charles, der für seine Partnerin zu einem Ort der Verbannung geworden ist; in dem eine Theorie der Liebe entworfen wird, die davon ausgeht, dass es nicht die Frage ist, in wen, sondern wohin man sich verliebt

Ein Mann hatte fünf Jahre lang im Internet nach einer Frau gesucht, ohne dass ihn auch nur *eine* aufgrund seines Profils kontaktierte. Alle Frauen, die er selbst kontaktiert hatte, hatten nach Ansicht seines Profils den Kontakt sofort eingestellt. Der Mann hatte nach eigenen Angaben den aus vierhundertzweiundsechzig Fragen bestehenden Fragebogen auf das Geflissentlichste beantwortet. Es musste den Frauen also möglich gewesen sein, sich ein detailliertes Bild zu machen, so der Mann, der nun, nach »dem deprimierenden Misserfolg«, anonym zu bleiben wünscht. Das Bild von ihm, so der Mann, sei auch mit Sicherheit ein vorteilhaftes gewesen, denn er »sehe gut aus«, sei »vielfach interessiert«, »offen« und »lebensfroh«. Im letzten Feld mit der Überschrift »Was ich suche« hatte der Mann geschrieben: »Suche jemanden, der anders ist als ich.« Nach Meinung von Experten ist es dieser Satz gewesen, der für den Misserfolg verantwortlich war.

Der Mann dieser Geschichte ist eine Ausnahme. Vielleicht sogar erfunden. Denn: Jeder freie Mensch sucht zwar etwas anderes – doch alle suchen das Gleiche: jemanden, der ihnen *gleicht*.

Es ist eine Ironie der Partnersuche in einer unendlich gewordenen Welt, dass die Menschen *sich selbst* suchen, sich selbst in Gestalt eines Anderen; dass die Welt den Menschen also vor allem die unendliche Annäherung an sich selbst verspricht. Menschen, die eine unendliche Freiheit zu suchen und zu wählen haben, suchen und wählen sich selbst. Mit der Steigerung der Möglichkeiten wächst nicht die Exotik der Ziele, sondern, im Gegenteil, es wachsen Wunsch und Wahrscheinlichkeit, das Gleiche zu finden.

Die Sehnsucht nach einem Wesen gleichen Geistes, gleicher Empfindung, entstand in der Romantik. Neu aber sind die unendlichen Gleichheitsmöglichkeiten, die die Menschen wahrnehmen.

Und wenn es unendlich viele mögliche Partner gibt, muss es auch unendlich viele geben, die den Menschen gleichen; und jeder Gleiche muss übertroffen werden können von einem, der noch gleicher ist. So werden Gleichheitssehnsucht und Gleichheitsmöglichkeiten zur Gleichheitsnotwendigkeit.

Ein Internetdienst für Partnervermittlung wirbt mit einer Liebesgeschichte. Die Liebe wurde von einer Maschine angebahnt. Diese Maschine vergleicht die Suchenden miteinander und vergibt für Übereinstimmungen sogenannte *Matching-Punkte*.

Hans schreibt: »Klara hatte fast hundert Matching-Punkte. Und ein bezauberndes Lächeln! Was sie über sich selbst schrieb, traf meine Interessen und Empfindungen genau. Wir konnten sofort über Gemeinsamkeiten im Beruf und über gemeinsame Bekannte aus früheren Zeiten reden. Das schuf schnell eine vertraute Atmosphäre und förderte den Wunsch nach mehr.

Es folgte ein Telefonat, aber als wir uns das erste Mal trafen, war es trotzdem ein Abtasten und langsames Näherkommen. Lange Gespräche auf Spaziergängen und bei romantischen Abendessen in Restaurants brachten uns näher und zeigten, dass die abstrakten Matching-Punkte tatsächlich ein Spiegelbild unserer gleichen Interessen, Einstellungen und Wünsche waren.

Vielen Dank an das ganze Team und viel Glück allen noch Suchenden! Hans«

Die freien Menschen wissen Antwort auf viele Fragen, die sie selbst betreffen: Welche Filme liebe ich? Welche Filme würde ich mir nie, auch nicht anderen zuliebe, ansehen? (Alle anderen) Über welche Themen möchte ich sprechen? Was sind meine Lebensthemen? Über welche Themen zu sprechen, lehne ich ab, weil ich sie für vollkommen belanglos halte? (Alle anderen) Welchen Einrichtungsstil habe ich? Welche Stile finde ich unerträglich? (Alle anderen) Wo will ich leben? Wo dagegen nie? (Woanders) Was interessiert mich? Mit was will ich nicht in Berührung kommen, auch nicht anderen zuliebe? (Mit allem anderen) Was liegt zwischen meinen größten Leidenschaften und meinen tiefsten Abneigungen? (Nichts) Mit welchen Menschen, Berufsgruppen, Schichten, Nationalitäten möchte ich Umgang haben? Mit welchen auf keinen Fall? (Allen anderen) Welche Tiere mag ich? Welche Tiere finde ich ekelhaft und unerträglich? (Alle; alle anderen) Was für ein Typus bin ich (häuslich, Bohémien, Routinemensch, spontan)? Mit welchen Typen könnte ich nie leben? (Mit allen anderen)

Die Menschen haben zunächst die unendliche Freiheit, *sich selbst zu gleichen*, also zu tun, was sie selbst wollen, und zu wählen, was sie selbst schätzen, was zu ihnen, wie sie sagen, passt. Bevor sie verlangen, dass ein Partner zu ihnen passe, verlangen sie, zu sich selbst zu passen, wollen sie sich selbst gleichen. Ihre Arbeit soll zu ihnen passen, ihr Wohnort und ihre Wohnung, ihre Kleidung, ihre Kunst und Musik.

Nichts, was sie wollen, scheint unmöglich zu sein. Also fragen die Menschen sich in einem fort, was sie wollen. Sie bilden ein – immer umfangreicheres – Bewusstsein ihres Wollens. Sie sagen: »Ich will in Berlin leben. Ich will mich permanent über Literatur unterhalten und regelmäßig Segeln gehen und ...«

Ihr Selbstbild entsteht aus dem Bewusstsein ihres Wollens: »Ich bin, was ich will.« Und: »Ich bin, was ich nicht will.« Damit verkehrt sich das Wollen in Zwang. Denn die

Menschen können weder etwas tun noch etwas zulassen, was dem Bewusstsein ihres Wollens und Nichtwollens, also ihrem Selbst, zuwider läuft. Das Selbst als *bewusste Wollensliste und Nichtwollensliste* sperrt sich gegen jeden Widerspruch. Die Menschen, die »wissen, was sie wollen«, sind lebendig begraben in ihrem Selbst als Wollensbewusstsein.

Die endlosen, absurd detaillierten Fragebögen zu Vorlieben und Abneigungen, die die Suchenden im Internet auszufüllen haben, sind also nur – naturgemäß übertriebene – Modelle der Wirklichkeit. Wie Kunstwerke übertreiben und verdichten sie die Wirklichkeit. Wenn die Internetdienste die Suchenden fragen, welche Raumtemperatur sie bevorzugten, um jene in der Datenbank zu finden, die die gleiche Temperatur bevorzugen, steht diese absurde Frage stellvertretend für alle Fragen, die die freien Menschen sich *tatsächlich* stellen. Die endlosen Fragebögen im Internet sind nur Wiederholungen der endlosen Fragebögen im Kopf der freien Menschen. Sie korrespondieren mit ihrer Wollenliste und Nichtwollensliste. Die Übertreibung der Internetdienste ist nur eine Wiederholung der *Übertreibung der Wirklichkeit* selbst.

Woher kommen die unendlichen Gleichheitsmöglichkeiten? Sie ergeben sich bereits aus der Unendlichkeit möglicher Partner. Sie ergeben sich aber auch daraus, dass die freien Menschen bereits über ein *vollständiges Leben* verfügen oder verfügen *sollen*, das sich mit dem Leben eines Anderen vergleichen lässt. Früher wollten die Menschen sich erst zusammen mit einem Anderen ein Leben schaffen. Die freien Menschen dagegen leben lange allein, Jahre und Jahrzehnte, und schaffen sich zuerst selbst ein Leben, ein Allein-Leben.

Dasselbe erwarten sie auch vom Anderen. Wenn sie einem Anderen begegnen, wollen sie nicht erst mit diesem etwas schaffen, sondern erwarten, dass der Andere bereits alles für sich selbst geschaffen habe. Sie erwarten, dass er eine geschmackvoll eingerichtete Wohnung habe, einen großen eigenen Freundeskreis, eine berufliche Stellung, Erfolg und finanzielle Sicherheit, nicht zuletzt: ein bereits erfülltes und glückliches Leben.

Sie erwarten, dass der Andere *seine Freiheit bereits restlos genutzt* habe. Sie besichtigen sein Leben und erwarten, dass es vollständig sei. Wenn noch etwas fehlt, bekommen sie es mit der Angst. Sie vertrauen nicht darauf, dass man gemeinsam etwas schaffen könne. Der Andere soll, wie sie sagen, *selbständig* sein, ein Freiheitsnutzer, nicht abhängig von ihnen. Die Liebe soll eine *Verbindung zweier Vollständigkeiten* sein.

Während früher nur die Männer etwas vorweisen mussten, und dieses Etwas lediglich beruflich-gesellschaftlicher Natur war, müssen heute beide, Männer und Frauen, sowohl eine fertige berufliche als auch eine fertige private Existenz vorweisen. Die vollständige Gleichheit zweier Partner soll auch die Gleichheit der Vollständigkeit ihrer Leben sein. *Erfülltes Leben sucht erfülltes Leben.* Die endlosen Fragebögen machen nur deshalb Sinn, weil sie davon ausgehen, dass beide bereits über vollständige Existenzen verfügen, die sich also auch abfragen und vergleichen lassen. Die Menschen dagegen, die sich einst zu einer Heirat entschlossen, hatten *noch gar nicht gelebt*, sie hatten noch kein eigenes Leben, das sie mit dem eines Anderen hätten vergleichen können; selbst die Träume kamen erst mit den Jahren.

Schließlich ergeben sich die Gleichheitsmöglichkeiten daraus, dass die Menschen nicht grundlos meinen, dass sie überallhin gelangen könnten, sich zu allem entwickeln könnten.

Wo immer ihre Gleichen in der Gesellschaft sind – die Menschen werden dorthin gelangen. Sie werden arbeiten und kämpfen, wie sie sagen, umziehen und aufsteigen, bis sie endlich unter *Ihresgleichen* sind. Sie sind noch unter Fremden, aber sie werden nicht aufgeben, bis sie unter Ihresgleichen angekommen sind.

Für die scheinbar unendlichen Möglichkeiten, einen Gleichen zu finden, sorgt also auch der unendliche Lebensweg der Menschen, der sogenannte *Weg zu sich selbst*, den die Gesellschaft scheinbar nicht mehr blockiert. Die Menschen sagen: »In dieser Stadt, unter diesen Freunden bin ich noch nicht unter Meinesgleichen. In diesem Beruf, an dieser Arbeitsstelle bin ich noch nicht unter Meinesgleichen. Diese Stadt, dieser Beruf, diese Freunde sind mir fremd. Doch ich werde eine Stadt finden, einen Beruf und Freunde, wo ich endlich unter Meinesgleichen sein werde. Ich werde dafür arbeiten und kämpfen.«

Die Menschen lesen in der Zeitung immerzu Artikel, sehen im Fernsehen immerzu Filme, die berichten, wie Menschen aus der Fremdheit und Zufälligkeit ihrer Existenz gefunden haben in eine Existenz unter Ihresgleichen. Sie denken: »Die Fremdheit und Zufälligkeit meiner Existenz kann ich überwinden. Ich kann sie aufheben und ersetzen durch die Gleichheit und Notwendigkeit. Es hängt nur von meinem Willen ab und meiner Kraft. Ich kann die Lücke schließen zwischen mir und der Welt, die Welt zu *meiner Welt* machen, vielmehr: die jetzige Welt meiner Willenlosigkeit und Kraftlosigkeit ersetzen durch eine Welt meines Willens, meiner Kraft.«

Zeitungen und Fernsehen zeigen immerzu Willens- und Kraftmenschen, die die Welt zu ihrer Welt gemacht, ihre Welt der Willenlosigkeit und der Kraftlosigkeit verlassen und eine Willens- und Kraftwelt sich selbst geschaffen haben. Diese

Menschen leben in Ländern ihres Willens und haben Partner ihres Willens. In ihrer Arbeit kommt nichts zum Ausdruck als ihr, wie sie sagen, *kompromissloser Wille*, ihre eigene Notwendigkeit. Sie haben alle Fremdheit und Zufälligkeit kraft ihres Willens eliminiert. Sie leben nicht mehr in *einer* Wohnung, sondern in *ihrer* Wohnung, sie arbeiten nicht mehr in *einem* Beruf, sondern in *ihrem* Beruf, sie existieren nicht mehr in *einem* Körper, sondern in *ihrem* Körper – den sie trainieren, tätowieren, operieren; der für sie »Ich« ist. Der Mensch, mit dem sie leben, ist ihr selbstgesuchter Lebensmensch.

Diese Geschichten handeln von Menschen, die auf Erden nicht mehr zu Besuch, sondern zu Hause sind, die sich eingerichtet haben. Sie haben die Gleichheitsmöglichkeiten genutzt, haben gesucht, gekämpft und gewählt, bis ihnen alles gleich war. Sie haben sich die Welt gleich gemacht.

Tatsächlich aber entsprechen diese Geschichten nur der Gleichheitssehnsucht und der Gleichheitserwartung der freien Menschen. Tatsächlich fühlen die Menschen sich immerzu fremd, existieren notwendig und unaufhebbar in der Fremde.

Diese Fremde entsteht schon aus den Gleichheitsmöglichkeiten. Wer glaubt, unendliche Gleichheitsmöglichkeiten zu haben, stellt sich gegenüber jedem Vertrauten fremd. Die vertraute Arbeit wird fremd, weil die Menschen denken, dass es eine Arbeit geben müsse, die ihnen gliche. Der vertraute Mensch wird fremd, weil sie denken, dass es einen Menschen geben müsse, der ihnen gliche. Im *Vergleich mit dem Gleichen* wird den Menschen alles fremd. Die Fantasie des Gleichen als einer Möglichkeit verfremdet die vertraute Wirklichkeit. Der permanente Veränderungswille der Menschen erzeugt die Fremde, die er überwinden will, selbst. Immer wieder. Die freien Menschen sind Fremdheitsproduzenten.

Früher waren die Menschen von der Welt befremdet, weil sie feststellen mussten, dass in der Welt keine *göttliche* Ordnung herrschte. Die freien Menschen sind befremdet, weil sie feststellen müssen, dass in der Welt nicht ihre *eigene* Ordnung herrscht; dass ihre Selbstverwirklichung noch nicht zu einer Weltverwirklichung und Weltschöpfung geführt hat. Sie erkennen mit Schrecken nicht die Inexistenz des Schöpfers, sondern mit Schrecken die Inexistenz *ihrer selbst* als Schöpfer.

Vor allem gegenüber sich selbst stellen die Menschen sich fremd, gegenüber ihrer vermeintlichen Vergangenheit. Sie sagen: »Was ich war, was ich gedacht und getan habe, ist mir jetzt vollkommen fremd.« Sie sehen unendliche Möglichkeiten etwas zu tun, das anders wäre, das ihnen also gliche, das ihr sogenannter Stil wäre, ihrer sogenannten Art entspräche, das *notwendig* und *authentisch* wäre.

Die Menschen stellen sich fremd gegenüber allem sogenannten Alten, noch bevor etwas Neues entstanden ist – außer eben diesem *Gefühl an sich*, sich fremd zu sein. Die Identität der freien Menschen besteht gerade darin, sich fremd zu sein, sich gegenüber sich selbst fortwährend fremd zu stellen. Die Menschen erzeugen ihre Identität, indem sie den Satz sagen: »Ich bin eigentlich anders, als ich bin.« Die freien Menschen sind sich selbst immer um die Fantasie von einer besseren Zukunft und ein vernichtendes Urteil über ihre Vergangenheit voraus. Das ist ihre Gegenwart.

Es ist aber auch die unendliche Welt, die Fremde erzeugt. Die Welt – die ja nichts anderes ist als die Gesamtheit aller Bewegungen der Menschen, jene große Gesamtbewegung, die jeden Einzelnen wiederum zum Unbewegten, zum Wegesrandhocker und Ewigwartenden macht – sie ist notwendig eine Fremde.

In dieser Welt herrscht der Zwang, in die Fremde zu gehen, und allein schon dadurch, dass Viele es tun, dass sie die Heimat schon früh in Richtung einer Fremde verlassen, verfremdet sich auch die Heimat, wird auch sie – für die Wenigen, die in der Heimat bleiben – zu einer Fremde. Entweder sind bereits die Eltern von Fremde zu Fremde gezogen, oder die freien Menschen selbst werden schon in jungen Jahren, allein durch das Bewusstsein ihrer Freiheit, ihrer Möglichkeiten, der Heimat fremd. Sie sagen: »Was soll ich noch hier, wenn ich auch woanders sein kann?« Keine neue Heimat kann indes eine wahre Heimat für sie werden, denn das Bewusstsein ihrer Freiheit, der Möglichkeit, sich wiederum eine neue Heimat zu suchen und zu wählen, hält die Menschen davon ab. So verfremdet sich auch die neue Heimat wieder; die meisten verlassen sie früher oder später, folgen ihrer Bewegungsfreiheit, dem Bewegungsgebot und Bewegungszwang.

Alle Orte werden zu Pseudo-Orten, Passantenorten. Sie tragen zwar noch die alten Namen – Alexanderplatz, Staatsbibliothek –, doch die Konstanz wird Illusion. Straßen, Plätze und Gebäude sind nur noch Kanäle, durch die der Strom der freien Menschen fließt.

Die Möglichkeit, einen Totalgleichen zu finden, wächst also im gleichen Maße, wie die Fremde wächst, die diesen Wunsch nach dem Totalgleichen überhaupt erst erzeugt. Die Fremde, also die Unendlichkeit des immer wieder Neuen, erzeugt die Gleichheitsmöglichkeiten, und die Gleichheitsmöglichkeiten erzeugen die Fremde.

Es sind keine Kriege und Plagen mehr, die den Menschen das Zuhause nehmen, nicht Gott, Natur und Geschichte, die sie zu Fremden machen. Es ist das lautlose Fließen unendlich vieler Sandkörner, unendlich vieler Teilchen – die stete, lautlose Bewegung aller freien Menschen. Die Welt ist eine

Wanderdüne. Die Fremde entsteht nicht mehr durch ein apo-
kalyptisches, ein industrielles und kriegerisches Weltenende
(wie in der ersten Hälfte des zwanzigsten Jahrhunderts),
sondern durch permanenten *Weltenanfang*, durch das unendliche Anfangen und »Neuanfangen« aller freien Menschen.

Je fremder und befremdeter die Menschen aber sind, umso
mehr soll der zu Liebende, als Ausgleich, ihnen gleichen.
Die Menschen werden von der Fremde, in der sie existieren
müssen, *gestoßen* in die Gleichheitssehnsucht und zugleich
angezogen von den unendlichen Gleichheitsmöglichkeiten,
die dieselbe Welt zu bieten scheint, die ihnen immer wieder
so fremd wird. Sie ist eine Fremde, die immerzu verspricht,
Heimat zu werden. Die Menschen sagen: »In meinem Leben stimmt nichts überein mit meinem wahren Ich. Aber ich
werde ein Du finden, das ihm entspricht.«

In Wirklichkeit jedoch sind die Menschen von jedem
Partner in einem fort enttäuscht, weil er ihnen nicht gleicht –
nicht in dem Maße, in dem ein Partner aus einer Unendlichkeit möglicher Partner ihnen gleichen könnte, also: *vollkommen*. Die permanente Enttäuschung der Menschen ist, neben
der sexuellen Enttäuschung, vor allem die Gleichheitsent-
täuschung. Die Folge ist ein permanentes Fremdheitsgefühl.
Die Hydra der Liebe ist nicht nur eine Versammlung aller
sexueller Typen, sondern auch eine Versammlung aller
Typen von Gleichheit, ein Wesen, das alle Leidenschaften
der Suchenden teilt (die öffentlichen und die unterdrückten),
das alle Interessen der Suchenden teilt, alle Gefühle, das
die gleiche Lebenseinstellung hat und den gleichen Tag- und
Nachtrhythmus, die gleiche Vergangenheit, Gegenwart und
Zukunft.

In der alten Welt lebten die Menschen in ihrer Heimat (in der Enge), umschlossen von Gleichem, und brachen auf in die Fremde (die Weite). Sie ersehnten das Fremde. In der unendlichen Welt leben die Menschen bereits in der Fremde, umschlossen von Fremdem, und brechen auf, um eine Heimat zu finden – das Eigene, Gleiche. Sie rufen: »Endlich etwas Gleiches!«

Die Menschen empfinden sich in Bezug auf alles, was sie umgibt, als anders. Sie spüren überall den Unterschied. Selbst das, was sie selbst gewählt haben, erscheint ihnen als unpassend. Sie suchen nicht mehr die Ferne, sondern das Nahe, nicht mehr Abenteuer, sondern Spiegelung. Die Entdeckung, die sie zu machen gedenken wie einst Christopher Columbus, zu deren Zweck sie die Welt durchkämmen (das heißt, an sich vorüberziehen lassen), für die sie endlos zu suchen bereit sind (also endlos zu sitzen und zu warten), diese Entdeckung hört in jedem Fall auf die zwei Silben: *wie ich.*

Selbst wenn die Menschen aufbrechen in andere Städte, ferne Länder, so nur, um dort endlich das Gleiche zu finden. Sie wollen nicht mehr eintauchen, wie man sagt, in eine andere Kultur, sondern glauben höchstens, dass sie in der anderen Kultur eher ihren Gleichen finden als Zuhause, in der Fremde.

Die freien Menschen brauchen diesen Anderen, der ihnen gleicht, weil nur dieser es ihnen möglich macht, sich in einem Spiegel zu erblicken. Denn in der verflüssigten, immerzu als fremd empfundenen Welt bestätigt den Menschen nichts anderes mehr, wer sie sind, als der Andere, der ihnen gleicht. Ihre Welt haben sie allein *im Kopf.* Wenn da kein Anderer ist, der ihnen gleicht und sie spiegelt, scheint alles, was sie ihr Eigen nennen, ein Spleen und Wahn zu sein. Sie können »Ich« nur sagen, wenn einer sagt »Ich auch«.

Wo keine Welt mehr ist (als eine, die sich im Fluss immerzu selbst aufhebt, die ein Fluss *ist*), da kommt Welt zustande nur als Spiegelung im Paar der Gleichen. Als permanentes »Ich ... Ich auch«. Die freien Menschen, die mit einem leben müssen, der anders ist als sie, fühlen sich einsamer als allein, denn der Fremdheit ihrer Welt ist nun eine weitere Fremde hinzugefügt. Die Menschen sagen: »Ich bin Jahre und Jahrzehnte in der Fremde gewesen, zu Hause nur in meinem Kopf. Ich weigere mich, eine *weitere Fremde* auf mich zu nehmen, auch noch ins Exil dieses Du zu gehen. Ich werde weiter suchen.«

Doch die Menschen finden keinen Anderen, der ihnen selbst so sehr gleicht, dass er ein Spiegel sein kann. Die Anderen sind entweder ein durchsichtiges Glas, Fenster in eine fremde, seltsame Landschaft – oder ein Zerrspiegel, der die Menschen auf das Furchtbarste gestaucht zeigt, gewellt oder in die Länge gezogen, fadendünn. Die Menschen sagen: »Wenn ich meinen Partner anschaue, dann weiß ich nicht mehr, wer ich bin. Ich kann nicht derjenige sein, der ich denke, dass ich bin, und *zugleich* der Partner dieses Menschen.«

Die Menschen machen auch die Partnerschaft selbst zu einem Ort, der sich auflöst in Bewegung. Auch die Partnerschaft verwandelt sich von einem Ort in einen Kanal. Die freien Menschen schaffen in der Partnerschaft keine gemeinsame Welt. Sie bewahren ihre eigene, getrennte Existenz. Sie stauen das Leben nicht, sondern lassen es im Fluss. Selbst wenn sie gemeinsame Räume haben, gemeinsamen Besitz, gemeinsame Kinder, leben sie permanent hin auf ihre *Trennungsmöglichkeit*. Sie wissen, dass sie die Schleuse jederzeit öffnen, das Gemeinsame auseinander fließen lassen können. Die Ruhe des Wassers ist die Ruhe vor der Schleuse, die sich jeden Moment wieder öffnen kann.

Da die Menschen nicht mehr die gleiche Welt haben, brauchen sie die *gleichen Themen*. Sie müssen über das Gleiche sprechen wollen. Da sie sich nicht mit derselben Existenz beschäftigen, beschäftigen sie sich mit denselben Themen. Sie haben keinen Zukunftshorizont, sondern einen Gesprächshorizont. Sie sind nicht mehr unterschiedliche Menschen, die aber vereint sind durch die gleiche Existenz, die gleiche Zukunft, sondern sie müssen sich gleichen, da es keine gemeinsame Existenz gibt, jede Zukunft permanent in Frage steht.

Auch aus der ständigen Trennungsmöglichkeit entsteht so die Gleichheitsnotwendigkeit. Die freien Menschen sagen: »Ich werde mich vielleicht vom Anderen trennen. Da will ich wenigstens jetzt über das Gleiche sprechen. Sicherheit und Geborgenheit liegen nicht in der Zukunft, sondern in unserer Gleichheit.«

Die Menschen suchen auch einen, der die gleiche Vergangenheit hat. Natürlich soll er nicht aus derselben Stadt kommen, derselben Straße. Dann hätten die freien Menschen ja ihre Freiheit nicht genutzt. Doch der Andere soll das Gleiche getan, das Gleiche erlebt und erfahren haben, das Gleiche erlitten. Er soll alle Geschichten kennen, dieselbe Sprache sprechen, jeden Scherz mit einem Lachen decken. Man soll ihm nichts erklären müssen. Er soll die Menschen kennen, schon weil er sich selbst kennt.

Da die Welt den Menschen nicht mehr sagt, wer sie sind, sind sie nur noch das, was sie *gewesen* sind. Sie sind nur noch ihre Vergangenheit. Doch wenn da keiner ist, der ihre Vergangenheit teilt und spiegelt, die gleiche Vergangenheit hat, zerfällt ihre Geschichte zu merkwürdigen Anekdoten, versiegt ihre Sprache. Die Sprache versiegt, weil niemand die Menschen versteht, niemand aus Erfahrung weiß, was sie meinen.

Die Menschen sind also angewiesen auf einen, der Mitglied ist in derselben *Vergangenheitsgemeinschaft*. Sie wollen mit einem Geliebten eine Vergangenheitsgemeinschaft begründen.

In ihrem Umfeld teilen sie mit nichts mehr die Vergangenheit, mit keinem Haus, keinem Baum, nicht mit der Luft, die sie atmen, nicht mit den Menschen, mit denen sie zusammen arbeiten, bei denen sie einkaufen, nicht mit ihrem Arzt, ihrem Therapeuten, nicht einmal mit den besten Freunden.

Die Menschen behaupten allerorten, dieser oder jener zu sein (also: *gewesen* zu sein), doch keiner versteht sie, keiner kann, was sie erzählen, aus Erfahrung korrigieren. Erst die korrigierte Geschichte aber ist eine wahre Geschichte, keine Erfindung. Ein Einzelner erzählt immer nur *glatte* Geschichten, nur *seine* Wahrheit, also Erfindung. Er braucht den Widerspruch, die Korrektur. Von der Wirklichkeit erzählen lässt sich nur im Dialog, in der Vielstimmigkeit. »Es war so ...« – »Nein, es war so ...« – »Eigentlich war es doch so ...« Das Paradox der erzählten Wahrheit lautet: Je mehr Versionen von ihr existieren, desto wahrscheinlicher ist sie. Die Wahrheit liegt jenseits aller Geschichten, die sie offenbaren sollen, sie wird von allen Geschichten nur umkreist wie eine schwarze, unsichtbare Sonne von unzähligen Planeten. Der Bericht nur eines Einzigen, der unwidersprochen, also unbestätigt bleibt, behält stets den Klang des Unwahrscheinlichen, des Erfundenen, Erlogenen – auch und besonders für den Berichtenden selbst.

Die freien Menschen, die aus ihrem Leben immerzu ohne Widerspruch von *Zeugen* erzählen müssen, wissen, dass sie nur Geschichten erzählen, *Stories*, sie wissen um ihr Unterschlagen, Übertreiben. Sie brauchen einen Gleichen, um ihre Vergangenheit, also sich selbst, nicht zur Erfindung werden zu lassen.

Zugleich aber fürchten sie nichts so sehr wie einen Partner, der die gleiche Vergangenheit hat. Denn sie trauen keinem *mit dieser Vergangenheit* die Zukunft zu, die sie ersehnen – außer, natürlich, sich selbst. Sie sagen: »Ich fühle mich bei dir sicher und wirklich, weil du die gleiche Vergangenheit hast. Aber ich weiß, dass wir eine Vergangenheitsgemeinschaft bilden und nie die Zukunft erreichen werden, die ich mir ersehne.«

Im Übrigen ist jeder Unterschied zwischen den Menschen und ihren Partnern tödlich, weil die Menschen, die gewohnt sind, alles in ihrem Leben zu wählen, bekanntermaßen alles als eine Eigenschaft des Selbst wahrnehmen. Der Partner, der anders ist als sie und zu einer Eigenschaft ihres Selbst geworden ist, verändert also auch die Menschen, verkehrt ihr innerstes Wesen.

Die gleiche Wirkung haben Orte und Landschaften. Nur an einem Bildungsort können die freien Menschen sich als Bildungsmenschen fühlen. Geistesmenschen sind sie nur an Orten des Geistes, Kunstmenschen nur an Orten der Kunst. Jeder gewöhnliche Ort macht auch sie selbst sofort zu gewöhnlichen Menschen. Jeder hässliche Ort macht auch sie selbst hässlich. Die Welt füllt sie, als seien sie Gefäße – entweder mit einer edlen Substanz oder mit Fusel. Größe haben sie nur, wenn sie umgeben sind von Größe, Künstler sind sie nur, wenn sie umgeben sind von Kunst. Jede Niedrigkeit erniedrigt sie. In einem Supermarkt werden sie zu Supermarktmenschen. In einem Möbelhaus (vor der Stadt, neben der Autobahn), werden sie zu Möbelhausmenschen, zu Vorstadtmenschen, zu Autobahnmenschen. Wenn sie eine Pauschalreise unternehmen, werden sie sofort zu Pauschalreisenmenschen. Eben waren sie noch in einem Museum, erfüllt von Kunst, sie *waren* Künstler, jetzt sind sie in einem Einkaufszentrum, die Kunst hat sie verlassen, sie sind erfüllt von Banalität und Kommerz, sie sind selbst banal und kommerziell geworden. Eben waren sie noch in Italien, *sie waren Italiener*, jetzt sind sie in Mannheim und augenblicklich als Italiener vernichtet und wiedergeboren als Mannheimer. Stets sind sie das, was sie umgibt. Der Horizont ist ihre Silhouette. Die Welt ist entweder Befreier oder Besatzer.

Wenn die Menschen also einen Partner haben, der ihnen nicht gleicht, der anders ist als sie, werden auch sie selbst zu anderen Menschen. Der Partner, der ein Künstler ist, macht auch sie zu Künstlern. Der Partner, der gewöhnlich ist, der keinen Ehrgeiz kennt, macht auch sie selbst gewöhnlich, passiv, chancenlos. Die Menschen, die wählen müssen, können nicht mehr unterscheiden zwischen sich und der Welt. Sie verlieren, wie man sagt, jede Distanz, jeden Humor. Sie verstehen keinen Spaß – denn für sie geht es um Leben oder Tod. Von der falschen Welt, dem falschen Partner werden sie ausgelöscht. Die Vorstadt vernichtet sie, der gewöhnliche Partner, der Ungebildete und Unentwickelte, Entwicklungsunfähige, zieht sie herab in seinen Sumpf.

Die Menschen sagen: »Ich weigere mich, an diesen Ort zu gehen, diesem Menschen zu begegnen. Ich lasse mich von der Gewöhnlichkeit dieses Ortes, dieses Menschen nicht besetzen.« Nur in der passenden Umgebung, umgeben von den passenden Menschen können die freien Menschen existieren. Wie Schalentiere sterben sie, wenn die Schale sich löst, die sie umschließt.

Alles, was den Menschen nicht vollkommen gleicht, scheint ihnen außerdem die Folge eines unerträglichen Zufalls zu sein – Partikel der unendlichen Welt, das ihnen zufällig in die Hände gefallen ist.

Menschen werden heimisch in der Welt durch Schicksal

und fremd durch Zufall. Wer das Gefühl hat, alles in seinem Leben sei Schicksal, ist auch in der Fremde noch zu Hause, auch im Unglück noch bei sich. Es ist ja *sein* Leben, das er lebt, sein Schmerz, sein Weg in die Fremde. Wer dagegen das Gefühl hat, alles in seinem Leben sei Zufall, ist immer und überall fremd, auch im Glück noch entfremdet, nicht glücklich.

Die Menschen leiden darunter, dass sie sich, einerseits, das Glück denken als eine Folge ihres Handelns, als ein geschmiedetes und erreichtes, gesuchtes und gewähltes Glück; dass andererseits aber die unendliche Welt sie stets mit einer Unzahl scheinbar gleichwertiger Möglichkeiten konfrontiert; dass also den Menschen jede Wahl als willkürlich, als zufällig erscheinen muss. Das Schicksal der freien Menschen ist die Schicksallosigkeit, der ewige Zufall.

Das Zufallsgefühl wollen sie dadurch überwinden, dass sie einen wählen, der ihnen vollkommen gleicht. Denn Gleichheit ist sichtbar, messbar, Andersheit nicht.

Die Menschen fragen einander also ab. Wenn sie eine Übereinstimmung mit dem Anderen entdecken, nimmt das unerträgliche Zufallsgefühl einen Augenblick lang ab – bis sie einen Unterschied zum Anderen entdecken und das Zufallsgefühl wieder, auf unerträgliche Weise, zunimmt. Aus der Kluft jedes Unterschieds weht die Menschen die Zufälligkeit des Anderen an, die Zufälligkeit ihrer gesamten gewählten Existenz.

Die Händler der Unendlichkeit, die Massen anbieten und mit Massen werben – Massen auf der Tanzfläche, im Internet –, bleiben die Notwendigkeit des Einzelnen naturgemäß ebenfalls schuldig. Darum fingieren sie sie ebenfalls durch Masse, die Masse der Übereinstimmungen. Die endlosen Fragebögen, das maschinelle Erheben von Lieblingsfarbe und Raumtemperatur, dient der *Schicksalssimulation*. Die nicht abschließbare Partnersuche soll beendet werden durch einen *deus ex machina*, die Schicksalsgöttin aus der Matchingmaschine.

Die Menschen ersetzen also Vorherbestimmung durch Übereinstimmung, Fügung durch Matching. Das Glück, den Einzigen gefunden zu haben, wird ersetzt durch die Zufriedenheit, einen Übereinstimmenden gefunden zu haben. An die Stelle des Geliebten soll der Gleiche treten.

So sehr die Menschen sich nach einem sehnen, der zu ihnen passt – zugleich empfinden sie jeden Passenden jedoch als Zeichen *ihrer Schwäche*. Sie meinen, dasselbe zu tun wie Kinder, die die Nähe fremder Menschen meiden, nie rausgehen, sondern immer drinnen bleiben, im Haus, bei den Eltern. Die Menschen sagen: »Ich suche den Verwandten, das Zuhause, nie den Anderen, Fremden. Ich bin ein Mensch, der immer fremdelt. Alle Menschen, die zu mir passen, passen vor allem *zu meiner Angst* vor dem Anderen, Fremden.«

Entweder leben die Menschen also mit einem, der zu ihnen passt, *also ein Zeichen ihrer Schwäche ist*. Oder sie leben mit einem, der ein Zeichen ihrer Stärke ist, also vollkommen unpassend ist.

Die Menschen suchen mit ihren Stärken, finden aber mit ihren Schwächen.

Die Menschen, die es nicht schaffen, einen zu finden, der ihnen vollkommen gleicht, schämen sich. Sie denken, dass sie, wenn sie wirklich jene wären, für die sie sich halten, auch einen Gleichen finden würden. Sie sagen: »Ich bin noch nicht genug ich selbst, um einen Gleichen zu finden. Ich habe es nicht geschafft, meine Vorstellung von mir ausreichend zu realisieren, sonst wären Menschen, die dieser Vorstellung entsprechen, an mir interessiert. Sonst wäre ich vorgestoßen in die gesellschaftlichen Bereiche, wo diese Menschen sind. Offensichtlich bin ich es aber nicht. Ich bin nicht gut genug in meiner Arbeit, um andere, die in dieser Arbeit gut sind, zu interessieren. Ich bin nicht leidenschaftlich genug, um andere zu interessieren, die meine Leidenschaften haben. Ich bin nicht genug ich selbst, um die zu interessieren, die sind wie ich selbst, vielmehr: die *noch mehr ich* sind als ich selbst. Meine Vorstellung von mir ist eine Wahnvorstellung, sonst fände ich einen, der mir entspricht.«

Tatsächlich also suchen die Menschen, wenn sie einen Gleichen suchen, einen, der *anders* ist als sie. Sie suchen einen, der *ihren Ideen* von sich selbst gleicht, nicht allein der Wirklichkeit. Sie suchen einen, der hat, was sie nicht haben; der ist, was sie noch nicht sind. Der Mensch, der ihnen gleicht, soll *ihr Gegensatz* sein. Er soll aktiv sein, wo sie passiv sind, Erfolg haben, wo sie noch scheitern. Er soll sein, was sie noch werden wollen, schon leben, wo sie leben wollen. Der Gesuchte ist die Verkörperung ihres Lebensziels.

Die freien Menschen entwickeln Fantasien von sich selbst, die unendlich entfernt sind von der Wirklichkeit. Ihre Erwartung hat sich vollständig von ihrer Erfahrung gelöst. Im Vertrauen auf die Macht von Bildung, Karriere, Therapie (»Werde ein Künstler! Erhöhe dein Selbstwertgefühl! Lerne, dein Leben zu planen!«), im Vertrauen auf die unendliche Freiheit ihres Selbstentwerfens, entwickeln sie eine Selbsterwartung, die alle Selbsterfahrung – von Unfähigkeit, Kraftlosigkeit, Müdigkeit – hinter sich lässt und überschreitet.

Wenn sie also von ihren Interessen und Wünschen sprechen, handelt es sich nicht bloß um ein »Interesse für Musik« oder den »Wunsch nach einem eigenen Haus«. Tatsächlich stehen Interessen und Wünsche weniger für die Eigenschaften der freien Menschen, als für *das Gegenteil* dessen, was sie sind. Sie haben das Interesse und den Wunsch, *andere* zu werden. Ihre Interessen zielen auf Selbstüberschreitung.

In Wahrheit also können die Menschen einen, der ihnen nur gleicht, gar nicht lieben. Sie können lediglich, wie Hans und Klara, feststellen, dass die Matching-Punkte ein Spiegelbild gleicher Interessen, Einstellungen und Wünsche sind. Sie können eine Übereinstimmung feststellen, nicht Liebe empfinden. Es fehlt das Andere, Unendliche, auf das hin sie sich überschreiten wollen.

Die Hoffnung auf Selbstüberschreitung mit Hilfe des Anderen war die wichtigste Bedingung romantischer Liebe. Diese Hoffnung ist es, die den Unterschied machte zwischen der älteren, bürgerlichen Liebe und der neueren, romantischen. Der bürgerlich Liebende wollte mit dem Geliebten nur sein gewöhnliches Leben *fortführen*. Er empfand seine Existenz als vollständig, brauchte zu deren Entfaltung jedoch einen Anderen. Der romantisch Liebende dagegen wollte mit dem Geliebten *anders leben*. Er empfand seine Existenz, sein Selbst als mangelhaft und suchte nach einem Anderen, um zu seinen Möglichkeiten vorzustoßen. Für den romantisch Liebenden hieß sich zu verlieben sich zu verbessern. Sich Verlieben bedeutete, sein Utopia in einem anderen Menschen zu entdecken. Liebe war Bewegung, Progression. Der Andere war ein Tor zur Unendlichkeit.

Die Hoffnung auf Selbstüberschreitung entstand also in der Romantik. Erst jetzt aber existieren unendliche *Selbstüberschreitungsmöglichkeiten*, unendliche Möglichkeiten, aus eigener Kraft sowie mit Hilfe eines Partners (den man aus eigener Kraft erobert, sich erkämpft hat) sich selbst zu verändern, zu überschreiten.

Mit den unendlichen Möglichkeiten aber wird aus der Selbstüberschreitungshoffnung der Romantik der Selbstüberschreitungsfanatismus der freien Menschen. Aus einer Möglichkeit wird eine Notwendigkeit. Jede Überschreitung muss wiederum überschritten werden durch einen neuen, besseren Partner.

Die Menschen, die glauben, sich unendlich entwickeln zu können, würden mit der Bindung zu einem anderen Menschen tatsächlich die *einzige Bindung zur Welt* eingehen. In einer Partnerschaft sollen sich die Unendlichen ketten an die Endlichkeit eines anderen Menschen, an seine begrenzten Fähigkeiten, seinen gesellschaftlichen Stand, sein Lebensmodell. Du bist meine Sonne, das heißt jetzt: ich bin verdammt, um dich zu kreisen.

So entsteht eine neue Bindungsangst, die eine Angst vor *gesellschaftlicher Bindung* ist, Angst vor der Bindung an eine Stadt, ein Land, eine Schicht, ein Milieu, einen Beruf, eine Altersgruppe, ein Lebensmodell, eine Lebensenergie, ein Niveau der Intelligenz, ein Niveau der Kreativität.

Die Bindung an den Anderen wäre also auch eine *Bindung des Selbst* – Verhinderung seiner unendlichen Entwicklung. Keine andere Entscheidung im Leben der freien Menschen hat diese Tragweite, diese furchtbare Konsequenz. Allem lässt sich der Charakter des Provisorischen verleihen, des Vorübergehenden, der Etappe: der Stadt, in der man lebt, dem Beruf, in dem man arbeitet, der Qualität der eigenen Arbeit. Nur die Liebe beansprucht, Vollendung zu sein, also Endpunkt. Den Menschen will es scheinen, als müssten sie sich für einen Ort entscheiden bis zu ihrem Tod; als müssten sie sich mit dem Erreichten für immer begnügen. Jeder Andere erscheint ihnen als schreckliche Beschränkung.

Die freien Menschen denken: »Wie soll ich mein *Gegenstück* finden – wenn ich selbst doch niemals fertig werde. Wer soll zu mir passen, mir gleichen – wenn ich mich doch immerzu verändern will. Nur wer sich gleich bleibt, kann einen Gleichen finden. Wer mir heute gleicht, ist mir morgen fremd, dem bin ich morgen schon entwachsen. Ich wachse aus jeder Liebe heraus, wie ein Kind aus allen Kleidern.«

Werther suchte keinen Partner. Er machte eine Entdeckung. »Ich ging durch den Hof nach dem wohlgebauten Hause, und da ich die vorliegenden Treppen hinaufgestiegen war und in die Tür trat, fiel mir das reizendste Schauspiel in die Augen, das ich jemals gesehen habe.« Das Schauspiel ist nicht die Frau selbst, die Werther in diesem Augenblick sieht, sondern eine Szene. Die Frau, immerhin »von schöner mittlerer Taille«, weder dick noch dünn also, verteilt Brot an Kinder, ihre jüngeren Geschwister. Werther bemerkt, dass die Frau genau weiß, wie viel Brot jedes Kind braucht. Es ist ein zärtliches Ritual.

Es ist Liebe auf den ersten Blick. Doch Werther hat bereits einen langen Weg hinter sich, als sein Blick auf Lotte fällt. Sein Blick ist tatsächlich mehr ein Letztes als ein Erstes. Werther erblickt Lotte wie ein Entdecker seine Entdeckung – jedoch ohne gewusst zu haben, dass er auf Entdeckungsreise war. Er erblickt sie wie ein Heimkehrer die Heimat – jedoch ohne gewusst zu haben, dass er auf Heimfahrt war.

Werther hat gerade eine persönliche Krise überwunden und glaubt, den Ort gefunden zu haben, an dem er leben will. Lange hat er mit sich und seiner Existenz als Künstler gehadert. Er ist vor der Unruhe der Stadt geflüchtet, dem Alltag der Bürger, der Grübelei über vergangenes Unglück. Er ist aufs Land gezogen. Er hat sich die Natur zum Ideal genommen und die Kinder zum Vorbild. Er lässt sich den Kaffee aus dem Wirtshaus tragen und liest seinen Homer draußen, auf dem Dorfplatz. Kurz: Er ist auf dem Trip. Ein von Ideen Berauschter. Ein Erlösungssüchtiger, der sich der Erlösung nahe sieht.

In diesem Zustand trifft er Lotte. Die besonderen Umstände: eine Einladung zum Tanz (die Werther nur aus Höflichkeit annimmt); ein schwüler Sommerabend und ein nahendes Gewitter; eine Kutschfahrt durch den Wald. Im Wald lebt Lotte mit ihrer Familie in einer Einsiedelei. Auf der Fahrt zu Lottes Haus sprechen die Frauen, mit denen Werther in der Kutsche sitzt, von Lotte als einer Schönheit, in die man sich verlieben könne.

Werther hört kaum zu. Er denkt nicht an Frauen, Liebe, Heirat. Er hat seine Ideen im Kopf. Aber das macht nichts, im Gegenteil. Denn Lotte und die Situation, in der Werther Lotte trifft, sind wie geformt nach seinen Ideen. Alles ist da, Natur, Kinder, Kunst. Werther ist begeistert von »der Gestalt, dem Tone, dem Betragen« dieser Frau. Im Wagen sprechen die Vier über Literatur. Später beobachtet Werther Lotte beim Tanz, sieht, wie sie, als das Gewitter hereinbricht, ein Spiel organisiert, um die anderen, verängstigten Frauen zu beruhigen. Als Werther und Lotte hinaus in den Regen schauen und den Duft der nassen Erde einatmen, sagt Lotte: »Klopstock!« Werther weiß, was sie meint. Es ist Klopstocks *Frühlingsfeier*, er verehrt das Gedicht selbst, ein Symbol romantischer Natursehnsucht. »Ach, schon rauscht, schon rauscht/ Himmel, und Erde vom gnädigen Regen!«

Auch die freien Menschen waren in ihrer Jugend zu solchen Entdeckungen fähig. Sie suchten keinen Partner, sondern erblickten, in einer neuen Situation, an einem besonderen Ort, einen Menschen. Sie sahen, wie er etwas tat, mit wem er verbunden war, und so begann der Andere, etwas zu verkörpern, zu symbolisieren, was sie selbst ersehnten: Sexualität, Erwachsensein, eine Gemeinschaft, zu der sie gehören, einen Ort, an dem sie leben wollten. Die Frage ist weniger, in wen ein Mensch sich verliebt, sondern *wohin* er sich verliebt.

In der Jugend ist das sich Verlieben an sich eine Veränderung, ein Erhobenwerden. Einen Geliebten zu haben, ist an sich ein Fortschritt. Jugend ist permanenter Fortschritt, ein Schritt folgt auf den anderen, und immer findet sich einer, der den nächsten Schritt symbolisiert (der der nächste Schritt ist).

Jede Sehnsucht – eine Liebe. Die Sehnsucht nach der ersten Liebe führt zu einer Liebesliebe, die Rock'n'Roll-Sehnsucht zu einer Rock'n'Roll-Liebe, die Auslandssehnsucht zu einer Auslandsliebe, die Parissehnsucht zu einer Parisliebe, die New York-Sehnsucht zu einer New York-Liebe, die Revolutionssehnsucht zu einer Revolutionsliebe, die Kunstsehnsucht zu einer Kunstliebe.

In der Jugend gibt es noch die utopischen Orte, die gelobten Länder, die Inseln der Glückseligkeit. Ein Umzug reicht, in ein besonderes Viertel, eine besondere Stadt, oder bloß fort aus einem Viertel, heraus aus einer Stadt, nur weg, schon wird der Andere, den der Mensch vor Ort oder auf Reisen trifft, zum Symbol dieses Ortes, des Aufbruchs, der Ankunft. Die geografische Mobilität ist noch eins mit der Mobilität der Liebe.

Jugendliche sind Meister im Symbolisieren. Sie sind immer in der Krise, flüchten und finden. Sie sind immer auf dem Trip, von Ideen berauscht. Sie entdecken permanent. Doch sie suchen nicht. Sie wüssten gar nicht, was sie suchen sollten.

Jugendlichen fehlt der Vergleich. Jedes Mal ist ein erstes, absolutes, jeder Mensch ein erster, absoluter. Jeder Geliebte ist das Tor zu einer Welt, flackernde Erscheinung einer Idee. Auch wenn die Erscheinung zittrig ist, krumm und schattenhaft, vermuten sie dahinter etwas Vollkommenes, Reines, Absolutes. Vieles kann der Geliebte sich erlauben, viele Enttäuschungen und Entbehrungen nimmt der Liebende hin, bevor er zweifelt, dass der Andere *das Tor* ist, Erscheinung seiner Idee. Die Erscheinung kann flackern, tanzen, sich deformieren – sie ist ja nur die Erscheinung von etwas, das dahinter liegt, ein Symbol, das der Liebende auch dann noch erkennt, wenn es verzerrt ist (wie ein Buchstabe, der auch bei äußerster Verzerrung noch erkennbar, lesbar bleibt).

Jugendliche ähneln – wie Werther, wenn er heute lebte – einem Volk, das unentdeckt tief in einem Urwald lebt. Sie gleichen einem Volk, für das noch nicht alles in unüberschaubar großen Zahlen existiert. Sie sind noch abgeschnitten von der unendlichen Welt. Ihr Alltag und ihre Erinnerung sind noch spärlich bevölkert von möglichen und vergangenen Partnern. Ihre Organe sind noch nicht vergrößert und gedunsen von Unendlichkeit. Die Schönheit von einem steht für sie noch für die Schönheit des ganzen Geschlechts, der Frauen, der Männer. Sie, die Jungen, sind *noch uralt*: Überlebende längst vergangener Zeiten. Doch bald werden sie ankommen: in der Gegenwart, der Freiheit und Unendlichkeit.

Sie werden die Unendlichkeit möglicher Partner wahrnehmen, erst in der Welt, dann, schon bald, in ihrer Erinnerung. Sie werden sich auf die Suche machen. Sie werden wählen wollen. Sie werden alles Gefundene vergleichen. Sie werden nichts mehr entdecken.

Älter werden, das bedeutet also, frei zu werden (und frei zu sein, das bedeutet, auf beschleunigte Weise zu altern), also, alle Zurückhaltung abzulegen, seine Möglichkeiten wahrzunehmen, nur noch aus Erinnerung und Hoffnung zu bestehen.

Für ältere, nun freie Menschen steht der Andere nicht mehr für eine Welt, eine Idee, sondern nur noch *im Verhältnis*, zu allen anderen, zur Hydra. Die freien Menschen können nicht mehr symbolisieren, weil sie vergleichen müssen. Aus dem Innenraum der Auswahl und des Vergleichens führt kein Symbol mehr hinaus.

Jeder Einzelne wird ein bedeutungs- und sinnloses Zeichen. Wie ein Verkehrsschild, das man nicht mehr auf den Verkehr beziehen kann, nur noch auf andere Verkehrsschilder, die sich ebenfalls nur noch auf andere Verkehrsschilder beziehen. Das Bewusstsein der freien Menschen findet keinen Halt mehr. Es stürzt in einem unendlichem Rückschritt und Fortschritt in seine Erinnerung und Erwartung.

Unendliche Möglichkeiten der Selbstüberschreitung treffen auf eine unendliche Auswahl mögliche Partner – also auf unendliche Möglichkeiten der Selbstüberschreitung *mit Hilfe eines anderen*. Damit wird jeder, für den die Menschen sich entscheiden könnten, umgehend zum Selbstüberschreitungshindernis.

Man stelle sich vor!

Auf den ersten Blick ist jeder Geliebter eine Leiter, die an einer Mauer steht.

Mit der Zeit aber wird der Geliebte selbst zu einer Mauer. An dieser steht wieder eine Leiter. Das ist der nächste Geliebte.

Die freien Menschen aber sehen in keinem mehr die Leiter, in allen schon die Mauer.

Auf Zugfahrten stellen die Menschen sich bei jedem Ort, den der Zug durchfährt, vor, sie müssten dort für immer bleiben. Jeden Ort denken sie sich mit Schrecken als Ort ihrer lebenslänglichen Verbannung. Besonders die Orte, die der Zug passiert, ohne zu halten. Eine Hauptstraße, eine Tankstelle, eine Gaststätte – es wird ein Leben lang *ihre* Hauptstraße sein, *ihre* Tankstelle, *ihre* Gaststätte. Die unendliche Bewegung der Menschen kommt plötzlich, zufällig, für immer, zu einem Ende. Ihr Leben fällt in ein Kaff wie die Roulettekugel in ihr

Fach, unwiderruflich. Die Welt dreht sich weiter, doch sie sind gefangen. Größer könnte die Fremde nicht sein.

Tatsächlich will den freien Menschen jeder mögliche Partner als ein solcher Ort erscheinen, als Ort lebenslänglicher Verbannung; als ein Ort, der mit einem Blick zu übersehen, in Minuten zu durchschreiten ist. Sie erleben den Anderen nicht als Unendlichkeit und »immer wieder neu«, sondern als eine unerträgliche Begrenzung und Überschaubarkeit. Sie wollen nicht verbannt sein in die Erlebnis- und Gefühlswelt des Anderen, in seine *kleinen Kreise*, seine ewige Selbstwiederholung. Sie fürchten das Hin und Her auf der Hauptstraße seines Charakters, sein Gesicht als einzige Aussicht bis in den Tod.

In einem Roman wird ein Mann als Ort der Verbannung beschrieben: »Was Charles redete, war platt wie das Straßenpflaster, und die Allerweltsideen wandelten in ihrem Alltagskostüm darauf umher, ohne zu Rührung, Lachen oder Träumerei anzuregen. Es habe ihn nie verlockt, sagte er, solange er in Rouen wohnte, das Theater zu besuchen, um sich die Schauspieler aus Paris anzusehen. Er konnte weder schwimmen noch fechten, noch mit der Pistole umgehen, und als sie einmal von ihm einen Ausdruck aus der Reitkunst erklärt haben wollte, den sie in einem Roman gefunden hatte, kannte er ihn nicht.

Sollte ein Mann aber nicht alles kennen, sich auf vielen Gebieten auszeichnen, einen mit den Kräften der Leidenschaft, den Genüssen des Lebens, mit allen Mysterien vertraut machen? Aber der da lehrte sie nichts, wusste nichts, wünschte sich nichts.«

Die freien Menschen wollen den Anderen nach ihrem Bilde formen, ja, das auch – doch sie wollen vor allem vom Anderen nach ihrem Bild von sich selbst *geformt werden*. Sie sehnen sich nach einem Bildhauer, der sie formt, der aus einem Klotz ein Kunstwerk macht. Sie sind Steinblöcke auf der Suche nach einem Bildhauer – Menschen, die sich für formbar halten, auf der Suche nach einem Coach und Therapeuten, Lehrer und Öffner aller Türen. Sie wollen von ihrem Partner unterstützt und unterrichtet, wollen in höhere Sphären und Kreise geleitet werden. Sie wollen, dass der Andere ihnen hilft, alles Niedere abzulegen, Unreife und Ungeschlachtheit, Jargon und Dialekt, das Natürliche oder Künstliche, Bürgerliche oder Unbürgerliche. Er soll sie *weiterbringen*.

Wenn die Menschen ihrem Partner vorwerfen, dass er sich nicht genug bilde, sich weigere, wie man sagt, seinen Horizont zu erweitern, dass er nicht ausreichend Ehrgeiz habe, nicht genug Disziplin, dass er schlechte Bücher lese, nicht in Therapie gehe, dass er keinen Schritt heraus tue aus seiner Fernsehstagnation, seiner Drogenstagnation, dass er immer wieder die gleichen Bücher lese, immer wieder die gleichen Filme sehe, dass seine Gedanken seit Jahren die gleichen Gedanken, seine Themen seit Jahren die gleichen Themen seien, dass sein Freundeskreis ein Kreis sei, in dem völliger Stillstand herrsche wie in einem moorigen Teich ohne Zu- und Abfluss, dass keiner seiner Freunde eine Herausforderung für ihn sei, alle nur ein Hemmschuh, dass er sich in den vergangenen Jahren in keinster Weise entwickelt habe, sich immer nur *ausruhen* und *entspannen* wolle, dass er ständig müde sei, keine Initiative entwickele, dass sein Humor immer noch derselbe sei wie vor Jahrzehnten, sein *Jugendhumor*, alle seine Leidenschaften seine *Jugendleidenschaften* – dann geht es nicht in erster Linie darum, dass der Partner die eigene Selbstverbesserung unterlässt, dass er sich treu bleibt, also blockiert ist.

Es geht darum, dass der Partner die Verbesserung der freien Menschen unterlässt. Sie wollen lernen, werden aber von ihrem Partner nicht belehrt, sie wollen geheilt werden, werden aber nicht therapiert. Sie verklagen den Anderen wegen Lehr-Unfähigkeit, wegen unterlassener ärztlicher Hilfe. Der Stein verklagt den Bildhauer wegen Untätigkeit, Unfähigkeit.

Die freien Menschen bekommen von Freunden einen Rat: »Du musst dich trennen. Dein Partner ist für dich keine Herausforderung. Mit ihm kannst du dich nicht entwickeln. Im Gegenteil, du wirst stagnieren. Du wirst dich nicht fort-, sondern zurückentwickeln.

Du wirst stehenbleiben auf dem Niveau *seines* Humors, *seiner* Sprache, *seiner* Intelligenz. Seine Naivität wird die deine sein, seine Infantilität deine Infantilität, seine Trägheit deine Trägheit, seine Verwirrung deine Verwirrung, seine Depression deine Depression.

Dein Partner ist ein Klotz am Bein, eine Erfolgs- und Entwicklungsbremse, eine unüberwindliche Mauer. Du musst dich trennen. Du wirst einen Partner finden, der deinen Möglichkeiten entspricht, der dich fordert und unterstützt, mit dem du dich erweitern und entwickeln kannst.«

Tatsächlich geben die freien Menschen *sich selbst* diesen Rat. Jeden Tag. Sie sagen zu sich: »Du musst dich trennen. Du wirst einen Partner finden, der deinen Möglichkeiten entspricht. Du wirst einen finden, der dich überragt wie der Pfahl die Rebe, der dich kultiviert, an dem du dich emporwinden kannst.«

Einst verführte der Höhere den Niederen. Don Juan verführte das Mädchen vom Land – und ließ es alsbald wieder fallen. Jetzt geschieht das Gegenteil. Der Niedere benutzt den Höheren.

Der ursprünglich schlechter gestellte Mensch lässt den ursprünglich besser gestellten fallen, wenn er sich an ihm *emporgewunden* hat. Das Mädchen vom Land verführt Don Juan – und lässt ihn fallen, sobald es mit seiner Hilfe *sich in der Stadt etabliert* hat.

Die freien Menschen lassen sich eine Räuberleiter geben, um auf das nächste Niveau zu gelangen, lassen sich, ein Stück des Weges, Huckepack tragen. Dann springen sie ab. Don Juan wird ausgenutzt und überschritten von einer Donna Juana (und umgekehrt).

Sobald die Lern- und Inspirationsmöglichkeiten, Therapie- und Heilungsmöglichkeiten ausgeschöpft sind, alle Erleuchtung des Einen übergegangen ist auf den Anderen, lässt dieser jenen fallen – und macht sich wieder auf die Suche: nach dem nächsten Träger und Lehrer, dem, wie man im Englischen doppelsinnig sagen kann, nächsten *lift*. Die freien Menschen suchen die Liebe als Mitfahrgelegenheit und Fahrstuhlliebe.

Sie sind, wohlgemerkt, nicht gelenkt von Kalkül, sondern von Gefühl. Vielmehr, Gefühl und Kalkül sind eins. Jedes Gefühl ist ein Gedanke. Der Gedanke: »Du sollst das Ziel meines Weges sein.« Genauer: »Du sollst derjenige unter allen vergangenen und möglichen Partnern sein, der mich meinem Lebensziel am schnellsten näher bringt.« Die freien Menschen sind in der Liebe keine kalten Nutzenmaximierer, sondern ihr Gefühl *ist* die Hoffnung auf ein anderes Leben, die Hoffnung auf Entwicklung. Es will die Gewissheit sein, das Richtige zu tun. Alle Interessen kommen von Herzen, durchlaufen das Herz.

Die Menschen können aber bei keinem anderen mehr ankommen (wie Werther bei Lotte und in Lottes Welt). Denn ihre Sehnsucht gilt der Bewegung *an sich*, Entwicklung an sich. Ihre Sehnsucht gilt keiner Welt mehr, keiner Stadt und keinem Land, keiner Gruppe von Menschen. Sie hat sich verlagert von allem Äußeren auf das Selbst, und das Selbst ist nun: unendliche Selbstüberschreitung. Es ist kein unveränderlicher Wesenskern, sondern seine *Möglichkeiten*.

Die Menschen wollen ihr Selbst, wie sie sagen, finden, entwickeln, entfalten. Es ist für sich selbst Potential – und Widerstand. Wie ein Ballon, der mit leichtem Gas gefüllt ist, drängt es aufwärts, ist es in ständig steigender Bewegung – oder aber in seiner Bewegung gehemmt durch einen Widerstand, der, so denken die Menschen, wiederum in ihrem Selbst zu finden ist. Jede Blockade ist für sie eine Selbstblockade, jeder Misserfolg ein selbstverschuldeter Misserfolg. Die Menschen sagen: »Ich habe den größten Veränderungswillen, aber keine Veränderungsenergie, keine Veränderungsdisziplin, keine Veränderungsgeduld.« Sie haben die Seele ersetzt durch das Selbst, also das Unveränderliche durch das Veränderungswillige und Veränderungsbedürftige.

Früher wollten die Menschen sich mittels der Liebe eine Existenz schaffen. Die freien Menschen dagegen wollen sich mittels der Liebe entwickeln, sich selbst überschreiten. Sie verfolgen mit der Liebe ebenfalls einen Zweck, doch dieser Zweck liegt nicht mehr in der Welt, sondern in ihrem Selbst, er ist ein unendlicher innerer Prozess, nichts, was in Objekten (einem Zuhause, einem Kind oder auch nur in den ideellen Objekten einer Zweisamkeit, einer Geborgenheit) zur Ruhe kommen könnte.

Die freien Menschen denken sich das Glück als Entwicklung, nicht als Existenz. Sie denken es sich als sexuelle Ekstase und als Ekstase der Selbstüberschreitung, als *Aus-sich-Heraustreten* durch Lernen und Selbstverbesserung.

Es ist eine Ekstase nicht durch Genuss, sondern durch Arbeit, ein extrem anstrengendes, permanentes Aus-sich-

Heraustreten durch Bildung, Training, Therapie. Dennoch kennt auch die Ekstase der Selbstüberschreitung ihren Rausch. Die freien Menschen fantasieren permanent, während sie – mit Hilfe des Anderen oder gegen die Trägheit des Anderen – an sich selbst arbeiten, von *ihrem großen Tag*. Sie befriedigen sich selbst mittels der Fantasie von ihrem Endlich-ich-selbst-Werden. In der Fantasie erleben sie den großen Tag jeden Tag. Sie arbeiten pausenlos an ihrem Selbst wie ein Ingenieur an einer Flugkonstruktion, fantasierend von dem großen Tag, da die Konstruktion, das neue Selbst, endlich vor aller Augen in die Lüfte steigt, das geheilte und gereifte, das neue Unternehmer- und Künstlerselbst.

Die Menschen lieben den Anderen nicht, denn er hindert sie, in die Lüfte zu steigen, unterstützt sie nicht in der denkbar größten Weise. Sie sehen jede Existenz als Gefahr für ihre Entwicklung. Sie sind bereit, jede Existenz für ihre Entwicklung zu opfern. Die Menschen wollen sich selbst entwickeln, Erfolg haben, um eine bessere Auswahl möglicher Partner zu haben, aber sie suchen auch umgekehrt nach einer Liebe, die ihre Entwicklungs- und Erfolgschancen erhöht.

Liebe und Selbstentwicklung sind beide nur noch Mittel zum Zweck, Mittel zur Bewegung an sich. Wie sie permanent von Gleichem umgeben sein müssen, um sie selbst zu sein (der Künstler von der Kunst, der Weltstadtmensch von der Weltstadt, der Naturmensch von der Natur), so müssen die freien Menschen permanent *werden*, um zu *sein*. Sie werden ausgelöscht von jedem Stillstand, jeder Wiederholung.

Wie der Vampir sich auflöst, wenn das Licht ihn berührt, lösen die freien Menschen sich auf, wenn sie fest- und aufgehalten werden. Wie der Vampir die Nacht, brauchen sie die Bewegung. Um Bewegung zu sein, müssen sie von Bewegung umgeben sein. Wenn ihr Partner stillsteht, zerfallen sie augenblicklich, so will es den freien Menschen scheinen, zu Staub. Sie sagen: »Im vergangenen Jahr habe ich mich überhaupt nicht bewegt. Es hat mich also nicht gegeben.« Sie sagen: »Wenn ich mit meinem stillstehenden Partner zusammen bin, bewege ich mich nicht. Ich zerfalle zu Staub. Er sollte mein Beweger sein; sein Stillstand löscht mich aus.«

Zu allem Überfluss wollen die freien Menschen sich in zwei *entgegengesetzte* Richtungen bewegen und entwickeln. Sie wollen sich, einerseits, beruflich und gesellschaftlich selbst überschreiten, wollen kreativer, erfolgreicher werden, Anschluss finden an die richtigen Kreise. Andererseits wollen sie sich therapeutisch und spirituell überschreiten, wollen endlich *ruhig* und *zufrieden* werden, sich, wie man sagt, *selbst akzeptieren.*

Einerseits geht es ihnen um Leistung, andererseits um Heilung. Die Menschen arbeiten gleichermaßen an ihrem Erfolg wie an ihrer Seelenruhe – wobei die Arbeit am Erfolg die Seelenarbeit in einem fort untergräbt. Für die Menschen ist Selbstakzeptanz ein Ziel, ein Ehrgeiz, wie die Selbstüberschreitung. Sie wollen nicht nur beruflich Karriere machen, sondern auch seelisch.

Demgemäß soll ihr Partner ihnen sowohl die berufliche Selbstüberschreitung ermöglichen als auch die seelische. Er soll für sie eine gesellschaftliche Herausforderung sein und gleichermaßen eine therapeutisch-spirituelle. Er soll Mönch und Manager sein, Hafen und Herausforderung, Künstler und Bürger in einem. Er soll doppelt anders sein, den Menschen voraus, ein Öffner aller Türen – aller Gesellschafts- und aller Seelentüren.

Tatsächlich aber schlägt der Partner, der Gesellschaftstüren öffnet, immerzu alle Seelentüren zu; wie der Partner, der Seelentüren öffnet, immerzu alle Gesellschaftstüren zuschlägt.

Der Eine ist ein Arbeitsmensch, Arbeitsfanatiker, also für die Menschen eine therapeutisch-spirituelle Katastrophe; der Andere ist ein Seelenmensch, Seelenfanatiker, also eine gesellschaftlich-berufliche Katastrophe.

So jedenfalls will es den freien Menschen scheinen. Der Eine erscheint ihnen als eine permanente Herausforderung, der Andere als Hafen, vielmehr: als eine Herausforderung, sich endlich in einen Hafen führen, in einem Hafen verankern zu lassen – wogegen die Menschen naturgemäß immerzu protestieren, weil sie den Stillstand fürchten.

Der Gesuchte, die Hydra, ist also beides: unendlicher Beweger und Beruhiger. Mit einem Wort: ein *Coach*. Ein Coach soll Karriereplaner und Therapeut in einer Person sein, er verspricht beides: mehr Leistung und weniger Stress, Arbeitserfolg und Seelenfrieden. Er behauptet, die Menschen könnten sich gleichzeitig in entgegengesetzten Richtungen selbst überschreiten. Er ist ein Händler der Unendlichkeit. Was ein Coach verspricht, verlangen die freien Menschen also auch von ihrem Partner. Er soll ihr Coach sein.

Tatsächlich aber ist jeder Partner eine Enttäuschung, entweder gesellschaftlich-beruflich oder therapeutisch-spirituell. Die Menschen sagen: »Dieser da tut mir gut. Aber er inspiriert mich nicht.« Oder: »Dieser da ist zwar eine permanente Inspiration, ein ständiger Antrieb. Doch er macht mich kaputt.«

So ist auch die absolute Gleichheit des Partners, die die Menschen ersehnen, zugleich die größte Bedrohung. Denn der Mensch, der ihnen vollkommen gleicht – nicht nur ihrer Idee von sich selbst, sondern auch ihrer Wirklichkeit –, kann ihnen nur eine begrenzte Entwicklung ermöglichen, ja, schlimmstenfalls nur eine Entwicklung hin zur *Akzeptanz ihres Stillstands*, der auch der Stillstand ihres Partners ist, der eben darum ihren Stillstand akzeptiert. Partnerschaft hieße also: gemeinsamer Stillstand und – im besten Fall – gemeinsame Akzeptanz des gemeinsamen Stillstands. Tatsächlich aber fürchten die freien Menschen eines noch mehr als den eigenen und gemeinsamen Stillstand mit einem Partner, der ihnen vollkommen gleicht. Es ist der Entwicklungsdruck und Entwicklungszwang, der ausgeht von einem Partner, der anders ist als sie, der ihr Lebensziel verkörpert. In Wahrheit können die freien Menschen also überhaupt nicht mit einem leben, der sich permanent bewegt, der ihr Lebensziel verkörpert, also ihre maximale Selbstüberschreitung ermöglicht. Die freien Menschen sehnen sich zwar pausenlos nach einem Menschen, der eine totale Herausforderung ihrer selbst wäre, doch wenn sie einen solchen Menschen treffen, nehmen sie Reißaus. Sie klagen immerzu über den Stillstand ihres Partners, sind aber zu Tode erschrocken, wenn sie einen Menschen treffen, der sich immerzu bewegt. Sie sind unfähig, einen zu ertragen, der sich permanent über sie hinaus bewegt, der unendlich viel Energie und Disziplin hat, der ihren Idealen und Ideen gleicht, also anders ist als sie. Sie müssen mit einem leben, der lediglich die gleiche Vergangenheit und Gegenwart hat, die gleiche Erfahrung und die gleichen Interessen, nicht aber der *Idee ihrer Zukunft* gleicht. Sie schämen sich, dass sie offenbar »immer noch, um existieren zu können«, einen Anderen als Spiegel brauchen, als Heimat und Vergangenheitsgemeinschaft.

Sie sagen: »Ich brauche leider immer noch einen, der ist wie ich – der alles versteht, alles kennt, alles akzeptiert. Ich bin nicht fähig, mit einem zu leben, der anders ist als ich, dessen Kenntnis und Verständnis begrenzt sind, der stattdessen mich immerzu hinausführt über mich selbst, mich mich selbst überschreiten lässt. Ich brauche leider einen, der, wo ich schwach bin, auch schwach ist, der mir meine Ruhe lässt, meinen Stolz, meine Wohnung als Rückzugsort; der nicht aus meinem Rückzugsort einen Flughafen macht, von dem ich permanent abheben muss in höhere Sphären.«

Die freien Menschen wollen herausfinden aus dem Spiegelkabinett des Gleichen, Passenden, das das Bild der freien Menschen tausendfach *zurückwirft*, die freien Menschen aber niemals *voranbringt*, endlich in die Zukunft. Doch sie können es nicht. Sie können Menschen, die ihnen eine permanente Selbstüberschreitung ermöglichen würden, die sie tatsächlich, schon durch ihr Beispiel, unter den Druck permanenter Selbstüberschreitung setzen, nicht lieben, wie sie auch Menschen, die ihnen vollkommen gleich sind, also vor allem die gleichen Schwächen haben, nicht lieben können. Sie hassen Menschen, die sie permanent mit ihrem *Ideal* konfrontieren, wie sie Menschen hassen, die sie permanent mit ihrer *Wirklichkeit* konfrontieren. Sie sagen: »Im Vergleich zu dir sehe ich immerzu erbärmlich aus.« Oder: »Deine Erbärmlichkeit ist eine furchtbare und unerträgliche Spiegelung und Verdoppelung meiner Erbärmlichkeit.«

Für die freien Menschen ist der Andere also entweder unausstehlich fremd und anders (verglichen mit den Gleichheitsmöglichkeiten) oder unausstehlich gleich (das heißt, er hat auch die gleichen Schwächen) oder er ist eine unausstehliche, permanente Herausforderung, nicht nur Unterstützung, sondern permanenter *Unterstützungsterror*. Die Menschen verklagen ihren Partner entweder auf unterlassene Hilfeleistung: »Du hilfst mir nicht, meine Freiheit zur Entwicklung zu nutzen.« Oder auf Nötigung: »Allein deine Gegenwart nötigt mich permanent dazu, meine Freiheit zu nutzen. Du sagst: ›Du musst deine Depression endlich überwinden. Du musst handeln, mehr wagen. Du musst deine Möglichkeiten ausschöpfen. Du darfst deine Freiheit nicht ungenutzt lassen. Du musst sie restlos nutzen. Jede Chance. In jeder Minute. Hör auf, herumzusitzen! Hör auf, Zigaretten zu rauchen! Hör auf, fernzusehen!«. Es kommt mir vor, als sei ich mit der Gesellschaft selbst verheiratet.«

Für die Menschen ist der Andere also entweder eine permanente Enttäuschung – weil er anders ist oder weil er die gleichen Schwächen hat; oder er ist eine permanente Demütigung, weil er das leibgewordene Ideal ist, die *Freiheit in Person*. Entweder ist die Sehnsucht das Unerträglichste oder die Scham. Die Menschen sagen: »Deine permanente Unterstützung ist tatsächlich meine Unterdrückung gewesen, eine Unterdrückung meines wahren Ich, ein Unterstützungs- und Entwicklungsterror. Es war eine Unterstützung nur um deinetwillen, nie eine Unterstützung um meinetwillen.« Die Menschen werden entweder vom Anderen enttäuscht oder angetrieben und gedemütigt.

In Wahrheit ist ja bereits die Fantasie vom *großen Tag* eine tägliche Demütigung, ist diese Selbstbefriedigung eine Selbstvernichtung. Denn verglichen mit dem großen Tag sind alle tatsächlichen Tage nichts anderes als erbärmlich. Umso größer ist die Demütigung durch einen Anderen, *dessen Tage alle große Tage* sind, der den Menschen jeden Tag herüberwinkt aus deren eigener Zukunftsfantasie. »Ich bin schon da!«

Tatsächlich aber ist jeder Partner, der die Menschen durch seine Größe demütigt, zugleich auch eine Enttäuschung, denn das Ideal der Menschen ist unendlich und keiner, auch nicht der Umtriebigste und Glorreichste, besteht vor diesem Ideal. Allein darum sehen die freien Menschen auch in dem, der die größten Möglichkeiten verwirklicht, schon die Beschränkung, die Blockade. Sie sagen: »Er macht ja immer dasselbe. Er folgt auch nur einer Masche. Er ist nicht mehr so gut, wie er einmal gewesen ist.« Sie sagen: »Im Vergleich zu den *wirklich Großen* beeindruckt er mich nicht.« Noch im selben Moment, in dem die Menschen also von einem Anderen zutiefst beeindruckt sind, sind sie von ihm zutiefst enttäuscht.

Sie empfinden den Anderen entweder als erbärmlich (gleich) oder als bedrohlich (fremd oder herausfordend) oder aber als *bedrohlich und erbärmlich*. Die Menschen, die eine unendliche Auswahl möglicher Partner wahrnehmen, haben also nur die Wahl zwischen der Erbärmlichkeit *oder* der Bedrohung oder der Erbärmlichkeit *und* der Bedrohung.

ACHT

WAS DIE MENSCHEN VON DER LIEBE DENKEN

Das achte Kapitel: in dem berichtet wird, dass die freien Menschen ein freies Bewusstsein haben und dass dieses Bewusstsein alles ablehnt, was die Menschen suchen und wählen; dass es alle Gefühle als Kopie und Klischee, als pornografisch und neurotisch kritisiert; dass die Menschen zwar einen Partner lieben wollen, aber die Liebe nicht mehr lieben, weil sie ihnen künstlich und dumm erscheint; dass das freie Bewusstsein die Liebe als eine Krankheit begreift, aber nicht krank sein will, sondern endlich gesund; dass es nicht fremdbestimmt sein will, weder durch die Medien und die Unterhaltungsindustrie noch durch das eigene Unbewusste, dessen Grund die Menschen sich übersät denken mit Medienschrott und Industrieschrott wie das Meer nach einer Schlacht; dass Liebe und Sex den Menschen zu Wiederholungen werden und dass die Menschen sich vor ihren Wiederholungen ekeln; dass sie, wenn sie der Hydra leibhaftig begegneten, sagen würden: »Das ist ja nur eine Projektion, das Ideal meiner kranken Seele, einer kranken Gesellschaft«; dass sie also einen Partner suchen, der allem entspricht, was sie wollen, und zugleich allem nicht entspricht, dessen Gegenteil ist; dass die unendliche Freiheit also darin besteht, dass die freien Menschen alles, was sie wollen, zugleich nicht wollen, kritisieren und ablehnen; dass die freien Menschen frei sein wollen von ihrem Wollen, frei sein wollen von der Liebe

Man stelle sich vor!

Die Menschen leben in einer Stadt, wo an allen Wänden Spiegel hängen. Nicht nur in den Aufzügen und über den Waschbecken der öffentlichen Toiletten, überall. Sogar Böden und Decken sind verspiegelt. Auch draußen, auf der Straße, sehen die Menschen immerzu in Spiegel, die Mauern der Häuser, das Pflaster der Bürgersteige und sogar die Schaufenster werfen jeden Blick zurück. Es gibt keinen Ort, wo die Menschen nicht permanent sich selbst sehen und auch die anderen Menschen immer zweifach, zigfach. In der Luft ist ein nicht endendes Sirenengeheul. Es kommt von allen Seiten, als ob sämtliche Sirenen der Stadt, Ambulanz- und Polizeisirenen, Feuersirenen und Luftschutzsirenen zugleich ertönen. So ist es unausweichlich, dass die Stadtbewohner Spiegelbilder und Alarmsignale miteinander verbinden, obwohl – oder weil – ihnen tatsächlich seit langem weder das Eine noch das Andere mehr auffällt. Stünden sie plötzlich im Wald und würde ihr Blick von nichts mehr zurückgeworfen, sondern zwischen Stämmen, Zweigen und Laub verschwinden, es wäre ein Schock. Es würde den Menschen scheinen, als verlören sie unversehens das Bewusstsein und träumten nun einen seltsamen, unbegreiflichen Traum.

»Ich denke nach.«

»Über was?«

»Mich selbst.«

»Und was denkst du über dich selbst?«

»Ich denke, dass meine frühen, kindlichen Erfahrungen und das gesellschaftliche System mich zu sehr beeinflussen. Ich habe zu viele Muster und Mechanismen und muss mich davon befreien. Ich muss mir endlich bewusst machen, was in mir selbst vorgeht. Ich will in Zukunft mein eigenes Gesetz sein.«

In der unendlichen Freiheit wächst das Bewusstsein der Menschen unendlich. Vor allem das Selbstbewusstsein, das Bewusstsein *von sich selbst*. Die Menschen beobachten pausenlos, was in ihnen selbst vorgeht, denn sie wollen ein freies Bewusstsein haben, eines, das von nichts mehr beeinflusst wird, weder von ihrem *Unbewussten* noch von der Welt, der *Gesellschaft*.

Wenn die freien Menschen noch an die Existenz einer Gesellschaft glauben, so nur an eine Gesellschaft *in ihrem Inneren*, eine verinnerlichte Gesellschaft. Sie sagen: »Ich habe zuviel von der Gesellschaft verinnerlicht. Ich muss das wieder loswerden.« Für diese Gesellschaft in ihrem Inneren sind die Menschen also selbst verantwortlich.

Die Menschen wollen ihr Bewusstsein befreien, indem sie es vergrößern. Sie wollen das falsche Bewusstsein mit noch mehr Bewusstsein überwinden, mit Verstehen, Analyse, Selbstaufklärung. Wüchsen die Köpfe der freien Menschen mit dem darin enthaltenen Bewusstsein mit, so glichen die Menschen bald Kürbissen, die Körper nur noch dünne, verdrehte Strünke, unfähig, die gigantischen Köpfe zu heben.

Dieses hypertrophe Bewusstsein macht die Liebe unmöglich. Denn die freien Menschen wollen sich über den Anderen und über ihre Gefühle für den Anderen so schnell wie möglich *klar werden*.

Es liege im Wesen der Liebe, heißt es, dass Menschen den, den sie liebten, immer wieder neu sähen, nie mit ihm fertig würden. Die freien Menschen aber wissen sofort, *was für ein Mensch* der Andere ist. Wenn es heißt, man solle sich vom Geliebten kein Bildnis machen, so sind sie Meister im Machen von Bildnissen. Wenn es heißt, der Geliebte solle eine Unendlichkeit sein, immer auch Geheimnis, so wissen sie genau, was ihn begrenzt, seine Kenntnisse und Fähigkeiten, seine

Möglichkeiten der Entwicklung, seinen Charakter. Sie werden mit jedem binnen kurzem fertig. Sie zeichnen den Anderen mit peinlich scharfem Umriss. Sie reißen ihm die Kleider herunter, die ihn verhüllt und geschmückt haben, und entblößen seine wahre Silhouette. Sie sagen: »Er ist neurotisch. Er hat Angst vor Nähe. Er leidet unter einer krankhaften Eifersucht. Er ist egozentrisch und konfliktscheu.«

Das Problem ist nicht, dass sie den Anderen nicht verstehen, sondern *dass sie ihn zu gut verstehen*. Das Problem ist nicht, dass der Andere ihnen unerklärlich bliebe. Er ist ihnen nur allzu erklärlich. Sie schätzen ihn nicht falsch ein, sondern furchtbar richtig. Die Menschen erkennen sofort seine Muster, seine Mechanismen. Sie sind Meister im Schnelleinschätzen, geschulte Diagnostiker. In Kürze ist der Andere kein Wunder mehr, sondern ein Fall.

Auch von sich selbst machen die Menschen sich ein Bildnis, auch sich selbst machen sie sofort zum Fall. Wenn die Liebe sie streift, wissen sie in Kürze, warum. Sie sagen: »Das ist nur eine Idealisierung.« Oder: »Das ist eine Abhängigkeit.« Die Menschen sind gewiss nicht glücklich, jedoch sehr erleichtert, wenn sie eine Liebe, die einen Moment lang auf ihrem Buckel saß, wieder abgeschüttelt haben. Ruhig laufen sie im Kreis und flüstern sich, wenn ihr Atem wieder gleichmäßig geht, selbst ins Ohr: »Der mich so wild gemacht hat, war tatsächlich nur eine Kompensation meiner Schwäche, eine Projektion meiner kindlichen Sehnsucht. Er war nur die Verkörperung meiner sexuellen Fantasien.« Sie sagen: »Wer liebt, ist kein Subjekt mehr, sondern ein ferngesteuerter Idiot.« Die Menschen sind froh, wieder sie selbst zu sein. Sie sind sie selbst nur in der Einsamkeit; wenn sie nicht lieben.

Die Menschen machen aus schönen Seelen – ihrer eigenen und der des Anderen – problematische Psychen. Sie machen aus dem Anderen einen Kranken, aus sich selbst einen Kranken und aus der Liebe, *wieder*, eine Krankheit. Als eine Krankheit galt die Liebe ja auch zu Beginn, als sie sich durchsetzen musste gegen die Vernunft und den Zwang; als der *Wahnsinn der Liebe* die einzige Entschuldigung der Liebenden war für ihr sittenwidriges Tun, für ihren Trotz gegen die Eltern und Inhaber der Macht.

Die Liebe drang in Verkleidung des Wahnsinns in die Gesellschaft ein, wie viele revolutionäre Ideen. Doch irgendwann galt sie als gesund, normal, wurde selbst zur Sitte – wurde erwartet von den Eltern, der Gesellschaft. Jetzt aber, in der unendlichen Freiheit, gilt sie wieder als Krankheit. Doch sie ist, im Gegensatz zur Romantik, *keine geliebte Krankheit* mehr. Die Menschen wollen endlich gesund werden. Sie sehen in Liebesleid und Liebesrausch nicht mehr den Ausdruck ihrer Seele, sonden den Verlust ihres Selbst.

Sie sagen: »Ich war im Rausch. Ich hatte den Kontakt zur Wirklichkeit verloren. Ich war nicht mehr ich selbst.« Sie sagen: »Das war keine Liebe, nur eine Erregung. Nur ein Schönheitsrausch.« Sie sagen: »Das war keine Liebe, nur eine romantische Situation. Es war die Stadt. Es war der Sommer.«

Die Menschen wollen ihr Bewusstsein befreien. Denn sie haben die Krankheit der Liebe verstanden. Sie wissen, dass sich in der Liebe nicht das Göttliche offenbart, sondern ihre Neurose, ihr Zwang.

Früher glaubten die Menschen, dass die Richtigen, füreinander Bestimmten sich mit Notwendigkeit finden würden. Die freien Menschen dagegen glauben, dass sich mit Notwendigkeit nur die Falschen finden. Der Unterwürfige findet den Machtbesessenen, der Machtbesessene den Unterwürfigen. Der Narzisst findet den Bewunderungssüchtigen, der Bewunderungssüchtige den Narzissten. Der Mensch, der immerzu um die Liebe eines Herzenskalten kämpfen will, findet einen Herzenskalten. Der Mensch, der die Liebe an der Gewalt zu erkennen glaubt, findet einen, der ihm Gewalt antut. Der Mensch, der Kind geblieben ist, findet einen Kümmerer, Vater, Mutter; der Kümmerer findet ein Kind.

Die Menschen wissen: Es gibt nichts Furchtbareres als einen Partner, der sich ihnen mit Notwendigkeit aufdrängt, der ein Schicksal für sie ist, der ihrem Schicksal entspricht. Sie sagen: »Jede Anziehung beruht auf einer Krankheit der Seele.«

Die Menschen wollen ihrem Schicksal nicht in die Arme laufen, sondern ihm entfliehen: ihrem Klassenschicksal, Kulturschicksal, Geschlechtsschicksal, Familienschicksal, Seelenschicksal, Liebesschicksal. Die Menschen wissen: Alle Partner, die für sie eine Notwendigkeit gewesen sind, sind eine Katastrophe gewesen. Alle Partner, die sie wahrhaftig und leidenschaftlich geliebt haben, haben zu ihnen auf die furchtbarste Weise gepasst: zu ihren Verletzungen, Schwächen und Abhängigkeiten. Die Menschen sagen: »Es gibt nichts Schlimmeres, als zu finden, was man sucht. Denn was in mir sucht, das ist meine Neurose.«

Der Schicksalspartner, die sogenannte große Liebe, hat die Menschen früher in einen Strudel gezogen, der alles mit sich riss. Dieser geliebte Mensch, der ihr Schicksal war, ist ihre Zerstörung gewesen. Einen Partner frei zu wählen, das heißt für die Menschen, sich *gegen* ihr Schicksal zu entscheiden. Das freie Bewusstsein hat das Schicksal durchschaut.

Jahrtausendelang haben die Menschen versucht, die Welt und das Sein zu denken, deren Sinn oder Nichtsinn. Sie haben es mit Hilfe des reinen Denkens versucht, in der Metaphysik und mit Hilfe der Naturwissenschaft. Auch das Bewusstsein haben sie auf diese Weise gedacht. Sie sagten: »Das Bewusstsein muss alles, was es darstellt, in Raum und Zeit darstellen. Raum und Zeit sind nicht in der Welt, sondern im Bewusstsein.« Oder: »Das Bewusstsein ist immer das Bewusstsein *von etwas*. Es gibt kein Bewusstsein an sich, sondern nur das Bewusstsein von einem Hammer, von einem Tisch.«

Das Bewusstsein konnte Karriere machen: von der bloßen Spiegelung der Dinge bis zur Selbstreflexion, zum absoluten Wissen.

Dann geschah etwas Neues. Das Bewusstsein selbst wurde zum Ding, das gewissermaßen naturwissenschaftlich untersucht wurde. Diese Wissenschaften des Bewusstseins hießen *Soziologie* und *Psychologie*. Aus *dem* Bewusstsein wurde nun eine Vielzahl unterschiedlicher, je persönlicher Bewusstseine. Jeder Mensch hatte nun ein anderes, je nach Klasse und Geschlecht, je nach Kindheit und Umwelt, ja, jeder Mensch hatte zu jedem Zeitpunkt, in jeder Situation ein anderes.

Die Menschen mussten erkennen, dass Vorurteile und Ressentiments das Bewusstsein bestimmen; dass das Sein das Bewusstsein bestimmt – die eigene Herkunft und das eigene Milieu, die herrschende Ordnung und sogenannte Gruppendynamik, die Medien, die Werbung und Sprache, die Bewusstseinsindustrie; dass das Unbewusste das Bewusstsein bestimmt – die persönliche Vergangenheit, deren Lehren und Komplexe; dass die Botschaften der Medien und der Werbung einsickern ins Unbewusste; dass die ganze Gesellschaft im Unbewussten sitzt wie in einem Hinterhalt, jederzeit bereit, es zu überrumpeln; dass das Bewusstsein sich stets innerhalb einer geschichtlichen *Mentalität* bewegt, innerhalb eines geschichtlichen *Paradigmas*, wie der Gefangene auf dem Quadrat eines Gefängnishofes; dass jeder Gedanke nur ein Gefühl ist, alle Metaphysik nichts als Gefühl.

Die Menschen mussten erkennen, dass ihr Denken ein depressives Denken, bürgerliches Denken, männliches oder weibliches Denken ist; dass ihr Denken also gar nicht ihr eigenes Denken, ihr Fühlen nicht ihr eigenes Fühlen, ihr Bewusstsein also nicht ihr eigenes Bewusstsein ist; dass das Bewusstsein *geprägt* ist, *traumatisiert*, *sozialisiert* und *indoktriniert*; dass es an Fäden hängt wie eine Marionette, der Mensch nicht Herr im eigenen Kopf, Herr im eigenen Hause ist.

Es war ein Schock. Die Menschen entdeckten sich als Opfer einer Fremdherrschaft, die ihnen bislang verborgen geblieben war. Der Schock wiederholt sich im Leben jedes jungen Menschen. Das eigene Bewusstsein erscheint als Leinwand, auf die die Welt und die eigene Vergangenheit nur ihre Figuren projizieren.

Die Menschen entdecken, dass ihr Bewusstsein von einer allumfassenden Matrix gespeist und kontrolliert wird. Sie sagen: »Ich will ein freies Bewusstsein haben. Alles, was mir unbewusst ist, soll mir bewusst werden. Aus falschem Bewusstsein soll richtiges werden.« So reden die freien Menschen. Sie wollen ihre Muster und Mechanismen loswerden, die neurotischen und kapitalistischen, die patriarchalen und pornografischen. Sie kehren die Erkenntnis totaler Fremdherrschaft um in den Anspruch totaler Befreiung.

Sie entwickeln das Ideal eines gänzlich unbeeinflussten, selbstbewussten Selbst – eines Selbst, das *nur Selbst* ist. Sie lesen Zeitung und sehen fern: also verfügen sie über eine soziologische und psychologische (und jetzt auch neurowissenschaftliche) Bildung. Die Waffen der Wissenschaft können jetzt auch von Privatpersonen erworben werden. Ja, der Besitz wissenschaftlicher Begriffe und deren Gebrauch im Privaten ist nicht nur erlaubt, sondern unumgänglich. Die Erkenntnisse aller Wissenschaften vom Menschen konnten den Menschen nicht verborgen bleiben; so wurden sie zu Wissenschaftlern ihrer selbst.

Die Menschen wenden also die Erkenntnisse der Soziologie und Psychologie auf sich selbst an – und auf alle anderen Menschen. Auch der Geliebte soll ein freies Bewusstsein haben, auch er soll sich sein Unbewusstes bewusst gemacht haben. Die Menschen denken, dass sie unbegrenzte Möglichkeiten der Selbstaufklärung und Selbsttherapie haben. Sie sagen: »Wo Muster und Mechanismen sind, da soll *Ich* werden. Wo Muster und Mechanismen sind, da sollst *Du* werden.«

Die Menschen wissen, dass sie – im Innersten – noch unfrei sind. Sie wollen frei erst werden. Das wahre Selbst ist ihnen das unendlich befreite Selbst, befreit von allem Einfluss der Vergangenheit und der Gesellschaft, des seelischen Apparats, der Medien- und Pornoindustrie. Die Menschen sagen: »Meine Vergangenheit soll mein Bewusstsein nicht mehr beherrschen. Die gesellschaftlichen Mechanismen sollen mein Bewusstsein nicht mehr lenken.« Die Menschen sehen ihr Bewusstsein permanent von etwas beeinflusst, sie wollen ihr Bewusstsein permanent von etwas befreien. Sie leiden an einer ständigen Paranoia der Bewusstseinsbeeinflussung, an einem Fanatismus der Bewusstseinsbefreiung. (Das Wort Paranoia ist eigentlich fehl am Platz, bezeichnet es doch etwas, das »neben dem Verstand«, in Verrücktheit sich entfaltet. Die ständige Furcht der freien Menschen vor Beeinflussung kommt aber gerade *aus dem Verstand*.)

Tatsächlich wollen die freien Menschen aber nicht nur als Wissenschaftler ihrer selbst ihr Bewusstsein befreien, sondern ebenso als *Künstler* ihrer selbst. Sie haben ein Künstlerideal. Das Bewusstsein eines Künstlers, so denken sie, ist ein freies Bewusstsein. Ein Künstler ist selbständig und einzigartig, unabhängig und originell. Jedenfalls soll und möchte er das sein. Tatsächlich ist jeder Künstler ein Beeinflussungsparanoiker und Bewusstseinsfanatiker. Er fürchtet permanent, von irgendwem oder irgendwas beeinflusst zu werden, sein wahres, originelles Selbst zu verlieren, sich anzupassen an die Gesellschaft, an das System, den Kommerz, an andere Künstler, den eigenen Partner. Wenn der Partner Künstler ist, fürchten sie, sich an dessen Kunst anzupassen, wenn er kein Künstler ist, an dessen Kunstlosigkeit.

Der Künstler fürchtet sich pausenlos vor der Gesellschaft, vor jeder Gruppe, jeder Begegnung. Jeder Einfluss soll ein selbst gesuchter, selbst gewählter sein. Jedes Idol soll ein selbst gewähltes Idol sein – und damit eher Folge und Ausdruck der eigenen künstlerischen Entwicklung als deren Anlass und Ursache. Auch der verehrteste Lehrer darf den Menschen nichts mehr beibringen, sie nicht beeinflussen, sondern nur die Entwicklung ihres einzigartigen und originellen Selbst *herausfordern*. Wie die Künstler als freie Menschen im Speziellen, so haben die freien Menschen mit Künstlerideal im Allgemeinen permanent die Furcht, nur das Vergangene zu wiederholen, kein Original zu sein, nur die Kopie anderer.

Die Menschen betrachten sich selbst also *als Kunstwerk*. Und tatsächlich: Sie haben ja sich selbst erschaffen, sich erfunden. Ihr Leben ist ihr Werk, die Folge freien Wählens. Sie haben ihre Zukunft gewählt wie der Künstler seine Farbe. Sie wollen, wie der Künstler, immer *konsequent* sein, ihr Werk, also Leben, bis ans Ende seiner Möglichkeiten treiben. Sie wollen die restlose Realisierung ihres Selbst. Sie wollen originell sein, frei von Wiederholung. Sie wollen keine Klischees produzieren, keinen Kitsch. Selbständigkeit und Einzigartigkeit, Unabhängigkeit und Originalität, stete Entwicklung – die Bewusstseinsideale der Menschen sind Kunstideale. Vielmehr, die Ideale der Kunst entsprechen einem Bewusstsein, das sich selbst wissenschaftlich analysiert, dass totale Beeinflussung erkennt und sich davon befreien will. Die Ideale der Kunst entsprechen den Menschen, die sie selbst erschaffen, ihr Leben zur Kunst machen wollen.

So folgt aus der unendlichen Freiheit auch, dass die Menschen sich selbst nach künstlerischen Maßstäben beurteilen, den Maßstäben der Ästhetik. Alles, was sie tun, und alles, was sie sagen, beurteilen sie wie ein Kunst- oder Literaturkritiker, ein Kunst- oder Literaturwissenschaftler. Nicht nur die Soziologie und die Psychologie wenden sie gnadenlos auf sich selbst an, sondern auch die Kunst- und Literaturwissenschaft. Sie sagen: »Die Liebe ist, in allen ihren Formen, eine Wiederholung, ein Klischee. Alle romantischen Situationen sind längst bekannt, nur Klischees.«

In einem Roman schreibt eine Frau einem Mann eine Email, in der sie seinen Vorschlag, augenblicklich bei ihm vorbeizukommen, zurückweist. Sie schreibt: »Sie sind vermutlich noch ein bisschen rauschig von der Vornacht, also unheimlich ›in Stimmung‹. Sie suchen Nähe. Sie wollen Marlene vergessen beziehungsweise vergessen machen. Und Sie haben genügend Bücher dieser Art gelesen und einschlägige Filmszenen gesehen, letzte Tangos mit Marlon Brandos und so. Leo, diese Szenen kenne ich auch: ER sieht SIE zum ersten Mal, möglichst im Halbdunkel, damit auch das schön ist, was vielleicht nicht so schön ist. Und dann fällt kein einziges Wort mehr, nur noch Gewand. Wie knapp vorm Verhungern fallen sie übereinander her, sparen nichts aus, wälzen sich stundenlang über die Wohnlandschaften. Kameraschnitt. Das nächste Bild: Er liegt auf dem Rücken, über seine Lippen huscht ein frivoles Lächeln, die Augen ruhen im lasziven Blick auf die Zimmerdecke, als wollte er auch diese noch vernaschen. Sie liegt mit dem Kopf auf seiner Brust. Befriedigt wie eine Hirschkuh nach dem Durchzug eines Rudels brunf-

tiger Böcke. Vielleicht bläst noch einer der beiden Zigaretten-
rauch durch die Nasenlöcher. Und dann wird dezent ausge-
blendet.«

In einer Erzählung werden die Gedanken eines Mannes beschrieben, den die jüngere Schwester einer ehemaligen Mit-
bewohnerin seiner Frau zu verführen versucht, indem sie
ihm ihre Brüste zeigt: »Die Schwester mit den Brüsten steht
neben dem Bett und sieht ihn geradewegs und mit einem
schwachen Lächeln an, ein Lächeln, verheißungsvoll, me-
dienerfahren. (...) Ihr Gesichtsausdruck stammt direkt von
Seite 18 des Dessouskatalogs von *Victoria's Secrets*. Sie ist,
denkt er, der Typ Frau, die ihre Highheels anlässt, wenn er sie
darum bittet. Selbst wenn sie noch nie ihre Highheels ange-
lassen hätte, würde sie ihm ein wissendes, verheißungsvolles
Lächeln schenken, siehe Seite 18. Durch die Körperdrehung
beim Schließen der Tür wird flüchtig ihr Profil sichtbar, die
Form ihrer Brust, unten eine Halbkugel, oben eine Sprung-
schanze. Die träge Bewegung schwitzt vor tieferer Bedeutung. Er merkt auf einmal, dass sie eine Szene aus einem ihrer
Lieblingsfilme nachspielt.«

Ein Denker sagt: Die Liebe ist ein Serienprodukt. »Wir entkommen den Formen nicht, den Werten, den Regeln, der
totalen Kultur.«

Einst war die Sprache der Liebe eine *erste* Sprache, eine Um-
gangs-, keine Fach- und Metasprache. Die Menschen sagten:
»Sie ruft nicht an.« Oder: »Er ist schön.« Die freien Menschen
dagegen sprechen über die Liebe immer und von Anfang an
in einer Fachsprache, einer Metasprache. Ihre Umgangsspra-
che *ist* eine Fachsprache, psychologisch, soziologisch und
ästhetisch. Sie sagen: »Du suchst Nähe.« Oder: »Du willst ver-

gessen.« Oder: »Die Liebe ist ein Serienprodukt.« Sie sagen:
»Ihr Lächeln stammt aus einem Dessouskatalog.«

Die Menschen erklären, anstatt zu beschreiben. Das Problem besteht nicht darin, dass die Liebe ein Serienprodukt *ist*, sondern darin, dass die Menschen es *wissen*, es wissen wollen, dass in diesem Wissen ihr ganzer Stolz liegt – und zugleich ihre Schmach. Solange sie versuchen zu lieben, entkommen sie ihrem Bewusstsein nicht, dass sie ein Serienprodukt herstellen, ihrem *totalen Bewusstsein* der totalen Kultur.

Die Menschen finden in sich selbst immer zugleich ein Gefühl vor und eine *Theorie zu diesem Gefühl*, eine Gefühlstheorie und ein Theoriegefühl. Das *Theoriegefühl* ist das vage Gefühl, von etwas Unfassbarem, Ungreifbarem gesteuert zu werden; jedes Wort im Kopf setzt sich selbst in Anführungszeichen; gleichzeitig meinen die Menschen jedoch zu wissen, was sie da steuert. Sie kennen – mindestens – eine passende Theorie, und erfahren also nicht nur die Ohnmacht, gesteuert zu werden, sondern auch die Überlegenheit dessen, der Bescheid weiß, *eingeweiht* ist. Mit einem Wort: Es ist der Zustand des Paranoikers, der seine furchtbare Ohnmacht und Entwirklichung verkehrt in die Macht des Wissenden, Eingeweihten, der die *wahre* Wirklichkeit kennt.

Psychisches Erleben und psychologisches Denken fallen in eins. Jedes Gefühl wird aufgehoben von dem Satz: »Dieses Gefühl habe ich nur, weil ...« Die Menschen ziehen die Liebe in Zweifel wie die Nichtliebe. Sie sagen: »Vielleicht liebe ich in Wahrheit doch, und meine Liebe ist nur blockiert aufgrund eines Abwehrmechanismus.« Nichts ist, was es ist. Jede Realität wird zum Schein, jede Wirklichkeit reduziert zur Möglichkeit: »Vielleicht sind meine wahren Gefühle ganz andere, vielleicht habe ich sie unterdrückt.« Außer Zweifel steht nur, dass nichts ist, was es ist; dass alles einem versteckten Muster folgt. Die Scham der freien Menschen gleicht der Scham des Sündenfalls, sie ist Erkenntnisscham. Doch die Menschen schämen sich nicht ihrer Nacktheit, sondern ihrer Künstlichkeit, ihrer Gemachtheit. Sie schämen sich ihrer *Rollen* und *Prägungen*, der *Skripte* in ihrem Kopf. Die Sprache der Liebe ist zur Metasprache geworden, also zu einer Sprache der Scham, also einer Sprache der Nichtliebe.

Die Scham der freien Menschen entsteht aus der Kluft zwischen ihrem Freiheitsanspruch und ihrem Bewusstsein, das die Freiheit permanent als frommen Wunsch bloßstellt. Es ist eine psychologische Scham – über die eigenen Neurosen und Blockaden; eine soziologische Scham – über die eigenen *Anpassungen* und *Fassaden*; und eine ästhetische Scham – über das eigene Kopieren und Wiederholen.

Die Menschen wollen gerne glauben, dass sie auch im Innersten frei sind, in ihrem Denken und Fühlen. Die Freiheit ihres Bewusstseins ist ihr Stolz. Zugleich entdecken sie aber permanent, dass sie unfrei sind, nur Marionetten. Sie empfinden die Scham derer, deren Freiheit sich unvermittelt als Täuschung entpuppt – vergleichbar dem Angestellten, der eine Besprechung leitet und blamiert wird von dem plötzlich auftretenden Chef, der ihm vor den Kollegen das Wort entreißt und das Gegenteil bestimmt. Die Erkenntnis der eigenen Determiniertheit durch das Unbewusste und die Gesellschaft ist dieser plötzlich auftretende Chef, der *diabolus ex machina*, der die Menschen immerzu lächerlich macht, weil er ihre Freiheit als Täuschung entlarvt.

Die freien Menschen erfahren sich selbst als lächerliche Menschen. Nicht nur, weil sie meinen, stets über die eigenen Beine zu fallen, sie jede Blockade als Selbstblockade wahrnehmen, jeden Widerstand als *inneren* Widerstand, sondern auch, weil sie in ihrem Freiheitsanspruch permanent scheitern, sich als Marionetten und Kopien erfahren, wo sie selbstbestimmt, unabhängig, originell und einzigartig sein wollen.

Das Versinken im Selbst hat also zwei Gründe. Die freien Menschen, die darauf aus sind, in der unendlichen Welt einen zu Liebenden zu entdecken, müssen sich nicht nur fragen, was sie suchen und was sie wollen; sie müssen nicht nur deshalb immerzu sich selbst betrachten, weil sie selbst das wichtigste Instrument ihrer Suche sind, der Köder, der einen zu Liebenden anlocken soll – sondern sie fragen sich auch, *warum* sie suchen, was sie suchen, *warum* sie wollen, was sie wollen; *warum* sie sich selbst so oder so präsentieren.

Sie fragen sich, was ihre Liebesziele und Liebesmethoden über sie selbst sagen, ob sie neurotisch sind, narzisstisch, manipuliert. Naturgemäß antworten die freien Menschen mit *ja*. Wenn sie schon unter dem Einfluss von Mustern und Mechanismen stehen, soll wenigstens ihr Bewusstsein die Kontrolle über ihre Diagnose behalten. Das Schlimmste über sich selbst *selbst zu denken* und es sich also nicht von anderen vorhalten lassen zu müssen, ist die letzte Möglichkeit, eine Freiheit zu behaupten, die dem eigenen Bewusstsein immerzu als vordergründig, als bloße Täuschung erscheint.

So fallen die Menschen, die eigentlich einen Anderen entdecken wollten, hinein in sich selbst, also in eine Depression, also: in ihr unendliches, unendlich-kritisches, also vernichtendes Selbstbewusstsein. In der Freiheit ist auch die Möglichkeit der Selbstbespiegelung absolut. Alle wissenschaftlichen Werkzeuge liegen bereit; nichts und niemand unterbricht die Selbstbespiegelung der Menschen, hält sie vom Nachdenken über sich selbst ab. Allein im eigenen Raum fallen sie hinein in die Möglichkeit der Selbstbespiegelung (wie sie ständig hineinfallen in die Möglichkeit der Selbstbefriedigung). Sie denken immerzu über sich selbst nach und kommen zu einem furchtbaren Ergebnis.

Die Menschen müssen pausenlos sich selbst betrachten und sind alarmiert – denn das Bewusstsein, im Innersten, im eigenen Kopf, nicht die Kontrolle zu haben, ist ein furchtbares Bewusstsein: Wie soll man leben, wenn ausgerechnet in der eigenen Wahrnehmung, im eigenen Wollen der Wurm drinsteckt?

Nachdenken über sich selbst bedeutet: Die Menschen wiederholen in Gedanken endlos, was sie getan haben – und beobachten sich bei diesem Tun. Sie machen sich zu einer Romanfigur in ihrem Kopf, lassen diese Figur immer wieder dasselbe tun und beobachten diese Figur, also sich selbst dabei.

Nachdenken über sich selbst ist ein Roman ohne Handlungsfortschritt. Der Held ist dazu verdammt, immer und immer wieder dasselbe zu tun. Er weiß nicht, dass der Sinn seiner Wiederholungen darin besteht, dass ein Bewusstsein ihn dabei beobachtet und versucht, zu wissenschaftlichen Schlüssen über seine Muster und Mechanismen zu gelangen.

Nachdenken über sich selbst, das bedeutet, dass der Mensch zerfällt in diese absurde Figur, die gezwungen ist, die eigene Vergangenheit endlos und ohne die geringste Abweichung zu wiederholen, und ein Bewusstsein, das dieser Wiederholung mit wissenschaftlichem Interesse zusieht.

Die Menschen, die eigentlich alle Bewegungs- und Selbstverbesserungsmöglichkeiten wahrnehmen wollen, nehmen andererseits alle Bewusstseins- und Selbstreflexionsmöglichkeiten wahr und halten eben dadurch ihre Bewegung auf. Sie kommen zum Stillstand. Sie wollen zwar über sich selbst nachdenken, *um sich zu verbessern, sich schneller und besser bewegen zu können.* Tatsächlich aber führen die Bewusstseinsmöglichkeiten der Menschen notwendig zum Stillstand,

zum Anhalten aller Bewegung. Jahre- und jahrzehntelang unterbrechen die Menschen ihre Selbstbewegung und
wiederholen alles Vergangene im Kopf, um mehr Selbstbewusstsein zu erlangen, alle Bewusstseinsmöglichkeiten auszuschöpfen. Die Menschen springen ab von der unendlichen
Leiter ihrer Entwicklungsmöglichkeiten und versteinern
zum Denker, unbeweglich sitzend und nachdenkend über
sich selbst. Sie liegen auf der Analysecouch, bereit zur endlosen Selbstwiederholung im Kopf, zum *Erinnern, Wiederholen,
Durcharbeiten.*

Der Mythos des Sisyphos bekommt jetzt eine andere
Bedeutung. Er zeigt nun einen Menschen, der gezwungen
ist, das bisher Getane endlos *in Gedanken* zu wiederholen,
sein vergangenes Ich wieder und wieder den Berg hochzu-
rollen, nachdenkend. Der Stein, den er rollt, ist tatsächlich
sein Persönlichstes: sein Trauma, sein Charakter, seine
Wiederholung. Das Absurde seines Lebens ereignet sich
nicht mehr in der Welt, sondern im Bewusstsein. Das Bewusstsein, von dem die freien Menschen sich doch ihre Befreiung erhofften, hält sie gefangen am steilen Hang der
Selbstreflexion.

Die Menschen sagen: »Anstatt mich weiterzuentwickeln,
habe ich jahrelang nur nachgedacht. Statt unterwegs zu sein,
habe ich herumgesessen und herumgelegen. Immerzu sitze
und liege ich herum und denke über mich nach, anstatt mich
zu bewegen. Ich tue nichts. Ich liebe nicht. Meine Geistes-
tätigkeit richtet sich immer wieder nur auf meine Geistes-
tätigkeit. Sie rollt immer wieder an ihren eigenen Anfang
zurück.«

Die freien Menschen analysieren nicht nur sich selbst und
den Anderen in der Liebe. Sie analysieren auch bereits das,
was sie suchen. Darum lehnen sie nicht nur die Liebe ab,

nicht nur sich selbst in der Liebe, sondern bereits sich selbst als *Noch-Suchende*, den Anderen als *Noch-Gesuchten*.

Das Bewusstsein arbeitet sich also nicht nur an jedem Gefundenen ab und entlarvt ihn als problematische Psyche, die eigene Begeisterung als Projektion und Idealisierung, sondern es arbeitet sich bereits am Gesuchten ab und an sich selbst als suchendem Bewusstsein. Die Enttäuschung über den gesuchten Anderen kommt bereits *vor dem Finden*, vor der Erfüllung.

Die Menschen leben so lange mit der Hydra zusammen, mit dem Bildnis ihres Gesuchten, dass sie die Hydra kennen wie einen Ehepartner nach zehn Jahren Ehe. Die Hydra ist ihnen seit Jahren vertraut und bekannt. Die Menschen sagen: »Was ich suche, ist ein peinliches Klischee. Der Gesuchte ist ein Ausdruck meines kranken Unbewussten, ein Ausdruck des Schönheitsideals und Aufstiegsideals der Gesellschaft, ein pornografisch-karrieristisches Monster. Ich bin ein Viktor Frankenstein der Liebe. Ich habe aus allen Liebesmöglichkeiten ein Monstrum der Unendlichkeit geschaffen.«

Die Menschen treffen also entweder Menschen, die von ihrem Ideal abweichen und ihnen also *fremd* sind, oder sie treffen Menschen, die ihrem Ideal, der Hydra nahe kommen, und ihnen deshalb *peinlich* sind. Sie wenden Psychologie, Soziologie und Ästhetik auch auf die Hydra an und kommen zu einem verheerenden Ergebnis. Wenn sie jemanden finden, der ihrer Hydra zu entsprechen scheint, denken sie: »Er ist kein Original, nur eine Kopie meiner Wünsche, ein Klischee meines Bewusstseins.« Allein die Tatsache, dass sie finden, was sie suchen, verleidet ihnen das Gefundene als faden Abklatsch.

Die Menschen schämen sich also, wenn sie einen finden, der ihrer Hydra zu entsprechen scheint. Sie denken: »Wenn mich jemand mit meinem *Traumpartner* sähe, hielte er mich für ein Opfer meiner Projektionen; ein Opfer der Mode, der Bewusstseinsindustrie.« Die freien Menschen haben alle Träume pathologisiert. Sie haben alle Träume einer psychologischen, soziologischen und ästhetischen Kritik unterzogen.

Sie sagen: »Wer seine Träume verwirklicht, verwirklicht tatsächlich seine Neurose, die Botschaften der Werbung. Wer Träume verwirklicht, verwirklicht Klischees.« Sie sagen: »Es kommt mir vor, als schliefe ich nicht mit einem echten Menschen, sondern mit meiner eigenen, kranken Fantasie, meiner Neurose, meiner Verinnerlichung gesellschaftlicher Normen. Ich missbrauche den Anderen, um mit meiner Fantasie zu schlafen.«

Das Paradox der Suche lautet also: Die Menschen verschleißen das, was sie suchen, noch bevor sie es finden können. Sie leben bereits mit dem Gesuchten, und das Gesuchte wird ihnen vertraut und bekannt. Das Gesuchte wird abgenutzt von einem Bewusstsein, das sich ein Bildnis seiner Wünsche machen und die Ursachen dieser Wünsche kennen will. Immer wenn das Bewusstsein sich ein Bild von dem macht, was es sich wünscht, malt es die angenommenen Ursachen mit ins Bild, sogar noch größer als den Wunsch selbst – so dass es am Ende nicht mehr die Verwirklichung eines Wunsches wahrnimmt, sondern nur die Verwirklichung der – beschämenden – Ursachen seines Wunsches. Also hassen die freien Menschen alles, was sie suchen.

Lieben könnten sie dagegen nur das, was sie *nicht gesucht* haben, was sie nicht wollen, also nicht lieben. Der Geliebte dürfte gerade nicht der Gesuchte, sondern müsste ganz anders sein, das Gegenteil.

Der Geliebte wäre nur dann ein wahrhaftiges Original, wenn er nicht der Gesuchte wäre, keine Kopie des Gesuchten.

Er dürfte nicht der Vorstellung entsprechen, sondern müsste die Menschen überraschen, unerwartet sein. Er müsste anders aussehen, etwas anderes tun, woanders leben. Nur dann hätte er nicht dieses, wie die Menschen sagen, Klischee-Aussehen, diesen Klischee-Beruf, lebte nicht an einem solchen Klischee-Ort. Er käme den Menschen nicht vor wie ausgeschnitten aus ihrer *pornografischen Fantasie*.

Die Menschen könnten sich selbst also nur dann ein freies Bewusstsein attestieren, wenn sie einen lieben könnten, der ihnen nicht gefällt. Was sie anzieht, stößt sie ab. Und umgekehrt: was sie abstößt, zieht sie an. Denn nur wenn sie sich überwinden könnten, das Abstoßende anziehend zu finden, denken sie, wären sie wirklich frei von allen Mustern und Mechanismen.

Eine Frau pries vor Bekannten ihren Partner mit den Worten: »Er ist so wunderbar anders als alles, was ich mir unter einem Idealpartner vorstelle. Er weicht ab vom gängigen Schönheitsideal. Er ist nicht einer dieser Klugen, Erfolgreichen, Redegewandten. Er lebt in Stuttgart.« Diese Frau war stolz, einen gewählt zu haben, der ihren Vorstellungen *zuwiderlief*. Ihr Idealpartner war ein Anti-Ideal-Idealpartner. Sie liebte diesen Mann nicht, gewiss. Doch sie konnte *sich selbst lieben* in der Wahl dieses Mannes.

Sie sagte: »Meine Wahl ist nicht neurotisch und angepasst, sondern unabhängig und originell.« Immer, wenn die Frau dagegen einem Mann begegnet war, der alles besaß, was sie sich ersehnte, fühlte sie sich schmutzig und dumm, als Sünderin wider den Heiligen Geist der Aufklärung und der Psychotherapie. Nun aber würde sie endlich Buße tun, vielleicht ihr Leben lang. Sie würde das Gegenteil ihrer Wünsche ertragen (und dabei unerträglich finden), aber: sich frei fühlen.

Sie sagte: »Dieser Mann nimmt mein Bewusstsein nicht gefangen. Mein Bewusstsein verklebt sich nicht vor lauter Erregung und Erfüllung, es wird nicht zur Leinwand eines klischeehaften Films.«

Die freien Menschen haben also auch die Freiheit, das, was sie ersehnen, abzulehnen. Sie wollen nicht, was sie wollen; und sie wollen, was sie nicht wollen. Ihre Freiheit ist die Freiheit, *gegen sich zu sein* – therapeutisch, soziologisch und ästhetisch.

Die Menschen wollen sich tatsächlich besonders von dem befreien, was sie selbst wollen. Sie verurteilen ihre Wünsche und Begierden, kritisieren ihre Gedanken und ihren Geschmack. Sie machen Therapie und Diät, sie denken nach und um. Die Bastille, die die freien Menschen erstürmen wollen, ist ihr Selbst – ihr Wille, ihre Lust, ihr Hunger, ihr Durst.

Freiheit muss sich immer im Kampf behaupten, sich spürbar machen im Widerstand gegen etwas, und da den Menschen nichts mehr widersteht außer sie selbst, kämpfen sie eben gegen sich selbst, spüren sie ihre Freiheit im Widerstand gegen sich selbst.

Auch wenn etwas *von außen* auf sie eindringt, ein Chef, ein Partner, sehen sie vor allem den *Eigenanteil* an dem Konflikt, machen den Konflikt zum Kampf *ihres* Bewusstseins mit sich selbst.

Ihre Freiheit äußert sich also in dem Satz: »Ich bin unfrei.« Wenn die Menschen am Abend von der Arbeit, also ihrem Kampf erzählen, erzählen sie vom Kampf gegen sich selbst. Wenn sie mit ihrem Chef ringen, ringen sie mit sich selbst – mit ihrer *Selbstkontrolle*, ihrer *Kompromissbereitschaft*. Auch wenn sie von der Liebe, also von ihren Versuchen zu lieben, erzählen, erzählen sie vom Kampf gegen sich selbst. Die

freien Menschen versuchen permanent, sich selbst zu überwinden, ihren Willen *gegen ihren Willen* zu wenden.

Tatsächlich ist ja die Erregung, gegen die das Bewusstsein sich
wehrt, weil es die Erregung als ein Muster, einen Mechanis-
mus erkennt, ebenfalls das Ergebnis einer Freiheit, ebenfalls
ein Unternehmen des Selbst. Die freien Menschen wollen
ihre Freiheit einerseits wahrnehmen als *Freiheit zur Erregung* –
zu einem möglichst intensiven Leben. Das Ziel ihres Lebens
ist es, möglichst viel zu fühlen. Andererseits nehmen sie ihre
Freiheit wahr als *Freiheit, ich selbst zu sein.* Ihr Lebensziel ist es,
sich von allem Einfluss zu befreien, möglichst authentisch
und originell zu sein.

Die Menschen sind also permanent auf der Suche nach
Erregung und zugleich permanent bemüht, ihr Bewusstsein
von jeder Erregung zu befreien, sich von jeder *Verschmelzung*
und *Selbstaufgabe* zu befreien, sie selbst zu sein. Sie wollen den
Rausch *und* die Klarheit. Sie sagen: »Unbewusst – höchste
Lust!« Aber auch: »Total bewusst – höchste Lust!«

Sie haben ein Erregungsselbst und ein Bewusstseinsselbst,
ein Rauschselbst, das die eigene Auflösung betreiben will,
und ein Selbstselbst, das jeder Auflösung entgegenarbeitet.
Sie wollen sich im gleichen Maße – also unendlich – verlieren
und finden. Sie sind zugleich Erregungs- und Bewusstseinsfanatiker.

Jede Verliebtheit kritisiert das Bewusstsein als bloßen
Rausch, bloß sexuell. Doch wenn die Verliebtheit vorbei
ist, vermissen die Menschen eben jenen Rausch, jene Erregung, die ihr Bewusstsein zuvor kritisiert hat. Denn ausschließlich in der Erregung erkennen sie die Liebe, das *wahre
Leben.*

Ihre Freiheit zur Erregung und ihre Freiheit, sie selbst zu
sein, führen die Menschen in einen permanenten, unauflös-

baren Widerstreit. Entweder leiden die Menschen an unerträglicher *Erregungsarmut* oder an unerträglicher *Bewusstseinsarmut,* also Bewusstseinsverklebung. Entweder sagen sie: »Ich bin nicht ich selbst, denn ich bin überhaupt nicht erregt.« Oder sie sagen: »Ich bin nicht ich selbst, denn ich bin mir meiner selbst gar nicht bewusst.« Die Menschen wollen – vor allem in der Liebe, die alle Versprechen der Freiheit einzulösen verspricht – das höchste Erregtsein und höchste Bewusstsein verbinden und müssen also scheitern.

Tatsächlich wird berichtet von einem Mann, der seine freie Zeit ausschließlich mit Kino- und Konzertbesuchen, Reisen in den Süden und ans Meer sowie Extremsport verbrachte, jedoch *während* eines Films oder Konzertes, eines Tags am Meer oder einer extremsportlichen Betätigung pausenlos über sein augenblickliches Erlebnis *nachdachte.* Der gedankliche Faden, so wird weiter berichtet, sei dem Mann selbst beim Extremsport nie gerissen. Weder beim Heißduschen noch beim Kaltduschen sei ihm jemals auch nur eine einzige Gedankenlücke oder Bewusstseinslücke entstanden.

Dennoch, so der Mann, werde sein Bewusstsein getrübt durch seine permanente Erregung, wie auch die Erregung getrübt werde durch sein permanentes Bewusstsein. Wenn er beispielsweise Achterbahn fahre und dabei Tagebuch schreibe, sei »weder das Eine noch das Andere richtig lohnend«. Eine Achterbahnfahrt ohne Tagebuch sei ihm aber »unvorstellbar«, ebenso wie das Tagebuchschreiben allein in einem Zimmer.

Es heißt, der Mann habe sich seit seiner Jugend nicht mehr verliebt. Nach den Gründen befragt, sagte der Mann: derer kenne er viele.

Die freien Menschen sind Intellektuelle – Intellektuelle wider Willen. Ihre Intellektualität ist nicht Wahl, sondern Schicksal. Der totalen Bewusstseinsbildung ist in der unendlichen Freiheit nicht mehr zu entgehen. Die wissenschaftliche Bildung gehört zum Bildungsroman aller Menschen – die nun versuchen müssen, ihre befreite Vernunft zu vereinen mit der befreiten Liebe, der befreiten Sexualität. Vielmehr: die entdecken müssen, dass Liebe und Sexualität per se geisteswidrig sind – nicht weil sie so *natürlich* wären, sondern, im Gegenteil, weil sie *künstlich* sind: totale Kultur, Serienprodukt.

Die freien Menschen haben eine total künstliche Fantasie – und zugleich ein Bewusstsein, dass alle Bilder »aus Dessouskatalogen« und »Lieblingsfilmen« für lächerlich befindet. Sie sind hin- und hergerissen zwischen Porno und Ironie, ihrem Porno-Extremismus und Ironie-Extremismus. Sie haben mehr Fantasien als alle Menschen zuvor, wollen alle Fantasien auch realisieren, jedoch erscheint ihnen jede realisierte Fantasie als eine lächerliche Wiederholung, als Klischee.

Die Menschen wissen, dass auch ihr Partner weiß, dass alles künstlich und gemacht ist. Sie wissen, dass auch der Partner weiß, dass sie das alles wissen. Das *allgemeine* Bewusstsein schwebt über der Erregung wie der liebe Gott, der alles sieht.

Doch wie sähe eigentlich der sogenannte Traum-, also Fantasiepartner der freien Menschen aus? Wie sähe einer aus, der sie erregt?

Er wäre im klassischen Sinne *schön*. Was aber heißt das? Was sind die Bedingungen von Schönheit? Eine Bedingung ist, dass der Andere überhaupt ein Aussehen *besitzt*, dass der Betrachter ihm sein Aussehen *lässt* – dass er ihn anschauen kann, anstatt ihn zu durchschauen, sich auf sein Inneres zu konzentrieren.

Schönheit ist Oberfläche. Also kennen Menschen, die einen Röntgenblick haben, keine Schönheit. Sie können keinem Anderen sein Aussehen lassen. Anstatt ihn anzuschauen, durchschauen sie ihn. Sie sehen nicht mehr Haut, sondern Knochen, nicht mehr das Äußere, sondern immerzu das Innere, das ein Äußeres nur noch als *Fassade* oder *Maske* besitzt. Jedes Gesicht öffnet also sich vor den Menschen wie ein Theatervorhang, und ihr Blick fällt geradewegs auf das Schauspiel der Psyche.

Ein Geliebter aber muss, zu einem gewissen Grad, undurchschaubar bleiben, undurchdringlicher Schein. Nur derjenige kann schön sein, kann erregen und etwas symbolisieren, der seine Oberfläche bewahrt, der nicht durchschaut wird.

Faszination richtet sich immer auf eine Oberfläche, auf eine Geste, nicht auf deren Grund. Ein Stein kann nur dann ein erregendes Objekt sein – Skulptur, Talisman, Monument –, wenn er nicht transparent ist, seine steinerne, kristalline Struktur nicht offenbart, sondern verbirgt. Er muss seine Oberfläche bewahren. So ist auch mit den Gesichtern von Menschen im Film und auf Fotos. Sie bleiben Oberfläche – also schön, faszinierend, erregend, symbolisch. Jedes reale Gesicht aber durchschauen die freien Menschen sofort. (Und viele Leute gehen heute überhaupt ohne ein Gesicht in der Welt herum, eben weil sie *jedes Gesicht* als Fassade und Maske begreifen.)

Die freien Menschen lieben den schönen Schein, das Charismatische und Glamouröse, das Coole und Erotische, das Wilde und Impulsive – und zugleich sind sie gezwungen, jeden Schein zu durchschauen, jeden Schein als Fassade und Dummheit zu begreifen. Was sie fasziniert und erregt, ist gerade das Nicht-Authentische, Nicht-Ironische, Absolute. Doch ihr freies Bewusstsein fordert, dass der Andere authentisch sei, nicht *aufgesetzt*, dass er keine Rolle spiele, kein Kostüm und keine Maske trage, dass er erdverbunden, rational und ironisch sei; dass er »Sinn für die Realität« habe, sich »nicht allzu ernst« nehme. So kommt es, dass jeder sogenannte Traumpartner vor den Menschen bald buchstäblich *sein Gesicht verliert*; dass die Menschen stattdessen einen suchen, der überhaupt kein Gesicht hat, der zwar nicht schön ist, dessen Psyche aber reibungslos läuft.

Die Menschen fallen also nicht nur in den Anderen hinein, weil diesem als Sexmöglichkeit nichts mehr entgegensteht, sondern auch, weil *dem eigenen Blick* nichts mehr entgegensteht, den eigenen Erkenntnismöglichkeiten; weil ihr Blick alles durchschaut. Sie sagen: »Dieser Mann ist gar nicht schön, sondern er ist eitel. Er ist nicht sexy, sondern er *versucht bloß*, sexy zu sein. Er will seine Unsicherheit überspielen. Er ist nicht cool, sondern tut nur so.« Die freien Menschen können keinen Anderen mehr ernst nehmen und auch nicht sich selbst. Sie betrachten alles ironisch, als bloße Fassade. Sie verlieren nicht nur die sexuelle, sondern auch die geistige Distanz. Die Muster und Mechanismen des Anderen sind ihnen so zugänglich wie sein Körper. Sie stürzen nicht nur in den Ekel, weil sie in den Körper des Anderen stürzen, sondern auch, weil sie in seine Psyche stürzen.

Sie sagen: »Seine Schönheit ist ein *Zeichen von Dummheit*, seiner Wiederholung von Klischees. Er will aussehen wie einer dieser Männer im Film. Seine Schönheit zeigt, dass er an traditionellen Männlichkeitsidealen festhält.« Sie sagen: »Die Schönheit dieser Frau zeigt, dass sie schwach ist, dass sie an traditionellen Weiblichkeitsidealen festhält. Sie folgt immer nur dem Trend. Wer sich so schön macht, der muss oberflächlich sein.«

Die freien Menschen verurteilen jedes Beharren auf einer

Oberfläche als oberflächlich. Sie halten jeder Oberfläche deren tiefere, also niedere Gründe entgegen. Sie haben die Fähigkeit verloren, den Schein anzubeten. Sie können tiefe Gefühle nicht mehr haben, weil diese sich stets auf eine Oberfläche richten.

Es ist allerdings nicht nur so, dass die freien Menschen ein gesteigertes *Bewusstsein* von der Künstlichkeit und Gemachtheit des Charakters entwickelt haben; sondern Künstlichkeit und Gemachtheit des Menschen haben *tatsächlich* eine Steigerung erfahren – wenn auch nur in einer Hinsicht. Die Institutionen des Staates, der Kirche, der Familie haben den Menschen zwar immer schon geprägt und aus ihm ein Kunstwesen gemacht. Doch diese Macht war wesentlich eine Macht zur *Unterdrückung* von Wünschen. Heute dagegen benutzen die Institutionen (Schulen, Universitäten, Zeitungen und Fernsehsender) ihre Macht bekanntlich vor allem dazu, Wünsche zu *schaffen*. Und sie zielen nicht mehr nur auf die öffentlichen Leidenschaften (wie in den großen totalitären Systemen), sondern vor allem auf die privaten. Die Menschen werden nicht mehr angestachelt, »mehr Lebensraum im Osten« zu wünschen, sondern eine *größere Wohnung*. Sie sollen keinen Führer lieben, sondern ein Model, einen Star. Die Medien, die Mode-, Werbe-, Film- und Pornoindustrie – sie wollen den Menschen vor allem vorschreiben, was sie *zu lieben* haben.

Ihre Bilder sind Befehle: »Liebe dieses! Liebe jenes!« Die freien Menschen begegnen in der Öffentlichkeit permanent Bildern, also Befehlen, die ihr Privatestes betreffen. Aus den Lautsprechern, aus denen im totalitären Staat politische Parolen kamen, kommen jetzt private. Befohlen wird nicht der Hass auf den Feind, sondern die Liebe zum Schönen, Erregenden.

Es gibt keinen öffentlichen Ort mehr, an dem nicht vom Intimsten immerzu die Rede wäre, der nicht umstellt wäre von Bildern, die das Intimste zeigen. Werbeflächen, Zeitungsseiten, Bildschirme verwandeln jeden Platz, jeden Bahnsteig in ein Boudoir. Umgekehrt müssten sich die freien Menschen, um sich einmal ungestört als *öffentliche Personen* empfinden zu können, zurückziehen in ihre Wohnung, in die intimsten ihrer Räume. Die Menschen sagen: »Eine öffentliche Person kann ich unverletzt nur zu Hause sein in meinem Schlafzimmer oder im Bad. Sobald ich diese Räume verlasse, wird mein Öffentlichsein permanent verletzt.«

Dabei sind die Bedürfnisse, die die Bilder wecken, gar nicht künstlich. Die Industrie ist wenig kreativ. Vielmehr spiegeln sie nur die vorhandenen Bedürfnisse, machen damit jedoch aus Akten freien Willens *Akte von Gehorsam*. Der Vorgang gleicht der Schikane, einen Gefangenen permanent in jene Richtung zu schubsen, in die er ohnehin geht. Lieben die Menschen langes Haar, so schreien die Bilder in einem fort: »Liebe langes Haar! Liebe langes Haar!« Augenblicklich erscheint den Menschen dieses Bedürfnis nicht mehr als das eigene.

Diese sogenannte Künstlichkeit und Gemachtheit legt sich also wie eine Folie über das Vorhandene. Die Menschen sehen, was sie sich wünschen, immerzu in Zeitschriften und im Fernsehen, und so werden sie des Eigenen enteignet allein dadurch, dass sie die eigene Wahrheit permanent aus fremdem Munde erfahren, sie geschubst werden, wo sie gehen wollen.

Bereits als die Menschen von der Liebe erstmals in Romanen lasen, erhob sich bald der Zweifel: »Liebe ich nur, weil ich davon gelesen habe? Hat der Roman mir etwas in den Kopf gesetzt, was vorher nicht dort gewesen ist?« – Um wie viel größer muss der Zweifel heute sein! Wie kann den Menschen die Liebe noch als *ihre Liebe* gelten, wenn das, was sie lieben wollen, sie anspringt von jeder Hauswand. Um wie viel alarmierter ist ihr Bewusstsein ohnehin, da es sich doch *als frei verstehen will*, als selbständig, originell und einzigartig.

So offenbart sich die Nichtliebe der freien Menschen auch als unglücklicher, wortloser Protest gegen eine Industrie, die die Liebe *propagiert* – wie einst die Kirche Gott, der totale Staat den Hass.

Schließlich sind die Menschen in der Geschichte zwar nicht immer künstlicher geworden, doch sie hatten mit der Zeit einen immer größeren Anteil an ihrer Künstlichkeit. Die freien Menschen sind kein Fabrikat mehr der Schule, des Militärs, sondern ihrer eigenen Träume und Ambitionen (die gleichwohl überall von der Umwelt *befohlen* werden: »Lebe deinen Traum! Verändere dich selbst!«). Die freien Menschen erfahren sich als umso künstlicher und gemachter, je mehr sie selbst am Werke sind. Je mehr Selbstverwirklichung sie betreiben, umso befremdeter sind sie von ihrem Selbst, da es ihnen umso mehr als künstliches und gemachtes bewusst wird.

Je mehr Möglichkeiten sie also nutzen, umso mehr erfahren sie sich als Kunstwerk, also als Verleugnung ihres alten, ursprünglichen Selbst. Sie können nicht mehr empfinden, dass ein Anderer sie um ihrer selbst willen liebte, denn von diesem – alten – Selbst ist ja nichts mehr übrig. Es liegt vergraben unter dem Flussgeschiebe ihres sogenannten Lebenslaufs.

Das Bewusstsein hasst die unbegrenzten Möglichkeiten, den sogenannten *Leistungsstress*, die sogenannte *Selbstverwirklichungsmanie*. Zugleich aber ist es selbst eine Selbstüberschreitung, denn es will sich ja von diesem Stress, dieser Manie befreien. Es will eine Überschreitung der Selbstüberschreitung sein. Es will aller Entwicklung noch die paradoxe Krone aufsetzen: Das Bewusstsein versucht, frei von allen Entwicklungszwängen, *sich selbst treu* zu sein.

Die Menschen schämen sich aller Erfolge, die sie errungen, aller Orte, an denen sie gelebt, aller Entwicklungen, die sie sich abgezwungen haben. Sie kommen sich vor wie eine Litfaßsäule, an der alle ihre Erfolge, Orte, Entwicklungen nur kleben wie Werbeplakate.

Ja, sie schämen sich auch ihrer Nacktheit. Denn sie haben auch ihre Nacktheit benutzt und verändert, zu etwas Künstlichem gemacht. Wieder und wieder haben sie ihren Körper willentlich eingesetzt, um damit zu verführen, haben ihn trainiert und optimiert, zu einer Wiederholung, einem Klischee gemacht, zu einer Kopie anderer Körper, des Körperideals. Sie sind aus ihrem Körper herausgefallen und hineingefallen in ihre Körpermöglichkeiten. Sie irren in ihren Körpermöglichkeiten jetzt körperlos herum.

Sie haben gemeint, durch das Training und die Aufmerksamkeit, die sie ihrem Körper gewidmet haben, *immer mehr Körper* zu bekommen; tatsächlich ist ihr Körper verschwunden. Sie haben die Möglichkeit der Nacktheit unwiederbringlich verloren. Der Körper, »wie Gott ihn schuf«, existiert nicht mehr. Die Menschen haben aus ihrem Körper ein Kleidungsstück gemacht, und sie schämen sich dieses Kleidungsstücks, wie der gefallene Paradiesmensch sich seiner Nacktheit geschämt hat. Es will ihnen scheinen, als sei ihr Körper ein exzentrischer, von der Mode längst überholter Anzug. Sie haben ihn schon zu oft getragen, schon zu oft ihren Auftritt in ihm gehabt. Sie würden gerne einen neuen, schlichten Anzug tragen, einen neuen, endlich wieder ursprünglichen Körper. Doch ein solcher steht ihnen nicht zur Verfügung.

Das Bewusstsein erkennt nur deshalb so überdeutlich die Unmöglichkeit der Nacktheit, die Muster und Mechanismen, weil die freien Menschen sich *endlos wiederholen*.

Eine gewisse Anzahl von Wiederholungen ist immer notwendig, damit das Bewusstsein etwas als Tatsache begreifen kann. Als Charakter eines Menschen gilt nur das, was er *immer wieder* tut – nicht, was er einmal (im Affekt) tut und dann nie wieder (tun würde). Als Schule gilt nur, was *jeden Tag* eine Schule ist – und nicht am nächsten Tag ein Flohmarkt. Als Kapitalismus gilt nicht die einmalige, nur die wiederholte Produktion von Dingen um des Profits willen. Alles, was im Bewusstsein ist, ist die Wiederholung von etwas. Alles, was erkannt wird, wird erkannt als Wiederholtes.

Ein einmaliges, nie zuvor dagewesenes und niemals sich wiederholendes geschichtliches Ereignis, dessen Charakter die Menschen erkennen wollen, müssen sie umso häufiger *im Bewusstsein* wiederholen – in der Erinnerung, den Medien, in der Wissenschaft, der Literatur und Kunst. Es bleibt nur dann im Bewusstsein, wenn es schockierend, traumatisierend ist, also im Bewusstsein seine eigene Wiederholung erzwingt. Unterhalb dieser Schwelle wird das Einmalige vergessen.

Das Bewusstsein einer Tatsache wächst also umso mehr, je häufiger sich die Tatsache in der Welt (und im Bewusstsein) wiederholt. So entsteht das endlose Bewusstsein der freien Menschen auch aus der endlosen Wiederholung ihrer Aktivitäten.

Denn fast alles, was die freien Menschen tun, tun sie *immer wieder*. Sie können mit nichts, was sie tun, mehr aufhören. Alles wird ihnen zur Gewohnheit, zur Sucht. Sie sind permanent in Wiederholungsgefahr, unterliegen einem Wiederholungszwang, weil sie nichts mehr zwingt, mit etwas aufzuhören.

In einer totalen Unfreiheit wiederholten die Menschen sich endlos, weil die herrschende Macht sie nichts anderes tun ließ, weil die Diktatur einer Regierung oder einer Moral ihr Leben in engen Bahnen hielt, sie immerzu im Kreis einer Ordnung führte.

In der totalen Freiheit wiederholen sich die Menschen aber ebenfalls endlos – weil keine Macht, keine äußere und keine innere, sie bewegt, das Eine zu beenden, mit dem Anderen anzufangen.

Die freien Menschen leiden also auch deshalb unter einer unnatürlichen Vergrößerung ihres Bewusstseins, einer Bewusstseinshypertrophie, weil sie sich endlos wiederholen, weil ihre Freiheit sie zur unendlichen Wiederholung ihrer selbst verdammt. Sie sagen: »Es ist schrecklich. Seit Jahren tue ich immer nur dasselbe. Ich gebe meinen Schwächen nach, folge meinen Gewohnheiten. Ich kann nicht damit aufhören.« Als Selbstwissenschaftler und Selbstkünstler wollen sie alle Selbstwiederholung vermeiden. Das freie Bewusstsein ist identisch mit der Forderung, sich niemals zu wiederholen. Doch die freien Menschen, die sich permanent überschreiten wollen, leiden jeden Tag darunter, dass sie sich im Gegenteil ständig selbst wiederholen.

Andererseits erblicken sie ihre Freiheit ausgerechnet in der Freiheit zur Selbstwiederholung, *wollen sie überhaupt nicht loskommen* davon. Sie wollen niemals eine endgültige Entscheidung treffen, keine Phase endgültig abschließen. Denn dann, so denken sie, verlören sie die Freiheit – erscheint ihnen diese doch stets auch als Freiheit, weiterzumachen wie bisher, nichts zu beenden, sich nicht anzupassen an die Konventionen des Alters, der Gesellschaft.

Die Menschen lieben also ihre unendliche Selbstwiederholung – und hassen sie im gleichen Maß. Denn in ihrem

Bewusstsein wird die Wiederholung, die doch eigentlich ein Ausdruck unendlicher Freiheit sein soll, zu Gewohnheiten und Süchten, Mustern und Mechanismen, also zu Unfreiheit. Die freien Menschen sind sich selbst unerträglich bekannt.

Wenn die Menschen einem begegnen, den sie lieben wollen, so ist die Begegnung *eine Wiederholung ungezählter anderer, früherer Begegnungen*, die ähnlich gewesen sind. Jedes Wort und jede Geste wiederholen sich selbst. Der Ort, an dem die Menschen dem zu Liebenden begegnen, ist eine Wiederholung von Orten, an dem sie anderen zu Liebenden begegnet sind. Es ist *schon wieder* ein Café, wieder ein Kino, wieder ein Seeufer, wieder ein Wald. Vielleicht ist es sogar derselbe Ort. Vielleicht sind es sogar dieselben Worte, die die Menschen sagen, die gleichen Gesten, die sie machen.

Die Menschen erzählen nicht ihre Lebensgeschichte, sondern sie *wiederholen* ihre Lebensgeschichte. Sie scherzen nicht, sondern wiederholen ihre Scherze; sie berühren nicht, sondern wiederholen ihre Berührungen; sie küssen nicht, sondern wiederholen ihre Küsse. Auch der Andere, den die Menschen lieben wollen, ist nur eine Wiederholung ungezählter anderer, die sie früher lieben wollten. Auch die Lebensgeschichte des Anderen ist nur eine Wiederholung anderer Lebensgeschichten, seine Küsse die Wiederholung der Küsse anderer.

Das ist es auch, was das Wort Sex meint: dass das, was zuvor unlösbar verbunden gewesen war mit einer Person, sich gelöst hat von allen Personen und zu einer *wiederholbaren Tätigkeit* geworden ist. Die Menschen sagen: »Wir hatten Sex.« Das bedeutet: »Wir haben miteinander das wiederholt, was wir schon mit unzähligen anderen getan haben, was also zu sogenanntem Sex geworden ist.«

Die freien Menschen werden sich selbst in der Liebe unerträglich bekannt, weil sie die Liebe und die Liebesversuche auf ihrer unendlichen Suche unendlich oft wiederholt haben. Sie schämen sich ihrer Worte und Berührungen, ihres Körpers und sogar ihrer Lust, weil sie sie als Wiederholtes und Wiederholbares haben erfahren müssen.

Wenn die Menschen sich bewusst machen, welchen *Typ* Frau oder Mann sie haben, um besser suchen und wählen zu können, so kritisiert ihr Bewusstsein alle ihre Wahlen eben als stumpfe *Wiederholung ihres Typs*. Die Menschen denken: »Ich habe den Anderen nur deshalb gewählt, weil er mein Typ ist. Das ist oberflächlich. Alles, was mich anspricht, ist in Wahrheit ein Beweis meiner Oberflächlichkeit.«

Die Menschen denken: »Ich habe alles Lebendige verdinglicht. Ich suche nur noch nach Merkmalen, nicht mehr nach Menschen.«

Bei ihren Entdeckungsmenschen, in der Zeit vor allen Wiederholungen, hatten die Menschen noch kein Bewusstsein ihres Typs. Alle Merkmale waren identisch mit dem Geliebten, untrennbar mit ihm und nur mit ihm verbunden. Als Merkmale existierten sie im Bewusstsein nicht. Der Andere zerfiel nicht in Körper und Beruf, ein Gesicht und viele Interessen, Frisur und Biografie, eine Wohnung und ein Zukunftsversprechen. Er war ein Ganzes, er trug einen Namen. Erst die Wiederholung hat das Ganze zerschlagen, es in Merkmale zerlegt, die Wiederholung von Merkmalen: *schon wieder* eine Schwarze, ein Dünner, eine Ärztin, ein Künstler.

Der Ablauf jeder Begegnung erscheint den Menschen nun als automatisch und neurotisch. Wenn sie von sich selbst erzählen, werfen sie sich *narzisstische Selbstdarstellung* vor. Denn mit der Zeit, durch die Wiederholung der Begegnungen, ist ihnen ihr Erzählen als sogenannte Selbstdarstellung bewusst geworden, als ihre Masche. Auch den Entdeckungsmenschen hatten sie damals ihre Vorzüge gezeigt. Doch sie taten es ohne Bewusstsein, in Unschuld. Jetzt dagegen wissen sie genau, was sie tun. Sie denken: »Ich zähle gerade meine Vorzüge auf. Ich bin eine Litfaßsäule.«

Jetzt sind auch sie selbst – in ihrem Bewusstsein – in Merkmale zerfallen, in ihren Körper und ihren Beruf, ihr Gesicht und ihre Interessen, ihre Frisur und ihre Vita, ihre Wohnung und ihr Zukunftsversprechen. Jetzt sagt ihr Bewusstsein: »Du präsentierst das alles, weil du narzisstisch bist.«

Wenn die Begegnung dann in den Sex stürzt, *schon wieder* in den Sex stürzt, nehmen die freien Menschen alles, was sie tun, als eine sogenannte *Stellung* und *Technik*, als eine *sexuelle Praktik* wahr.

Nichts, was zwei Menschen miteinander tun könnten, wäre an sich schon pornografisch. Erst wenn das Bewusstsein nicht mehr zwei einmalige Menschen in einer einmaligen Begegnung wahrnimmt, sondern eine Wiederholung – die Wiederholung von Menschen und die Wiederholung einer Begegnung – sieht das Bewusstsein *Blasen* und *Lecken* und *von vorn* und *von hinten*. Erst dann erscheint den Menschen alles, was sie tun, als ein Muster, als Klischee der Bewusstseins- und Pornoindustrie, als Kopie ihrer eigenen Vergangenheit, ihrer Fantasie, ihres industriell und biografisch verseuchten Bewusstseins.

Pornografie ist Wiederholung, Bewusstsein von Wiederholung. Man versteht die Scham und den Ekel der freien Menschen nicht, wenn man ihre Begegnungen nur wie einmalige, erstmalige Begegnungen betrachtet. Denn erst im Laufe vieler Begegnungen haben die Menschen ein Bewusstsein ihrer Wiederholungen ausgebildet, sind sie sich selbst unerträglich bekannt geworden. Mit den Entdeckungsmenschen gab es noch keine *Stellungen* und *Techniken*, nichts war als Stellung oder Technik bekannt. Ekel ist das Bewusstsein des Immergleichen, einer Freiheit, die sich an die Wiederholung verloren hat, Wiederholungsbewusstsein. Erst im Laufe der Zeit haben die Menschen begonnen, sich vor *romantischen Situationen* und *sexuellen Praktiken* zu ekeln, die ihnen als Wiederholungen unerträglich bekannt geworden waren. Im hypertrophen Bewusstsein der freien Menschen wohnt allem Anfang ein Ekel inne – denn es ist der hundertste und tausendste Anfang.

**SCHLUSS DES BUCHES
(NICHT JEDOCH DER SUCHE)**

NEUN

DIE RÜCKKEHR DER VERNUNFTEHE

Das neunte und letzte Kapitel: in dem erzählt wird, wie den Menschen, denen alles möglich schien, am Ende nichts mehr möglich ist als die Rückkehr zur Vernunftehe; dass sie ihre Freiheit mit der Zeit verlieren müssen: entweder an die Wiederholung des Immergleichen oder an die Hoffnung, das Abwarten; oder – schließlich – an eine Entscheidung und Bindung; in dem erzählt wird, dass die Menschen ihre Suche schließlich abbrechen; dass nicht mehr die Eltern sie zu einer Vernunftehe zwingen, sondern die Zeit; dass die Menschen, die sich immer wieder für das Abwarten und Hoffen entschieden haben, jetzt unter einem schrecklichen Zeitdruck stehen; dass sie also nicht vor Gott in den Stand der Ehe treten, sondern im Angesicht des Todes; in dem erzählt wird, dass die Menschen eine vernünftige Wahl treffen, dass sie einen wählen, der ihnen, wie sie sagen, »gut tut«; dass die Freiheit sie gezwungen hat, sich immerzu zu fragen, was sie wollen, und dass sie also einen Partner aus guten Gründen wählen, nicht aus Leidenschaft, sondern aus Vernunft; dass ihr Schmerz also zu einem Schmerz der Vernunftehe wird, dass Sehnsucht und Scham sich noch einmal verdoppeln; in dem erzählt wird, dass die Menschen tatsächlich auch in der Vernunftehe nicht aufhören können zu suchen, dass ihnen die Fähigkeit zur Resignation fehlt; dass die einzige Hoffnung für sie in der Verzweiflung bestünde

Was dürfen die freien Menschen hoffen? Was *sollen* sie hoffen? Natürlich nichts!

Solange sie Hoffnung haben, ist ihre Lage hoffnungslos. Sie sollten verzweifeln. Doch verzweifeln kann man nur in vollständiger Dunkelheit, nicht im Licht der Verzweiflungszwecke. Ein Licht, wie man sagt, am Ende des Tunnels? Die Menschen brauchten nichts mehr als einen Tunnel, einen endlosen, lichtlosen Tunnel. Sie stehen auf einem Plateau; mit der besten Aussicht, die je ein Mensch gehabt hat; sie sehen mehr als je ein Mensch gesehen hat. Das Licht kommt von allen Seiten.

Die Menschen finden nicht heraus aus dem Licht, dem unendlichen Sehen. Ihre Welt gleicht einem Gefängnis der Panoptikum-Bauart; doch die Menschen sitzen nicht mehr in den Zellen, welche – strahlenförmig angeordnet – von nur einem Wärter in der Mitte beobachtet werden können. Sie sind an die Stelle des Wärters getreten. Sie haben ihre Möglichkeiten immer im Blick. Aus der Unausweichlichkeit des Gesehenwerdens ist die Unausweichlichkeit des Sehens geworden, aus dem permanenten Überwacht- und Bestraftwerden, ein permanentes Überblicken und Begehren, die Qual steter Hoffnung und Sehnsucht.

Während die Menschen also vergeblich darauf warten, dass ihnen schwarz vor Augen werde, wird es ihnen, mit der Zeit, immerhin grau.

Die Menschen *stehen* ja nicht vor der Wahl wie vor einem Regal in einem Geschäft. Sie *bewegen sich* vielmehr mit großer Geschwindigkeit in einem Vehikel, das sie zwar steuern, aber nicht bremsen oder zum Stillstand bringen können. In irgendeine Richtung rast es immer. Dieses Vehikel ist die Zeit, ihre Zeit.

Die vergehende Zeit macht, dass Freiheit immerzu in Tatsachen übergeht, in Wahlen, auch wenn die Menschen bewusst nicht wählen. Das Vor-der-Wahl-Stehen stürzt pausenlos ins Schon-Gewählt-Haben. Denn wer zu wählen noch zögert, hat das Zögern schon gewählt. Das Warten, das Nichts.

Freiheit ist so wenig haltbar wie frische Milch. Mit der Zeit verlieren die Menschen sie entweder an die Wiederholung des Immergleichen, die unendliche, süchtige Wiederholung ihrer Begegnungen und Liebesanfänge; oder sie verlieren sie an die Hoffnung, das Abwarten in Einsamkeit und Enthaltsamkeit, das Nichts; oder sie verlieren sie an eine Entscheidung – eine Möglichkeit, die alle anderen, vorerst, zunichte macht. Die Wiederholung, das Nichts, die Entscheidung – das sind die Möglichkeiten, seine Freiheit zu verlieren. Was der Mensch auch tut oder nicht tut, mit der Zeit nimmt seine Freiheit ab, sie verwandelt sich in Wiederholung, Nichts, Entscheidung, wie die Milch klumpig, dick und sauer wird.

Natürlich handelt es sich dabei nicht um einen Freiheitsverlust im Sinne einer künftigen Entscheidungsunmöglichkeit, der Unumkehrbarkeit aller Beschlüsse. In dem Sinne gibt es kein Ende der Freiheit mehr. Mit Blick auf die Zukunft bleibt die Freiheit immer erhalten. Doch in der Gegenwart ist ein unendliches Vor-der-Wahl- und Vor-der-Welt-Stehen unmöglich. Wenn Freiheit der Augenblick vor der Entscheidung ist, ein unschuldiges Noch-nicht-in-der-Welt-Sein, ein vorgeburtliches Schweben und Alle-Möglichkeiten-noch-vorsich-Haben, dann ist sie flüchtig, verderblich. Die Freiheit überschreitet sich zwanghaft auf Tatsachen hin. Mit jedem Ticken des Sekundenzeigers wird der freie Mensch ein Stück weiter in die Welt gepresst, verliert er seine Freiheit. Das leere Blatt der Freiheit – entweder beschreibt der Mensch es willentlich, oder die Zeit tut es für ihn.

Die Menschen aber meinen lange, dass sie die Freiheit nur an Entscheidungen verlieren können. Sie glauben, unendlich lang über der Welt schweben, ihr Geborenwerden hinauszögern zu können. Sie lieben nicht, denn sie lieben ihre Liebesmöglichkeiten, sie arbeiten nicht, denn sie lieben ihre Arbeitsmöglichkeiten, sie sind nicht zu Hause in einer Stadt, denn sie lieben ihre Städte- und Ländermöglichkeiten. Sie sagen: »Noch bin ich frei. Noch habe ich alles vor mir.« Tatsächlich haben sie, in der Gegenwart, ihre Freiheit längst an die Wiederholung, das Nichts verloren. Die Menschen begreifen es nicht.

Sie haben lange Zeit kein Zeitbewusstsein. Daher ist es kein Wunder, dass ihnen die Zeit schließlich schockartig zu Bewusstsein kommt. Die freien Menschen werden sich ihrer Wiederholungen bewusst, ihres Nichts. Sie verstehen: Jede Entscheidung gegen eine Entscheidung, eine Festlegung, ist eine Entscheidung für die ewige Wiederholung, das Nichts. Sie werden ihrer Selbstwiederholung müde. Das Nichts verwandelt sich vom vorgeburtlichen Schweben in verfrühtes Greisentum, depressive Leere.

Die Menschen spüren, dass das Neue nicht unendlich wiederholbar ist. Die Besuche aller neuen Ausstellungen, alle Kunstkonfrontationen, sind – abgesehen vom je Angeschauten – Besuche einer Ausstellung (»schon wieder eine Ausstellung«). Der Sex mit allen neuen Menschen ist Sex mit einem Unbekannten (»schon wieder Sex mit einem Unbekannten«). Alle Reisen in unbekannte Länder sind Reisen in ein unbekanntes Land (»schon wieder eine Reise in ein unbekanntes Land«). Alle Umzüge in eine neue Stadt sind Umzüge in eine unbekannte Stadt (»schon wieder umziehen«). Stets bilden die Möglichkeiten des Neuen, der Erfahrung und Bewusstseinserweiterung, hinterrücks eine Gruppe, schließen sich zusammen zu einer Gattung, und das Neue an ihnen wird nebensächlich: Gursky statt McCarthy, blonde statt braune Haare, Barcelona statt Berlin.

Auch das Nichts besteht aus endlosen Wiederholungen. Die Menschen, die nicht lieben, sind den furchtbaren Wiederholungen ihres einsamen Lebens ausgeliefert. Die Menschen, die nicht arbeiten, sind den Wiederholungen ihres »Herumhängens« und »Zeittotschlagens« ausgeliefert. Wer nirgends zu Hause ist, ist den Wiederholungen seiner Unstetigkeit ausgeliefert. Die Seele, die aus Angst vor ungünstiger Inkarnation endlos um die Erde kreist, erlischt aus Langeweile.

Die freien Menschen geraten in einen Überdruss. Sie wollten stets nach Unbekanntem suchen – doch schließlich ist ihre Suche nach Unbekanntem *selbst das Altbekannte*. Sie wollten sich ständig entwickeln, doch schließlich ist ihre ständige Entwicklung *ihr Stillstand, ihre Wiederholung*. Sie sind sich unerträglich bekannt, nicht weil sie vor langer Zeit schon ein Selbst gewählt hätten und diesem treu geblieben wären – samt Adresse, Arbeit, Liebe –, sondern weil sie ihr Selbst schon seit langem als ihr Noch-nicht-Selbst kennen, mit seinen Noch-nicht-Adressen, Noch-nicht-Berufen und Noch-Nicht-Lieben.

Die Redundanz des Lebens erreicht zwei Spitzenwerte: bei den total Festgelegten und bei den total Beweglichen. Der Treibende erfährt mehr Wiederholung als der Sesshafte, der Freie mehr als der Gebundene. Das Kleid der Hoffnung ist am Ende so grau wie das der ängstlichen Zufriedenheit, das Unendliche zu suchen, ein endliches Vergnügen.

Die Menschen, die alles, was sie tun, als Wiederholung erfahren, denken über ihr Leben nach. Sie scheinen sich nun in einem jener Romane zu befinden, wo die Helden nicht nur bis ans Ende ihrer Möglichkeiten gehen, sondern den *ganzen Roman schon kennen*, in dem sie ihren Auftritt haben. Sie sagen: »Ich kenne jetzt das Stück, in dem ich spiele. Und die letzte

Zeile lautet: Alles noch einmal von vorn. Meine Möglichkeiten sind vor allem Wiederholungsmöglichkeiten.«

Die Menschen entwickeln also immer mehr ein Bewusstsein ihres Lebens und ihrer Welt. Zu ihrer Scham angesichts der Tatsache, dass sie in der Liebe und der Arbeit, in der Selbstentwicklung und der Wahl des Wohnorts hinter den unbegrenzten Möglichkeiten zurückbleiben, kommt jetzt die Scham angesichts *eben dieses Strebens selbst*. Die Menschen schämen sich nun auch ihrer endlosen Suche, ihrer Hoffnung und Erinnerung, ihrer sogenannten Schwäche und Neurose in Bezug auf die unbegrenzten Möglichkeiten.

Sie sagen: »Ich muss mich endlich zufrieden geben. Mein Verlangen, meine Sehnsucht und mein Ehrgeiz sind beschämend. Das Ablehnenswerteste an mir ist meine stete Selbstablehnung, die Ablehnung von allem, was ich bin und was ich habe.« Die Menschen schämen sich also nicht nur, dass sie nicht weiter gekommen sind im Leben, sondern auch, dass sie *immer weiter kommen wollen*. Sie schämen sich ebenso ihrer Langsamkeit wie ihres Wunsches, schneller zu werden.

Die Welt vermittelt den freien Menschen eine doppelte Botschaft: »Wenn du deine unbegrenzten Möglichkeiten nicht verwirklichen *kannst*, dann bist du ein Versager.« Und: »Wenn du deine unbegrenzten Möglichkeiten verwirklichen *willst*, dann bist ein Neurotiker und Narzisst.« Dieser Widerspruch wird in den einen Satz geschlossen: »Du kannst deine unbegrenzten Möglichkeiten *nur dann* verwirklichen, wenn du sie *nicht mehr* verwirklichen willst, wenn du deinen Narzissmus überwunden hast.« Das ist die doppelte Botschaft der Freiheit.

Die freien Menschen als Künstler versuchen, ihren Berühmtheitswunsch zu überwinden – da sie denken, dass nur jemand, der seinen Berühmtheitswunsch überwunden hat, berühmt werden kann (sich endlich auf die Arbeit konzentrieren kann).

Die freien Menschen als Liebessuchende sagen: »Ich muss endlich aufhören zu suchen. Ich kann den Besten nur dann finden, wenn ich aufhöre zu suchen.« Die doppelte Botschaft lautet: »Du musst den Besten finden. Doch erst wenn du nicht mehr den Besten finden willst, wenn du deinen Perfektionismus überwunden und deine Suche aufgegeben hast, kannst du den Besten finden, die große Liebe.«

So macht Bewusstsein Gespaltene aus allen freien Menschen. Welche Richtung sie auch einschlagen, sie gehen hinein in die Scham. Sie entwickeln einen Überdruss der Suche, einen *Freiheitsekel.* Über jedem Ereignis schwebt ein »Schon wieder!« Über allem, was die Menschen tun, türmt sich Bewusstsein. Jahre- und jahrzehntelang türmt sich das Bewusstsein höher und höher wie Gepäck auf einem Esel, der trotz der wachsenden Last weitergeht und also mit immer mehr Bewusstsein beladen wird. Die freien Menschen warten vergeblich darauf, dass ihr wachsendes Bewusstsein eine Wandlung herbeiführe; dass das kritische Bewusstsein ihrer Wünsche ihre Wünsche aufhebe – ihre Sucht, ihre Muster und Mechanismen; dass das Bewusstsein ihres Handelns beginne, ihr Handeln zu verändern.

Das Bewusstsein wird zu einem ständigen Begleiter, doch es kann die Menschen von ihrem Weg nicht abbringen. Die Menschen tun jetzt alles im Bewusstsein der Lächerlichkeit, der Schuld; doch keine Erkenntnis führt zu einer Lösung ihres Konflikts, im Gegenteil, die Last der Freiheit wird nur vermehrt durch die Last der Erkenntnis, der Erkenntnis- und Bewusstseinsfreiheit.

Die unendliche Freiheit ist überhaupt nur deshalb so unerträglich, weil sie zugleich unendliche Bewegungsmöglichkeiten erzeugt und unendliche Bewusstseinsmöglichkeiten –

also ein Bewusstsein, das jede Bewegung, jede Berufs-, Wohnort-, Liebes- und Sexbewegung als *lächerliches* und *verantwortungsloses* Getriebensein begreift und kritisiert, jede Aktivität als Passivität, jeden Aufstieg als freien Fall (auf die Erfolgsmöglichkeiten zu), jede Eroberung als Niederlage (gegenüber der Versuchung). Das Bewusstsein begleitet die freien Menschen wie Sancho Panza seinen Don Quichote; es gibt ihnen, mit seinem Sinn für Ironie, ihren Namen: »die freien Menschen« – und die Menschen müssen fortan damit leben, dass ihnen alles, was sie tun – was sie weiterhin tun *müssen* –, als böser Witz erscheint.

Und dieses Bewusstsein, dieser pausenlos redende, die schreckliche Wahrheit verkündende, gleichwohl machtlose Sancho Panza, ist es auch, der plötzlich fragt: »Wie spät ist es eigentlich?« Zum Bewusstsein des Lebens kommt jetzt hinzu: das Bewusstsein vom Lebensende, das Zeitbewusstsein, das Todesbewusstsein. Die freien Menschen erkennen: In einer Welt unbegrenzter Möglichkeiten ist der letzte Zwang *die Zeit*.

Die Zeit ist das Einzige, das unüberwindbar und unverrückbar bleibt. Wo einst die Eltern, die weltlichen und religiösen Herrscher sagten: »Du musst!«, da sagt jetzt die Zeit: »Du musst!« Wo die Eltern sagten: »Du musst dir einen Gatten nehmen!«, da sagt jetzt die Zeit: »Du musst dir einen Gatten nehmen!« Der eine Ungehorsam hat so böse Folgen wie der andere: als Verstoßener der Familie zu leben, als Verstoßener der Zeit.

Die freien Menschen versuchen immer, ihre unbegrenzten Möglichkeiten zu verwirklichen – bis sie an die Zeitgrenze rühren, die Zeitgrenze überschreiten. Alles, was sie tun, tun sie ausschließlich unter dem Zwang der Zeit.

Solange noch die gesellschaftliche Ordnung die Menschen

zwang, alles zur sogenannten *rechten Zeit* zu tun (sich aus-
zubilden, zu arbeiten, zu lieben), kamen die Menschen mit
der Zeit selbst kaum in Berührung. Die gesellschaftliche Ordnung agierte an ihrer statt, in ihrem Sinn. Die gesellschaftliche Ordnung war der Polizist der Zeit. Die freien Menschen
dagegen werden unmittelbar von der Zeit beherrscht. Sie führen ein Leben unter Uhren. Der große Bruder, der sie über-
wacht – er hat Zeiger in den Augen. Zwischen den freien Menschen und der Zeit existiert keine gesellschaftliche Ordnung
mehr als Vermittler. Die freien Menschen hören bei allem,
was sie tun, immerzu die Zeitansage, eine Stimme, die ihnen
sagt: »Du bist schon zu spät. Deine Zeit läuft ab. Beeil dich. Du
musst jetzt handeln.«

Im Bewusstsein der freien Menschen werden die unbegrenzten Möglichkeiten also einzig noch begrenzt durch die Zeit,
den Tod. Tatsächlich leben die Menschen in einer ständigen
Todesangst, Angst vor der furchtbaren Diagnose, dem Infarkt,
dem Flugzeugabsturz. Noch heute kann es vorbei sein.
    Wie viel Prozent ihrer Möglichkeiten werden sie dann ver-
wirklicht haben? Von einer Unendlichkeit von Möglichkeiten sind es immer gleich viel – annähernd Null. Die Bilanz ist
immer fürchterlich. Wenn die freien Menschen immerzu im
Zustand der Sehnsucht und der Scham existieren, so ist ihre
Todesangst die Angst vor der ultimativen, nicht mehr zu erfüllenden Sehnsucht, der ultimativen, nicht mehr heilbaren
Scham. Denn der Tod schließt ja die unendliche Suche und
Selbstentwicklung ab, die die Menschen aus der Sehnsucht
und Scham eigentlich herausführen sollen. Der Sterbende
müsste, so denken die Menschen, sich gestehen: »Mehr als
dies bin ich also nicht geworden! Mehr als dies hab ich also
nicht gefunden! Ich bin nichts geworden, habe nichts gefunden – gemessen an meinen unbegrenzten Möglichkeiten. Ich

sterbe in der größten Sehnsucht, der tiefsten Scham. Im tiefsten Unglück. Es ist, als hätte ich gar nicht gelebt. Oder nur als traurige Gestalt. Es ist, als sollten meine Sehnsucht und Scham mich überleben.«

Wenn ein Arzt den freien Menschen sagte: »Sie haben nur noch sechs Monate Zeit, vielleicht ein Jahr. Tun Sie jetzt, was sie noch unbedingt tun wollen. Nehmen Sie Abschied«, dann würden die Menschen sagen: »Aber das ist ja unmöglich. Ich will doch noch *unendlich* viel tun! Und sein! Und haben! Was soll ich denn mit sechs Monaten, was mit einem Jahr!« Nicht begangene Sünden würden die freien Menschen angesichts des nahen Todes reuen, sondern ungenutzte Möglichkeiten.

Das bedeutet auch: Je größer ihre Hoffnung, umso größer die Angst vor dem Tod, der alle Hoffnungen zunichte machen würde. Hoffnung und Todesangst fallen in eins. Im Zustand der Euphorie tasten die freien Menschen nach Tumoren.

Dieser Widerspruch zwischen den unbegrenzten Möglichkeiten und der begrenzten Zeit äußert sich in einem Gefühl rasender Zeit, einer Hypertrophie des Zeitsinns. Der Zeitsinn der freien Menschen hat sich überausgeprägt wie der Geruchssinn des Maulwurfs. Wie in der Welt des Maulwurfs alles von Gerüchen, hängt in der Welt der Menschen jetzt alles ab von der Zeit.

Die Menschen denken jeden Tag an ihr Alter, beobachten jeden Tag im Spiegel, in jedem Spiegel, den Fortschritt ihres Alterns. Jedes graue Haar, jede Falte versetzt sie in Panik. Sie sind ja schon zu spät. Sie sind ja schon in Eile, haben ihre Zeit bereits überschritten. Tatsächlich will es den Menschen scheinen, als fielen sie dem Tod entgegen, als seien alle Staustufen aus dem Fluss der Zeit herausgenommen, die Zeit ein zischender Sturzbach. Die Menschen sagen: »Schon wieder ein Jahr vorüber! Schon dreißig! Schon vierzig! Schon fünfzig!« Ein Jahr scheint ihnen zu einem Monat, ein Monat zu einem Tag zu schrumpfen, ein Tag zu einem Augenblick. So viel leere Zeit hat es im Leben der freien Menschen gegeben, Zeit des Nachdenkens, der Unentschiedenheit, der Untätigkeit und Einsamkeit; jetzt ist der Zeitdruck enorm. Der Zeitdruck ist ein Todesdruck. Die Menschen sagen: »Ich muss das jetzt endlich tun. Sonst werde ich das in meinem Leben nicht mehr schaffen. Ich habe Todesdruck.«

Die Menschen denken jeden Tag an den Tod, weil sie permanent überlegen, ob sie noch schaffen, was sie sich vorgenommen haben. Sie haben eine Arbeitsverspätung, eine Erfolgsverspätung, eine Liebes- und Familienverspätung. Sie haben eine therapeutische Verspätung.

Sie denken: »Ich liege in allem zehn oder zwanzig Jahre hinter der Zeit. Ich müsste längst einen Beruf haben, *meinen* Beruf gefunden haben, meinen Stil gefunden haben, müsste längst lieben, eine Familie haben. Ich müsste viel länger in meinem Beruf sein, meine Kinder müssten viel älter sein. Selbst wenn ich meinen Stil finde, werde ich keine *junge Hoffnung* sein können. Wenn die Enkel kommen, bin ich ein Greis. Ich hätte meine Muster und Mechanismen vor zwanzig Jahren überwinden müssen. Ich habe zehn Jahre gebraucht, um die Muster meiner Herkunft zu überwinden. Das ist mein Entwicklungsroman gewesen. Dann habe ich zehn weitere Jahre gebraucht um *die Muster meines Entwicklungsromans* zu überwinden. Das ist mein zweiter Entwicklungsroman gewesen. Ich verbrauche mein Leben, um zum Start zu gelangen. Der Todesdruck wächst mit jedem Tag.«

Natürlich verwandelt dieses unerträgliche Zeitbewusstsein die Menschen nicht. Weder mit der Erkenntnis ihrer vertanen Vergangenheit noch mit der ihrer schwindenden Zukunft kann das Bewusstsein die Menschen von ihrem Weg abbringen. Seine ständigen Zeitansagen versetzen die Menschen in schreckliche Unruhe; dennoch geben sie ihre Hoffnung nicht auf, beenden sie nicht ihre Suche.

Diese Widersprüche sind es vielmehr, deren Entfaltung das Bewusstsein der freien Menschen *erst ausmacht*. Die Menschen sind Wartende, die sich beeilen müssten und doch weiter warten. Sie glauben an die Freiheit, sich zu ändern, bleiben sich aber gleich. Sie müssen mit der Erinnerung des Immergleichen leben, der Lächerlichkeit ihrer Unfreiheit, dem permanent dröhnenden *zu spät, zu spät*. Kein dreißigstes Jahr erlöst die freien Menschen, kein vierzigstes, kein fünfzigstes.

Wenn die Sonne schließlich doch auf etwas Neues scheint in ihrem Leben, so nicht deshalb, weil die Menschen ihre Spaltung überwunden hätten, sondern weil *auch die Suche* sich schließlich gespalten hat, weil zu der Liebessuche eine – buchstäbliche – *Partnersuche* hinzugekommen ist, der Wille zur Vernunftehe.

Am Anfang suchten die Menschen nur die Liebe. Darin lag bereits ihr Scheitern begründet. Denn sie suchten nichts als die Liebe. Sie suchten ein Gefühl – doch ein Gefühl, das sich auf nichts mehr bezog als auf sich selbst. Die Menschen liebten im Anderen nicht das Leben, das mit ihm möglich schien, nicht die Existenz, die mit ihm möglich schien. Sie wollten den Anderen nicht als Transzendenz auf eine Zukunft lieben, sondern als Immanenz – jedes Du nur als *Du selbst*.

Da ihnen das Du nicht mehr ein Durchgang zur Welt war, schien es ihnen bald ein beschränktes Du zu sein. Meistens hatten die Menschen sogar Recht: Sie hatten tatsächlich einen Anderen gewählt, der kein Durchgang war zu einer Welt, mit dem keine Existenz möglich war. Sie hatten ein reines Sex-Du, reines Gesprächs-Du gewählt, und jetzt, da Sex und Gespräch sich langsam erschöpften, blieb ihnen nichts als eben dieses Du. Die Befreiung der Liebe von allen Zwecken, die nicht die Gegenwart betrafen, sondern die Zukunft, erwies sich als Täuschung. Sie verleitete die Menschen dazu, den Falschen zu wählen, dazu, Menschen zu begehren, die nichts zu bieten hatten als einen Rausch der Nähe, oft nicht einmal das, nur eine Qual der Distanz, des ewigen Aufschubs. Die freien Menschen fielen herein auf solche Menschen, weil sie *nur die Liebe* suchten, kein Leben, keine Zukunft.

Einst war die Liebe eine Transzendenz gewesen, Versprechen auf die Zukunft. Doch schließlich hatte sie sich auch von der Zukunft befreit – und damit selbst enthauptet. Es blieb ein Liebesstumpf, eine Unterleibsliebe und Unterbewusstseinsliebe (die im psychologischen Gespräch gepflegt wurde). Die Menschen hatten das Gefühl zerstört, indem sie es aufs Gefühl beschränkt hatten, es von einem Mittelbaren zum Unmittelbaren gemacht hatten. Bereits nach kurzer Zeit verschwand diese Liebe, löste sich auf. Denn eine Zukunft, die einmal begonnen hat, ist einmalig – doch der Rausch der Nähe ist mit Vielen möglich, die Qual der Distanz erst recht. Da das Du kein Durchgang mehr zur Welt war, blieb es ein Durchgang zur Unendlichkeit möglicher Partner.

Die freien Menschen trennten sich vom Anderen. Sie gingen wieder auf die Suche. Je mehr die Menschen aber – angesichts der Unendlichkeit möglicher Partner – sich als Suchende und Wählende begriffen, umso mehr dachten sie darüber nach, *was* sie suchten, wer sie selbst eigentlich waren und wie der Andere, zu ihnen *Passende*, eigentlich zu sein habe.

Sie wussten nun, dass sie den Meist-Erregenden suchten, die Gleichheit des Wollens, der Erinnerung und Hoffnung, dass sie nach einem suchten, der ihnen eine unendliche Selbstüberschreitung ermöglichen würde, gesellschaftlich und therapeutisch.

Die Zwecke, die einst *im Gefühl der Liebe* versteckt gewesen, unbewusst in der Liebe enthalten gewesen waren – sie wurden durch das endlose Suchen und Wählen *bewusst* gemacht, traten gleichsam aus der Liebe heraus und mussten jetzt auch an sich, getrennt von der Liebe, verfolgt werden. Die Menschen, denen bewusst geworden war, was sie liebten, begannen, dies Etwas *an sich* zu suchen. Also suchten sie: das Schöne und Erregende, das ihnen Ähnliche, sie Herausfordernde – Menschen, die sie zwar nicht lieben konnten, denn es waren ja nicht die Allerschönsten und Meist-Erregenden, die denkbar Ähnlichsten und Unendlich-Herausfordernden –, die aber immerhin, wie sie erleichtert feststellten, ihre Bedingungen erfüllten, ihren Zwecken entsprachen.

Die Menschen, die unter Einsatz ihrer Vernunft die Liebe suchten, suchten nun nicht mehr die Liebe, sondern *etwas Vernünftiges.*

Die Verschiebung von der Hingabe zum Handeln, zur systematisch betriebenen und verantwortungsbewusst geführten Suche nach einem Geliebten, erwies sich nur als Übergang – zur Suche nach einem vernünftigen Partner, der guten Partie. Die bewussten Vorgänge der Liebessuche – bei jedem einzelnen Suchenden wie den professionellen Suchagenturen – verkehrten die Suche nach der Liebe unter der Hand in die Suche nach einem guten Partner – weil man vorsätzlich und mit Vernunft nicht nach Gefahr und Unvernunft, Rausch und Selbstverlust, Chaos und Schmerz suchen kann.

Aus der Rationalisierung der Suche wurde die Rationalisierung des Gesuchten. Aus Liebessuche wurde Partnersuche.

Tatsächlich hatte die Liebe nie über die Zwecke triumphiert, die einst zur Vernunftehe führten. Sie hat sich nie über den Zwang erhoben, den die Eltern ausübten. Vielmehr soll sie unter den Bedingungen unbegrenzter Freiheit *selbst* die Verantwortung für die Zwecke übernehmen, selbst zweckmäßig sein.

Die Liebessuchenden, von keinen Eltern, keiner Gesellschaft mehr zur Vernunft gezwungen, müssen sich nun also *selber zwingen*. Was sie früher mussten, müssen sie nun wollen. Sie haben selbst dafür zu sorgen, dass ihr Lebensmensch ein echter *Partner* ist, dass er zu ihnen passt, zu ihrem Milieu und ihrer Kultur, ihrer Erfahrung und Hoffnung; dass er ihnen gleicht und ihre Entwicklung ermöglicht. Früher achteten die Eltern darauf, dass der Partner der gleichen Schicht angehörte, der gleichen Religion und gleichen Weltanschauung. Heute tun es die Menschen selbst. Früher waren die Eltern die Gleichheitsfanatiker, jetzt sind es die Menschen selbst. Früher sorgten die Eltern sich um die Bildung und Entwicklung, den gesellschaftlichen Aufstieg der Kinder, deren Selbstüberschreitung. Heute tun es die Kinder, die freien Menschen, selbst. Sie selbst wollen sich *in den Richtigen* verlieben. Die Liebe soll ihnen nun Mittel zu allen Zwecken sein, die früher Eltern und Gesellschaft vertraten.

Die Liebe hat sich die Zwecke also einverleibt. Solange andere die Verantwortung für die Zwecke trugen, konnten die Menschen sich der Liebe überlassen, dem Wahnsinn und der Verrücktheit, der Liebe als Krankheit. Sie konnten wie Kinder (die sie waren) darauf zählen, dass die Eltern sie schon zwingen würden – nicht zu ihrem Glück, doch zu dem, was lebensnotwendig war. Sie konnten alle Gründe ignorieren, die weltlichen und geistlichen, die Zeit – weil andere an sie dachten. Sie fühlten sich nicht einmal verantwortlich für ihre Seele, ihren Schmerz. Sie machten sich zum Spielball zwischen ihrem Liebesschicksal und ihrem Gesellschaftsschicksal, ihren eigenen Gefühlen und fremden Mächten. Die Möglichkeit der Liebe fiel zusammen mit der Verantwortungslosigkeit und Machtlosigkeit der Liebenden.

Die freien Menschen dagegen tragen in allem die Verantwortung selbst. Sie müssen ihr Leben selbst unter Kontrolle bekommen. Daher soll ihre Liebe eine Zweckliebe sein. Die Menschen lieben ihre Zwecke mehr, als sie die Liebe lieben. Sie lieben ihre Lebensziele mehr als das Gefühl, das alle Ziele gefährdet, alle Pläne durchkreuzt.

Es ist eine bekannte Erscheinung der Freiheit, dass in ihr alle Verantwortlichkeiten gewissermaßen eine Ebene tiefer rutschen: von den Organisationen – dem Staat, den Unternehmen – zu den Menschen, den Bürgern und Mitarbeitern, von der Gesellschaft in die Seele, vom Verstand ins Gefühl. Die tiefere Ebene muss nun, neben ihren eigenen Aufgaben, die Aufgaben der höheren Ebene mitbewältigen. Sie verliert also ihren ursprünglichen Charakter, wird zweckentfremdet. Der Mensch errichtet *in sich selbst* eine Organisation, einen Staat, macht der ganzen Gesellschaft Platz in seiner Seele, versucht, mit dem Gefühl zu denken.

Wie aus der unendlichen sexuellen Freiheit folgt, dass der Mensch nun *mittels des Sex* die Liebe sucht, dass der Sex zur Liebe führen soll, so folgt aus der unendlichen Liebesfreiheit, dass die Liebe selbst alle Zwecke erfüllen soll, dass sie die Verantwortung für die Zwecke übernehmen muss. Der Sex, der von keinem mehr ins Reich der Liebe gezwungen wird, versucht nun selbst, dorthin zu gelangen; die Liebe, die von keinem mehr ins Reich der Zwecke gezwungen wird, versucht nun selbst, dorthin zu gelangen.

Die Menschen haben alles verinnerlicht, was ihnen früher von außen aufgezwungen wurde. Je mehr sie ihren Gefühlen und Erregungen folgen durften, ohne auf anderes zu achten, umso mehr versuchen sie, das Andere *mittels* ihrer Gefühle und Erregungen zu erreichen: die Liebe durch den Sex, die Zwecke der Vernunft durch die Liebe. Die Befreiung von allen

Zwecken führt zur Zweckbesessenheit der Befreiten. Die unendliche Freiheit führt zu einem Verantwortungsextremismus, Verinnerlichungsextremismus, Zweckextremismus.

Die freien Menschen sind besessen von ihren Zwecken. Sie denken an nichts anderes als daran, ob der Mensch, den sie vor sich haben, auch ein guter Partner sei, ob mit ihm zu leben sich lohne, ob er sie weiterbringt, ob er ihnen, wie sie sagen, *gut tut*.

Unter allen Zwecken, die die Menschen verfolgen, hat unter den Argusaugen der Vernunft am Ende jedoch nur einer Bestand: die therapeutische Selbstüberschreitung, die Seelenruhe.

Die Menschen sagen: »Ich will nicht mehr verletzt werden. Ich will keinen Stress mehr. Ich habe genug von den Gestörten. Von denen, die Angst vor Nähe haben, den Untreuen und Eifersüchtigen, den problematischen Psychen. Ich will meine Ruhe haben. Ich will mein Leben leben. Ich brauche einen Partner. Die Schönen haben mir nicht gut getan, die Erregenden noch weniger. Die Gleichheit war immer nur die Gleichheit der Neurosen. Die pausenlose Herausforderung hat mich kaputt gemacht, der Geliebte als Konkurrent und Lehrer ist eine Unerträglichkeit gewesen, Statthalter aller gesellschaftlichen Zwänge, statt Schutz vor ihnen, eine weitere Öffentlichkeit, keine Privatsphäre.«

Das Bewusstsein hat der Idee des Geliebten ja ohnehin das Vertrauen entzogen. Es hat den Geliebten als Projektion kritisiert, die Fantasie vom Geliebten als Neurose und Produkt der Medien- und Pornoindustrie, die Liebe als Selbst- und Kontrollverlust. Die Menschen sagen: »Wenn ich geliebt habe, habe ich auf die furchtbarste Weise die Kontrolle verloren, mich selbst verloren. Die Liebe hat mir niemals gut getan.«

Die Menschen ersetzen also das romantische Ideal durch das therapeutische. Vielmehr, das therapeutische Bedürfnis siegt im Zweifelsfall immer über das romantische. Die romantischen Menschen hatten eine ungeheure Leidensbereitschaft, Leidenssehnsucht. Sie erkannten am Leiden das Leben, die Liebe. Die freien Menschen dagegen haben ihre Leidensbereitschaft auf Null reduziert. Sie sagen nicht mehr: »Ich leide, also lebe ich.« Sondern: »Ich leide, also kümmere ich mich nicht um mich selbst, also habe ich die Kontrolle verloren.«

Lange genug haben die Menschen die Freiheit als *totalen Kontrollverlust* erfahren – ihr Hineinfallen in Möglichkeiten als schreckliche Verantwortungslosigkeit, ihre Suche als ein Nicht-aufhören-können-zu-suchen. Je länger die Menschen der unendlichen Freiheit ausgesetzt waren, umso mehr versuchten sie, ihr Leben zu kontrollieren – durch Selbstkontrolle und Selbsttherapie, Moral und Disziplin, durch einen Partner.

Nur mit einem Menschen, der ihnen gut tut, dem Menschen als Partner, erlangen sie ein wenig Kontrolle zurück. Jahre- und jahrzehntelang sind sie hineingefallen in ihre Liebes- und Sexmöglichkeiten, ihre Trink- und Drogenmöglichkeiten, ihre Untätigkeits- und Arbeitsmöglichkeiten, ihre Fluchtmöglichkeiten.

Also sagen die Menschen: »Ich brauche einen Partner, der mich kontrolliert, der mir hilft, mich zu kontrollieren. Ich brauche mehr Selbstkontrolle und Kontrolle durch einen Anderen. Wenn alles erlaubt ist, muss ich mir alles verbieten – und verbieten lassen. Wenn mir alles möglich ist, muss ich mir alles unmöglich machen – durch Selbstkontrolle und Selbstdisziplin, die Kontrolle und Disziplin eines Anderen. Die Gesellschaft kontrolliert mich nicht; ich selbst kann es nicht. Also muss es ein Anderer tun. Der Mensch, der mir gut tut, ist die einzige Möglichkeit, die Schutz vor den unendlichen Möglichkeiten bietet.«

Die Menschen, die sich jahrzehntelang nicht kontrollieren konnten, wollen ihr Leben also endlich unter Kontrolle bekommen. Sie sagen: »Wenn es keine Kontrollinstanzen mehr gibt, dann braucht man ein Kontrollbewusstsein.« Die Menschen pendeln zwischen totalem Kontrollverlust und totaler Kontrolle, zwischen der Angst vor dem totalen Kontrollverlust und der Hoffnung auf die totale Kontrolle.

Die Menschen, die einer Unendlichkeit von Möglichkeiten ausgesetzt sind, leiden also unter einem *zweifachen* übermäßigen Organwachstum: einerseits dem Wachstum aller Such- und Suchtorgane, andererseits dem Wachstum aller Kontrollorgane, die permanent versuchen, die Such- und Suchtorgane unter Kontrolle zu bekommen. Die Menschen haben einerseits einen überausgeprägten Sehsinn, anderseits einen überausgeprägten Zeitsinn, der ihnen immerzu sagt, dass sie für das alles, was sie sehen, ja gar keine Zeit mehr haben. Die Menschen sind nur darum so *verkopft*, weil sie zuvor total *verkörpert* wurden, weil sie immerzu hingerissen sind, in ihr Verlangen fallen. Die Hypertrophie ihres Verlangens erzeugt die Hypertrophie ihrer Vernunft.

Die freien Menschen haben gigantische Geschlechtsorgane und gigantische Gehirne, die gegen ihre Geschlechtsorgane angewachsen sind. Wie jede Krümmung der Wirbelsäule zur einen Seite sofort eine Ausgleichskrümmung zur anderen Seite provoziert, so ruft jede Hypertrophie des Begehrens eine Hypertrophie der Kontrolle hervor, jedes Genitalwachstum ein Gehirnwachstum.

Die Menschen sagen: »Ich habe mit anderen gelebt, andere geliebt, die permanent die Kontrolle verloren haben. Die sich von Brücken und Bergen stürzen wollten, sich auf andere Menschen stürzten. Die in einem fort anriefen. Die sich weigerten, ans Telefon zu gehen. Die die Kontrolle an ihre Angst verloren, ihre Wut. Die nicht aufhören konnten zu reden. Nicht aufhören konnten zu schweigen. Die ständig aßen. Nicht mehr essen wollten. Ständig schliefen. Nicht mehr schlafen konnten. Die Rasende waren. Gelähmte. Die durchs Lebens trieben. Denen man alles vorkauen musste, alles hinterhertragen. Die immerzu Ideen und Meinungen hatten, nie Antrieb, nie Geld. Die immerzu taten, was sie fühlten. Nie fühlten, was sie taten. Die in allem zu spät waren. Die immerzu in ihre Möglichkeiten fielen. Sich jede Freiheit, die sie hatten, nahmen.«

Sie sagen: »Die Freiheit ist immer zurerst *die Freiheit des Anderen* gewesen, des Andersfühlenden, des anderen freien Menschen. Ich will jetzt endlich einen finden, der sich unter Kontrolle hat, der mir hilft, mich selbst zu kontrollieren.«

Erst wenn die Menschen diesen Wunsch nach dem Kontrollierten, sie Kontrollierenden, dem Menschen, der ihnen gut tut, also dem *Partner*, entwickelt haben – erst dann lassen sie ihrem Überdruss auch Taten folgen, ihrem Wiederholungsekel, ihrer Scham angesichts der eigenen Liebesmuster und Sexmechanismen, ihrem Zeit- und Todesdruck.

Den freien Menschen, denen alles möglich schien, ist am Ende nichts möglich als die Vernunftehe. Sie mussten wählen und brauchten also gute Gründe. Schließlich wählen sie das Bestbegründete, den Menschen, der ihnen gut tut. Die neue Vernunftehe ist nicht zuerst materiell begründet, sondern vor allem psychologisch. Die Menschen wollen endlich eine Privatsphäre haben, die sie vor den Strahlen der Gesellschaft schützt. Sie wollen sich vor der Einsamkeit schützen, dem eigenen Raum als Raum permanenten Kontrollverlusts, der permanenten Selbstbefragung und Selbstbefriedigung, der furchtbaren Intimität und Öffentlichkeit. Sie wollen mit Hilfe des Anderen ihren Schmerz reduzieren.

Die Menschen sagen: »Die Vernunftehe ist mein letzter und einziger Ausweg. Ich kann nicht allein sein. Dann falle ich nur in meine Möglichkeiten. Ergo bist du da. Ich habe die Unendlichkeit zu fürchten gelernt. Die Freiheit ist ein Zwang gewesen. Ich möchte mich schützen. Ergo bist du da. Wenn die Freiheit ein Zwang ist, wird ein Zwang meine Befreiung sein. Ergo bist du da.«

Jetzt beginnt der Kampf mit der Hydra. Denn tatsächlich hat die Partnersuche die Liebessuche ja nicht ersetzt, sondern ist nur hinzugekommen. Die Suche geht weiter, sie ist ein Automatismus.

Wo die Menschen eine Hoffnung aufgeben, da wachsen zwei Hoffnungen nach. Die Hydra dehnt sich noch aus. Je konsequenter die Menschen versuchen, das Vielwesen durch einen zu ersetzen, umso mehr werden sie von ihren Hoffnungen und Erinnerungen heimgesucht. Nie war die Erwartung so groß, die Nostalgie und Reue. »Hätte ich doch! Und würde ich doch! Es wäre ja noch nicht zu spät!« Die Menschen fühlen sich in der Falle. Die tanzenden Köpfe versprechen ihnen alle möglichen Erregungen, Gleichheiten und Selbstüberschreitungen. Überall sehen die Menschen ihre Verlorenen und Verpassten, Vergangenheitszombies, Zukunftszombies.

Die Menschen, die mit der Unendlichkeit der möglichen Partner im Bund der Ehe lebten, haben nun unendlich viele Tote zu beklagen. Die Vergangenen sterben ihnen ein weiteres Mal, und auch die Künftigen sterben. Und doch wollen diese Toten nicht ruhen. Sie begegnen ihnen auf der Straße, im Internet, nachts in ihren Träumen. Es ist ein furchtbarer Spuk, ein Tanz der Toten, der Vergangenheitstoten, Zukunftstoten. Nie war der Schmerz so groß. Die Wut, die sich auf den Einen richtet, der die Unendlichen ersetzen soll – sie zerfrisst zuerst die Menschen selbst. Die Hoffnung ist jetzt eine schuldige, beschämende Hoffnung. Die Menschen versuchen, durchzuhalten. Sie sagen: »Alles, was ich in meinem Leben erreicht habe, habe ich gegen mich erreicht, in der Gegenrichtung, gegen den größten Widerstand.« Tausendmal verleugnen sie ihren Partner. Sie flüchten aus der Wohnung, hinaus in die Welt – und kehren doch zurück.

An die Stelle eines Lebens im Konjunktiv, der ewigen Möglichkeitsform, tritt das Leben im Diminutiv, die Schrumpfung der Welt, vielmehr: *der Versuch* einer Schrumpfung der Welt. Ein Liebchen, ein Häuschen, ein Mädchen und ein Bübchen: Wo Erregung war, soll Behaglichkeit werden.

Man stelle sich vor!

Der Mann aus dem ersten Kapitel, der in den drei Jahren seiner Beziehung über das Internet weiter gesucht hatte, bemüht sich, die Frau, die sich von ihm getrennt hat, zurückzugewinnen.

Nach einigen Monaten hat er Erfolg. Die beiden versichern sich ihrer Liebe, heiraten, ziehen in eine andere Stadt, ein anderes Land. Sie haben zwei Kinder, einen Hund (aber kein Internet).

Dennoch hat der Mann eine Sehnsucht. Er sucht weiter; zwar ohne ein Werkzeug, auch nicht mit seinem Körper, seinem Geist. Er sitzt nur auf flüssigen Plätzen und wartet. Die Welt zieht an ihm vorbei. Seine Augen sind offen, sie schmerzen.

Auch die Frau sucht weiter. Auch sie hat eine Sehnsucht. Sie wartet. Auch die Frau lebt in einer flüssigen Welt. Passanten tauchen aus der Masse auf und gehen darin unter; sie sind jetzt schöner denn je, die Liebe auf den letzten Blick eine Alltäglichkeit. Die beiden führen eine Vernunftehe. Sie wissen, dass sie sich gut tun. Sie wissen, dass sie, wenn sie allein wären, permanent in ihre Möglichkeiten fielen.

Sie kontrollieren sich jetzt gegenseitig. Doch die Sehnsucht bleibt, der pausenlose Trennungsgedanke. Die Scham angesichts des Erreichten. Auch der Todesdruck bleibt – als doppelter: Den Menschen bleibt kaum noch Lebenszeit, um ihre Behaglichkeitsziele zu erreichen – und kaum noch Lebenszeit, um *doch noch* ihre Erregungs- und Liebesziele zu erreichen, auf dem Weg der Trennung. Oder auf dem Weg der *freien Liebe.*

Der Mann und die Frau sprechen über die freie Liebe, die offene Beziehung. Sie wissen von Zweien, die eine offene Beziehung führen. Sie wissen es von schwulen Freunden, sie haben es von *Prominenten* gehört. Sie wissen, dass die freie Liebe eine Möglichkeit ist. Sie denken: »Könnte ich es auch? Könnte ich mehrere Partner gleichzeitig haben, gleichzeitig lieben? Durch die offene Beziehung könnte die Unendlichkeit möglicher Partner in unser Leben fließen, wenn auch nur tröpfchenweise. Die Öffnung unserer Beziehung wäre ein Spundloch zur Unendlichkeit.«

Doch der Mann und die Frau haben Angst. Sie wissen, zu welchen Katastrophen, welchem Kontrollverlust die freie Liebe führen kann. Dennoch hören sie nicht auf, an sie zu denken. Die beiden müssen sich jeden Tag für die Monogamie, gegen die freie Liebe entscheiden. Sie praktizieren eine Monogamie in Zeiten der Polygamie. Denn die Polygamie ist nun keine Randerscheinung mehr. Die Wirklichkeit existiert jetzt am Rande der Möglichkeiten, nicht umgekehrt. Im Kopf, in der Fantasie, also meistens, leben der Mann und die Frau bereits polygam, praktizieren sie die freie Liebe. Nur manchmal, in der Wirklichkeit, sind sie noch monogam. Sie erledigen die Wirklichkeit nebenbei, wie eine Arbeit am Computer, ein Telefongespräch, ein eiliges Essen. Sie leben meist in der Fantasie, nur selten in der Wirklichkeit.

Sie sagen: »Ich habe Lust auf eine Affäre. Meine zärtliche und sinnliche Strömung sind nicht miteinander verschmolzen. Ich liebe einen und begehre viele.«

Tatsächlich aber haben sie gar keinen Konflikt zwischen Liebe und Begehren, zärtlicher und sinnlicher Strömung. Tatsächlich wollen sie mit einem *leben*, aber *viele lieben*. Zärtliche und sinnliche Strömung sind verschmolzen, doch sie fließen aus ihrem Leben heraus, in die Unendlichkeit. Tatsächlich geht es nicht nur darum, auf Sex zu verzichten, sondern auf die Liebe – *für ein Leben auf die Liebe zu verzichten*. Die Menschen sagen: »Es ist ja nur der Verzicht auf eine Krankheit, auf einen Kontroll- und Selbstverlust.« Doch der Schmerz bleibt. Denn die Hoffnung bleibt. Die Menschen bleiben freie Menschen.

Der Himmel ist voller Kometen.

DER KLEINE SPRUNG

Dennoch gibt es jetzt etwas, was die Menschen der Welt, in der sie leben müssen, entgegensetzen können. Es ist das Bewusstsein dieser Welt – der unbegrenzten Möglichkeiten *als Unmöglichkeit*, der unendlichen Freiheit *als Zwang*. Die Menschen dürfen Hoffnung haben, weil die Unendlichkeit nun nicht mehr *nur* eine Hoffnung für sie ist, sondern auch ein Schrecken.

Sie werden ihre Suche darum nicht beenden, ihr Streben nach unendlicher Entwicklung. Sie werden weiterhin glauben, alles sei möglich. Sie werden täglich balancieren zwischen *weltberühmt* und *arbeitslos*. Sie werden sich selbst die Schuld geben an *ihrer* Kündigung, *ihrem* Krebs. Die Welt ändert sich nicht, nur weil der Mensch sich ihrer bewusst geworden ist. Doch gewinnen die Menschen nun die Möglichkeit des – naturgemäß nur augenblicksweisen – Nichteinsseins mit der Welt hinzu, mit der vermeintlichen Allverantwortung, mit der Suche, mit der Sehnsucht und Scham. Die letzte aller Möglichkeiten ist also doch eine gute, eine guttuende. Diese Bewusstseinsfreiheit bedeutet tatsächlich *Befreiung*.

Die Menschen, die nur noch sich selbst analysiert haben, analysieren nun also wieder die Welt. Die Welt, die verschwunden war, nimmt wieder Gestalt an, verwandelt sich von einem vermeintlichen Inneren in ein Äußeres zurück. Der eigene Körper, die eigenen Gedanken – auch sie werden jetzt erkennbar als Welt, ziehende Wolken, als Äußeres, das sich kaum kontrollieren lässt. Die Möglichkeiten werden sichtbar als Mauern. Die Menschen gewinnen einen Begriff von Gesellschaft zurück, jenseits von Hindernis und Gelegenheit. Sie wissen nun, dass auch Gelegenheiten Hindernisse sind. Man stelle sich vor!

Die freien Menschen kehren zurück zur Lebens- als Existenzgemeinschaft. Sie haben die Liebe gekannt, also wird die Sehnsucht bleiben. Doch sie kennen jetzt auch die Unendlichkeit und haben gelernt, sie zu fürchten. Zu verachten.

Sie haben den Glauben an den sogenannten technischen Fortschritt verloren, den sogenannten Kommunismus, die sogenannte Marktwirtschaft. Sie sagen: »Das waren Lügen, Märchen, Religionen.«

Nur einen Glauben hatten sie bisher nicht aufgegeben – den Glauben an die Freiheit. Sie haben die Freiheit nur kritisiert als technische Überhebung, die den Menschen mit Apparaten konfrontiert, die er nicht mehr kontrollieren kann. Sie haben sie kritisiert als Revolte und Revolution, in denen die Freiheit untergeht im Gruppenzwang, der sogenannten Freiheitsbewegung, dem Freiheitsstaat. Sie haben sie kritisiert als die kapitalistische Freiheit der Konkurrenz und Spekulation, die die Menschen mit einem Markt konfrontiert, den sie nicht kontrollieren können.

Sie haben die Freiheit dagegen nicht kritisiert als Freiheit des Selbst, die den Menschen mit einem Selbst konfrontiert, das er nicht mehr kontrollieren kann. Mit einem Willen, der ihn tyrannisiert. Sie haben die Freiheit nicht kritisiert als Verwandlung der Welt in Möglichkeiten – in absolute und unendliche Möglichkeiten. Sie haben die Freiheit nicht *als Freiheit* kritisiert.

Auf die Technikenttäuschung, die Kommunismusenttäuschung und Kapitalismusenttäuschung folgt nun die Freiheitsenttäuschung. Das Künstlerglück offenbart sich als Künstleralptraum, der freie Mensch als Gefangener im eigenen Raum. Unter dem Bombardement der erotischen Möglichkeiten rennen die Verführer von einst im verzweifelten Zickzack. Die Gelegenheiten – einst mit Geschick sich selbst verschafft – sind jetzt immer schon da, egal, wie schnell die Menschen laufen. Die Verführer werden bedrängt vom verführenden Überangebot. Don Juan in der Disko, Casanova in der Fußgängerzone – da stehen sie, gelähmt, mit schmerzenden Augen. Die freien Menschen sehnen sich nach Endlichkeit, nach Entfremdung: nach der Enteignung von einem Eigenen, das fremd geworden ist, zum Zwingenden.

Die Menschen sagen: »Die unendliche Freiheit ist das Beste, was der Menschheit je passiert ist. Doch sie bringt mich fast um. Ich will in keiner anderen Gesellschaft leben als dieser, doch diese ist furchtbar, vernichtend. Die Sehnsucht und die Scham sind unerträglich. Meine Würde besteht darin, das zu sagen: *Die Sehnsucht und die Scham sind unerträglich.*

Ich kann an meiner Verfallenheit an diese Welt, dem Fallen auf meine Möglichkeiten zu, nichts ändern. Meine Liebes- und Arbeitsmöglichkeiten, meine Entwicklungs- und Wohnortmöglichkeiten haben ihre Schwerkraft nicht verloren. Doch ich kann mich im Bewusstsein von der Erde lösen, durch ein Wort, einen Satz. *Meine Freiheit ist unerträglich.* Ich kann nicht fliegen, aber – doch, ja – hüpfen. Das ist meine Revolte. Kein Vogelflug, nur ein kindliches, lächerliches Hüpfen. Aber wie viel bedeutet es!

Der große Sprung, heraus aus der Unendlichkeit, hinein in die Liebe, ist mir unmöglich. Doch mit einem Sprung meines Bewusstseins löse ich mich für eine Sekunde von der Welt, aus der Epoche. Jeder Satz – ein Sprung. Schon werde ich wieder angesaugt. Aber noch schwebe ich.

NACHWEISE

Der Mensch, der immer, wenn er das Haus verlässt, mit einem Ereignis rechnet, das sein Leben ändert, ist der Held in Emmanuel Boves Roman *Meine Freunde* von 1924. Die Studie, die ergeben hat, dass die Menschen heute ihre Partnersuche fortsetzen, obwohl sie einen Partner haben, stellten die Sozialwissenschaftler Kim Marie Lloyd und Scott J. South 1994 auf dem Jahrestreffen der *Population Association of America* vor. Die Frau, die auf der Straße stehen bleibt und zu ihrem Mann sagt »Geh weg, Bruno. Lass mich allein« ist Peter Handkes *linkshändige Frau* (1976). Die Frau, die sich scheiden lassen will, weil ihre Möglichkeiten in ihrer Ehe »eingekapselt« bleiben, ist eine Freundin von Johan und Marianne in *Szenen einer Ehe* von Ingmar Bergman (1973). Ein Psychologe, der von einem »Interaktionsselbst« spricht, das mit jedem Partner anders sei, ist Jürg Willi (siehe sein Buch *Die Zweierbeziehung* von 1975); es handelt sich aber um kein wörtliches Zitat aus dem Buch, und Jürg Willi ist auch kein Propagandist unendlicher Entwicklung, diese liegt lediglich in der Logik des Begriffs vom Interaktionsselbst. Die Frau, die ihre sexuelle Autobiografie geschrieben hat, ist Catherine Millet (*Das sexuelle Leben der Catherine M.*; die Originalausgabe erschien in Frankreich 2001). Von einem Mann, der eine Collage seiner »unsterblichen Geliebten« aus Besitztümern zahlreicher Frauen gebastelt hat, erzählt der Psychoanalytiker Elmar Struck in dem Buch *Die Psychoanalyse der Liebe*, herausgegeben 1997 von Kurt Höhfeld und Anne-Marie Schlösser. Das Buch *Millionen Frauen*

warten auf Dich hat Sean Thomas geschrieben (die Originalausgabe erschien in England 2006). In Thomas' Buch wird
auch jener Mann zitiert, der sich wundert, woher bloß all die
schönen Frauen auf der Straße kommen und wer sie einmal
heiraten wird; es handelt sich um den Schriftsteller Thomas
Hardy. Der Mann, der mit »irgendeiner supersüßen Maus aus
München oder sonstwoher« im Gespräch und in Bewegung
ist, ist Rainald Goetz; die unter Auslassungen zitierte Passage
findet sich in seinem Buch *Rave* von 1998. Lotte und Werther
begegnen sich in Goethes *Die Leiden des jungen Werther* von
1774. Der Mann, dessen Partnersuche im Internet zur Sucht
wird, wird zitiert von Evelina Bühler-Ilieva in ihrer Studie
Einen Mausklick von mir entfernt von 2006. Die Frau, die »dominant gechartert« ist, beschrieb ihre Wünsche auf der
Internetseite *Joyclub*. Den »Führer zu unendlichen sexuellen
Möglichkeiten« haben Dossie Easton und Catherine A. Liszt
geschrieben und in den USA unter dem Obertitel *The Ethical
Slut* veröffentlicht (1997). Die Frau, die ihren Ehemann als
schrecklichen Ort der Verbannung empfindet, ist Flauberts
Madame Bovary (1857). Die Geschichte von dem Mann, der
so lange ein Restaurant sucht, bis ihn keines mehr reizt,
stammt aus dem Buch *The Paradox of Choice* des amerikani-
schen Psychologen Barry Schwartz (2004). Die Frau, die einem
möglichen Partner vorwirft, seine Sehnsüchte seien Kopien
»einschlägige(r) Filmszenen«, ist die Heldin in Daniel Glat-
tauers Roman *Gut gegen Nordwind* (2006). Der Mann, der findet, der Gesichtsausdruck einer Frau, die ihn verführen will,
stamme von »Seite 18 des Dessouskatalogs von *Victoria's Secrets*«, tritt auf in *Kurze Interviews mit fiesen Männern* von David
Foster Wallace (in den USA 1999 erschienen). Und der Mann,
der sagt, die Liebe sei ein Serienprodukt, ist eine Stimme von
Botho Strauß in dessen Buch *Paare, Passanten* von 1981.

Lust auf Philosophie

dtv-Atlas Philosophie
Von P. Kunzmann, F.-P.
Burkard und F. Wiedmann
ISBN 978-3-423-03229-2
Jubiläumsausgabe Hardcover
ISBN 978-3-423-08600-4

Nicholas Fearn
Bin ich oder bin ich nicht?
Neue philosophische
Antworten auf ewige Fragen
Übers. v. S. Held
ISBN 978-3-423-24771-9

**Klassiker des philosophischen
Denkens**
Hg. v. Norbert Hoerster
Band 1: Platon, Aristoteles,
Thomas von Aquin,
Descartes, Spinoza, Locke,
Leibniz, Berkeley
ISBN 978-3-423-30801-4

Christoph Helferich
Geschichte der Philosophie
Von den Anfängen bis zur
Gegenwart und Östliches
Denken
ISBN 978-3-423-30706-2

Luc Ferry
Leben lernen
**Eine philosophische
Gebrauchsanweisung**
Übers. v. L. Künzli
ISBN 978-3-423-34537-8

**Mit Buddha unterm
Sonnenschirm**
Ein Lesebuch für
Nachdenkliche
Hg. v. Brigitte Hellmann
ISBN 978-3-423-34488-3

Mit Platon unter Palmen
Ein Lesebuch für
Nachdenkliche
Hg. v. Brigitte Hellmann
ISBN 978-3-423-34416-6

Mit Kant am Strand
Ein Lesebuch für
Nachdenkliche
Hg. v. Brigitte Hellmann
ISBN 978-3-423-34200-1

**Mit Nietzsche auf der
Gartenbank**
Ein Lesebuch für
Nachdenkliche
Hg. v. Brigitte Hellmann
ISBN 978-3-423-34680-1

Der kleine Taschenphilosoph
Ein Lesebuch für
Nachdenkliche
Hg. v. Brigitte Hellmann
ISBN 978-3-423-34099-1

Michael Hampe
Das vollkommene Leben
Vier Meditationen über das Glück
ISBN 978-3-423-34681-8

Bitte besuchen Sie uns im Internet: www.dtv.de

Lust auf Philosophie

**Klassische Texte der
Staatsphilosophie**
Hg. v. Norbert Hoerster
ISBN 978-3-423-30147-3

Andreas Mussenbrock
Termin mit Kant
Philosophische Lebens-
beratung
ISBN 978-3-423-34581-1

Annemarie Pieper
Glückssache
Die Kunst gut zu leben
ISBN 978-3-423-30872-4

Hans-Martin Schönherr-Mann
**Simone de Beauvoir und
das andere Geschlecht**
ISBN 978-3-423-24648-4

George Steiner
**Der Meister und seine
Schüler**
Übers. v. M. Pfeiffer
ISBN 978-3-423-34541-5

Khalil Gibran
Der Prophet. Der Wanderer
Erstmalig in einem Band
ISBN 978-3-423-19510-2

Harry G. Frankfurt
Über die Wahrheit
Übers. v. M. Pfeiffer
ISBN 978-3-423-34562-0

Wilhelm Weischedel
**Die philosophische
Hintertreppe**
Die großen Philosophen in
Alltag und Denken
ISBN 978-3-423-30020-9

Robert Zimmer
Das Philosophenportal
Ein Schlüssel zu klassischen
Werken
ISBN 978-3-423-34118-9

Das große Philosophenportal
Ein Schlüssel zu klassischen
Werken
ISBN 978-3-423-34582-8

Arthur Schopenhauer
Ein philosophischer Weltbürger
ISBN 978-3-423-24800-6

**Friedrich Nietzsche
Sämtliche Werke**
Hg. v. Giorgio Colli
Kritische Studienausgabe in
15 Bänden
ISBN 978-3-423-59065-5

Bitte besuchen Sie uns im Internet: www.dtv.de

Amartya Sen im <u>dtv</u>

Die Identitätsfalle
Warum es keinen Krieg der Kulturen gibt
Übersetzt von F. Griese
ISBN 978-3-423-34601-6

Amartya Sen ist geprägt von den Ereignissen seiner Kindheit in
den 1940er Jahren, als in Indien aus Nachbarn plötzlich »Hindus«
und »Muslime« wurden, die einander gewaltsam gegenübertraten.
Die Reduzierung von Menschen auf ihre religiöse Identität fördert
Konflikte. Daher plädiert Sen dafür, zu erkennen, dass Menschen
nicht nur eine, die religiös geprägte, Identität besitzen.

**»Das Denken kommt selten so elegant, so menschenfreundlich
und einnehmend des Wegs wie hier.«**
Die Zeit

**»Amartya Sen ist ein leuchtendes Beispiel für den
erfolgreichen Einfluss eines Sozialphilosophen auf die
tatsächlichen Geschehnisse seiner Zeit.«**
*Carl Christian von Weizsäcker in seiner Laudatio
bei der Verleihung des Meister-Eckhart-Preises*

Ökonomie für den Menschen
Wege zu Gerechtigkeit und Solidarität
in der Marktwirtschaft
Übers. v. C. Goldmann
ISBN 978-3-423-36264-1

Als einer der bedeutendsten Wirtschaftstheoretiker der Gegenwart
fordert der Nobelpreisträger die Moral in der Marktwirtschaft ein
und packt das Weltproblem Nr. 1 an: die sich immer weiter öffnen-
de Schere zwischen dem global agierenden Turbokapitalismus und
der zunehmenden Arbeitslosigkeit und Verarmung.

**»Man kann all das Kluge, was Sen vorträgt,
gar nicht oft genug sagen und lesen.«**
Frankfurter Allgemeine Zeitung

Bitte besuchen Sie uns im Internet: www.dtv.de

Literaturwissenschaft im <u>dtv</u>

Umberto Eco
Die Bücher und das Paradies
Über Literatur
Übers. v. B. Kroeber
ISBN 3-423-34276-5

**Quasi dasselbe mit
anderen Worten**
Über das Übersetzen
Übers. v. B. Kroeber
ISBN 978-3-423-34556-9

Horst Dieter Schlosser
dtv-Atlas Deutsche Literatur
116 Farbseiten
ISBN 3-423-03219-7

Michael von Albrecht
**Geschichte der römischen
Literatur**
Von Andronicus bis Boëthius
2 Bände
ISBN 3-423-30099-X

Heinz Ludwig Arnold
Heinrich Detering
**Grundzüge der Literatur-
wissenschaft**
ISBN 3-423-30171-6

Klaus Michael Bogdal
Hermann Korte (Hg.)
**Grundzüge der Literatur-
didaktik**
ISBN 3-423-30798-6

Joachim Bumke
Höfische Kultur
Literatur und Gesellschaft im
hohen Mittelalter
ISBN 3-423-30170-8

Peter von Matt
Liebesverrat
Über die Treulosen in der
Literatur
ISBN 978-3-423-30143-5

**Verkommene Söhne,
mißratene Töchter**
Familiendesaster in der
Literatur
ISBN 978-3-423-30647-8

... fertig ist das Angesicht
Zur Literaturgeschichte des
menschlichen Gesichts
ISBN 978-3-423-30769-7

Die verdächtige Pracht
Über Dichter und Gedichte
ISBN 978-3-423-30826-7

**Die tintenblauen
Eidgenossen**
Über die literarische und
politische Schweiz
ISBN 978-3-423-34094-6

**Öffentliche Verehrung
der Luftgeister**
Reden zur Literatur
ISBN 978-3-423-34283-4

Die Intrige
Theorie und Praxis der
Hinterlist
ISBN 978-3-423-34485-2

Wörterleuchten
Kleine Deutungen deutscher
Gedichte
ISBN 978-3-423-34665-8

Bitte besuchen Sie uns im Internet: www.dtv.de

Psychologie – Analyse – Therapie

Viktor E. Frankl
Ärztliche Seelsorge
Grundlagen der Logotherapie
und Existenzanalyse
ISBN 978-3-423-34427-2

Rainer Funk
Ich und Wir
Psychoanalyse des post-
modernen Menschen
ISBN 978-3-423-24444-2

Florian Holsboer
Biologie für die Seele
Mein Weg zur personalisierten
Medizin
ISBN 978-3-423-34637-5

Verena Kast
Märchen als Therapie
ISBN 978-3-423-35021-1

Neid und Eifersucht
Die Herausforderung durch
unangenehme Gefühle
ISBN 978-3-423-35152-2

Der Schatten in uns
Die subversive Lebenskraft
ISBN 978-3-423-35160-7

Ursula Nuber
Depression
Die verkannte Krankheit
ISBN 978-3-423-34272-8

Lass die Kindheit hinter dir
Das Leben endlich selbst
gestalten
ISBN 978-3-423-34708-2

Psychologie. Eine Einführung
Grundlagen, Methoden,
Perspektiven
Hg. v. Jürgen Straub, Wilhelm
Kempf, Hans Werbik
ISBN 978-3-423-36204-7

Heinz-Peter Röhr
Narzissmus
Das innere Gefängnis
ISBN 978-3-423-34166-0

Weg aus dem Chaos
Die Borderline-Störung
verstehen
ISBN 978-3-423-34286-5

Wege aus der Abhängigkeit
Destruktive Beziehungen
überwinden
ISBN 978-3-423-34463-0

**Die Angst vor
Zurückweisung**
Was Hysterie wirklich ist und
wie man mit ihr umgeht
ISBN 978-3-423-34620-7

dtv-Atlas Psychologie
Von Hellmuth Benesch
2 Bände
Bd. 1: ISBN 978-3-423-03224-7
Bd. 2: ISBN 978-3-423-03225-4

Aktuelle Themen im dtv

Yvonne Feller
Florian Flechsig
**Wir sind jung und brauchen
das Geld**
Ein Selbstversuch
ISBN 978-3-423-24834-1

Markus Frenzel
Leichen im Keller
Wie Deutschland inter-
nationale Kriegsverbrecher
unterstützt
ISBN 978-3-423-24876-1

Alva Gehrmann
Alles ganz Isi
Isländische Lebenskunst für
Anfänger und Fortgeschrittene
ISBN 978-3-423-24874-7

Patrick Gensing
Angriff von rechts
Die Strategien der Neonazis –
und was man dagegen tun
kann
ISBN 978-3-423-34551-4

Robert Greene
Power
Die 48 Gesetze der Macht
Übers. v. H. Schickert und
B. Brandau
ISBN 978-3-423-36248-1

**Die 24 Gesetze der
Verführung**
Ein Joost-Elffers-Buch
Übers. v. H. Schickert
ISBN 978-3-423-34081-6

John Gray
Politik der Apokalypse
Wie Religion die Welt in die
Krise stürzt
Übers. v. C. Trunk
ISBN 978-3-423-34692-4

Rainer Hermann
**Die Golfstaaten
Wohin geht das neue
Arabien?**
ISBN 978-3-423-24875-4

Lamya Kaddor
**Muslimisch – weiblich –
deutsch!**
Mein Weg zu einem zeit-
gemäßen Islam
ISBN 978-3-423-34677-1

Sudhir Kakar
Die Inder
Porträt einer Gesellschaft
ISBN 978-3-423-34630-6

Gudrun Krämer
Geschichte des Islam
ISBN 978-3-423-34467-8

Gerd Langguth
**Kohl, Schröder, Merkel
Machtmenschen**
ISBN 978-3-423-24731-3

Mark Leonard
Was denkt China?
Übers. v. H. Dierlamm
ISBN 978-3-423-24738-2

Bitte besuchen Sie uns im Internet: www.dtv.de

Aktuelle Themen im <u>dtv</u>

Érik Orsenna
Die Zukunft des Wassers
Eine Reise um unsere Welt
Übers. v. C. Vollmann
ISBN 978-3-423-34690-0

Ursula Ott
Total besteuert
Wie ich einmal ganz alleine den
Staatshaushalt retten sollte
ISBN 978-3-423-34597-2

Robert Pragst
Auf Bewährung
Mein Jahr als Staatsanwalt
ISBN 978-3-423-24903-4

Roberto Saviano
Gomorrha
Reise in das Reich der Camorra
Übers. v. F. Hausmann und
R. Seuß
ISBN 978-3-423-34529-3

Eva C. Schweitzer
Tea Party: Die weiße Wut
Was Amerikas Neue Rechte
so gefährlich macht
ISBN 978-3-423-24904-1

Volker Seitz
**Afrika wird armregiert oder
Wie man Afrika wirklich
helfen kann**
Mit einem Vorwort von
Rupert Neudeck
ISBN 978-3-423-24808-2

Peer Steinbrück
Unterm Strich
Aktualisierte und erweiterte
Taschenbuchausgabe
ISBN 978-3-423-34689-4

Daniel Friedrich Sturm
Wohin geht die SPD?
ISBN 978-3-423-24709-2

Richard Thiess
Mordkommission
Wenn das Grauen zum
Alltag wird
ISBN 978-3-423-24796-2

Halt, stehenbleiben! Polizei!
Aus dem Leben eines
Ermittlers
Über 40 authentische Fälle
ISBN 978-3-423-34676-4

Ilija Trojanow
Juli Zeh
Angriff auf die Freiheit
Sicherheitswahn, Überwa-
chungsstaat und der Abbau
bürgerlicher Rechte
ISBN 978-3-423-34602-3

Frederic Vester
Phänomen Streß
Wo liegt sein Ursprung,
warum ist er lebenswichtig,
wodurch ist er entartet?
ISBN 978-3-423-33044-2

Bitte besuchen Sie uns im Internet: www.dtv.de

dtv zum Thema Wirtschaft: kompetent und aktuell

Matthias Schranner
Der Verhandlungsführer
Strategien und Taktiken, die
zum Erfolg führen
ISBN 978-3-423-34319-0

Konrad Stadler
Die Kultur des Veränderns
Führen in Zeiten des Umbruchs
ISBN 978-3-423-24764-1

Thomas Strobl
Ohne Schulden läuft nichts
Warum uns Sparsamkeit nicht
reicher, sondern ärmer macht
ISBN 978-3-423-24831-0

Nassim Nicholas Taleb
Der schwarze Schwan
Die Macht höchst unwahr-
scheinlicher Ereignisse
Übers. v. J. Proß-Gill
ISBN 978-3-423-34596-5

Don Tapscott
Anthony D. Williams
Wikinomics
Die Revolution im Netz
Übers. v. H. Dierlamm und
U. Schäfer
ISBN 978-3-423-34564-4

Katharina Weinberger
Kopfzahl-Paranoia
Von der Selbstzerstörung
der Konzerne
Eine Insider-Analyse
ISBN 978-3-423-24763-4

**Das Wichtigste über Politik
und Wirtschaft**
Von Jeanne Rubner und
Arthur Carlson
ISBN 978-3-423-34367-1

Conor Woodman
Bazar statt Börse
Meine Reise zu den Wurzeln
der Wirtschaft
Übers. v. J. Proß-Grill
ISBN 978-3-423-34696-2

Steve Wozniak
Gina Smith
iWoz
Wie ich den Personal Compu-
ter erfand und Apple mitbe-
gründete
Übers. v. J. Dubau
ISBN 978-3-423-34507-1

Literatenleben

Bitte besuchen Sie uns im Internet: www.dtv.de

Biographien bei <u>dtv</u>

Per Øhrgaard
Günter Grass
Ein deutscher Schriftsteller
wird besichtigt
Übers. v. C. Bartmann
Aktualisierte und erweiterte
Taschenbuchausgabe
ISBN 978-3-423-34446-3

Richard Osborne
Herbert von Karajan
Leben und Musik
Übers. v. B. Hilzensauer
und R. Werner
ISBN 978-3-423-34477-7

Jutta Rosenkranz
Mascha Kaléko
Biografie
ISBN 978-3-423-34671-9

Rüdiger Safranski
Friedrich Schiller
oder die Erfindung des
Deutschen Idealismus
ISBN 978-3-423-34425-8

Volker Schlöndorff
**Licht, Schatten und
Bewegung**
Mein Leben und meine Filme
ISBN 978-3-423-34636-8

Eva Weissweiler
Clara Schumann
ISBN 978-3-423-30334-7

Robert Zimmer
Arthur Schopenhauer
Ein philosophischer Weltbürger
ISBN 978-3-423-24800-6

Bitte besuchen Sie uns im Internet: www.dtv.de

Liebe – Ehe – Partnerschaft

Bitte besuchen Sie uns im Internet: www.dtv.de